# **Dos Crimes Contra a Organização do Trabalho e Demais Previsões Criminais sobre o Trabalho Humano:** Análise à Luz do Princípio da Vedação da Proteção Insuficiente

**Jair Aparecido Cardoso**

Professor Associado (livre docente) da Faculdade de Direito de Ribeirão Preto, da Universidade de São Paulo – USP (FDRP/USP). Doutor em Direito pela Pontifícia Universidade Católica de São Paulo – PUC-SP. Graduado e Mestre em Direito pela Universidade Metodista de Piracicaba – UNIMEP. Pós-Graduado em Direito Tributário pela Pontifícia Universidade Católica de Campinas – PUC-Campinas. Líder do grupo de pesquisa GEDTRAB (CNPQ/2010) "A transformação do Direito do Trabalho na sociedade pós-moderna e seus reflexos no mundo do trabalho" FDRP/USP. Membro do grupo de pesquisa RETRABALHO, Rede de grupos de pesquisas em Direito e Processo do Trabalho (CNPQ). Autor de artigos e livros na área. Coordenador do curso de pós-graduação, especialização em Direito e Processo do Trabalho da Faculdade de Direito de Ribeirão Preto – FDRP/USP. Autor de obras e artigos científicos.

**Marina Calanca Servo**

Doutoranda pela Universidade de Ribeirão Preto – UNAERP. Mestra pela Faculdade de Direito de Ribeirão Preto – FDRP/USP. Integrante do grupo de pesquisa GEDTRAB (CNPQ/2010) "A transformação do direito do trabalho na sociedade pós-moderna e seus reflexos no mundo do trabalho", vinculado à Faculdade de Direito de Ribeirão Preto – FDRP/USP e do Grupo de Pesquisa Contemporaneidade e Trabalho GPCeT – UNAERP/RP. Docente em instituições de ensino superior, cursos preparatórios para concursos. Advogada.

# **Dos Crimes Contra a Organização do Trabalho e Demais Previsões Criminais sobre o Trabalho Humano:** Análise à Luz do Princípio da Vedação da Proteção Insuficiente

LACIER

LACIER
Lacier Livraria e Editora
www.livrarialacier.com.br



Rua Doutor Quirino, 808 – Centro
CEP 13015-081 – Campinas, SP – Brasil

Agosto, 2024

Diretor: *Lacier José de Rezende*
Coordenação editorial: *Peter Fritz Strotbek*
Projeto de capa: *Eduardo Aureliano*
Projeto gráfico e editoração eletrônica: *The Best Page*

**Ficha Catalográfica**

**Dados Internacionais de Catalogação na Publicação (CIP)**
**(Câmara Brasileira do Livro, SP, Brasil)**

S492c Cardoso, Jair Aparecido.
Dos crimes contra a organização do trabalho e demais previsões criminais sobre o trabalho humano : análise à luz do princípio da vedação da proteção insuficiente / Jair Aparecido Cardoso, Marina Calanca Servo. — 1. ed. — Campinas, SP : Lacier Editora, 2024.
228 p. ; 17 x 24 cm.

ISBN 978-85-64412-19-4

1. Direito do trabalho — Aspectos sociais — Brasil. 2. Direito penal do trabalho — Impactos. 3. Direito penal — Relações trabalhistas. I. Título.

CDU 349.2:343.2(81)

**Índices para catálogo sistemático:**
Direito penal do trabalho
Angela Schmidt da Rosa – Bibliotecária – CRB-14/1171

*Aos meus pais, pelo incentivo constante, proteção e inspiração.*
*Levo comigo suas histórias e valores.*
*Em especial à Terezinha Aparecida Calanca Servo,*
*guerreira, amorosa, empreendedora, mãe valorosa e única.*
*Como singela homenagem,* in memoriam:

*Mulher da roça eu o sou. Mulher operária, doceira,*
*abelha no seu artesanato, boa cozinheira, boa lavadeira.*
*A gleba me transfigura, sou semente, sou pedra.*
*Pela minha voz cantam todos os pássaros do mundo.*
*Sou a cigarra cantadeira de um longo estio que se chama Vida.*
*Sou a formiga incansável, diligente, compondo seus abastos.*
*Em mim a planta renasce e floresce, sementeia e sobrevive.*
*Sou a espiga e o grão fecundo que retornam à terra.*
*Minha pena é a enxada do plantador, é o arado que vai sulcando*
*para a colheita das gerações.*
*Eu sou o velho paiol e a velha tulha roceira.*
*Eu sou a terra milenária, eu venho de milênios.*
*Eu sou a mulher mais antiga do mundo, plantada e fecundada*
*no ventre escuro da terra.*

Cora Coralina

# Agradecimentos

Agradeço aos professores da Faculdade de Direito da Universidade de São Paulo dos campi de Ribeirão Preto e de São Paulo, cuja devoção à carreira e atenção às disciplinas são notórias. Passar pelos bancos da instituição mudou a minha forma de compreender a relevância da academia na transformação dos complexos problemas sociais e reacendeu, em mim, a crença no futuro. Agradeço aos professores que tanto me inspiram, em especial, ao meu orientador e coautor da obra, e reitero o compromisso em redobrar os esforços para entregar à sociedade o quanto a instituição me concedeu.

Ao meu eterno orientador, Prof. Dr. Jair Aparecido Cardoso, pela imensurável generosidade na transmissão do conhecimento e na valorização do trabalho de seus alunos. Inspiração e exemplo de pessoa e docente, agradeço pela atenção, pela infinita paciência e motivação constantes. Serei, para sempre, grata pela confiança e por todo o apoio, não só no que condiz ao tema escolhido no trabalho, mas pelas conversas, conselhos, por todo aprendizado e auxílio para além dos bancos acadêmicos. É um privilégio tê-lo como orientador e coautor deste trabalho.

Ao Prof. Dr. Guilherme Guimarães Feliciano, ao Prof. Dr. Rodrigo Monteiro Pessoa e ao Prof. Dr. Sebastião Sérgio da Silveira, por terem participado da banca de defesa e pelas enriquecedoras contribuições que evidenciaram a necessidade de um novo capítulo, além de adequações que colaboram para a lapidação do conteúdo, publicação da obra e inspiração no meu caminho acadêmico.

Na pessoa da Vania Cristina Vasconcellos Prudêncio, agradeço a todos os funcionários da USP de Ribeirão Preto que contribuíram direta ou indiretamente para a execução desse trabalho, em especial aos servidores da Seção de Pós-graduação.

À querida Profª. Mª. Flávia Martins de Carvalho, a quem tenho uma imensa admiração pela dedicação aos estudos e carinho pelos amigos, e a quem tive a fortuna de conhecer. O auxílio, o incentivo e o suporte na discussão do projeto de pesquisa foram imprescindíveis para o início e a conclusão desse trabalho.

Aos meus irmãos Samara e José Paulo, principalmente aos meus pais José e Terezinha (*in memoriam*). Mesmo diante do meu distanciamento, se prontificavam a demonstrar todo amor e amparo na tentativa de me auxiliar, preocupando-se mais comigo do que com eles mesmos. Ao Walter Francisco Sampaio Neto, incentivador dos mergulhos às expedições profissionais, seu apoio e amor me encorajam.

Aos queridos Me. André Luis Herrera, Me. Walter Francisco Sampaio Filho e Mª. Éllen Cássia Giacomini Casali, Marcia Balero e a Maria Tereza Moro Sampaio, que me acolheram, com carinho e confiança, oportunizando novos caminhos e perspectivas.

O período de estudo, desde o processo seletivo para o Programa de Pós-graduação da Faculdade de Direito de Ribeirão Preto e, principalmente, durante o desenvolvimento desse trabalho acadêmico, foi marcado por isolamento e privações, mas também pela fortuna de contar com amigos e de conhecer tantas pessoas talentosas e comprometidas com a transformação da realidade social, que direta ou indiretamente, me incentivaram a prosseguir nessa jornada. Agradeço, em especial: Andreia e Vinícius Bugalho, Sergio Eduardo Rodrigues de Souza, Ana Cristina Ramos Lemos Roque, Ian Matozo Especiato, Roosevelt Carlos de Oliveira, da empresa Coopling, Angélica Hernandes-Lima e aos colegas do Grupo de Estudos de Direito do Trabalho (GEDTRAB) e do Grupo de Pesquisa Contemporaneidade e Trabalho GPCeT – UNAERP/RP).

# Sumário

# Lista de Abreviaturas e Siglas

Art. ........... Artigo

CF ............ Constituição Federal

CLT .......... Consolidação das Leis do Trabalho

CP ............ Código Penal

CPP .......... Código de Processo Penal

LICP ........ Lei de Introdução ao Código Penal

OIT .......... Organização Internacional do Trabalho

STF .......... Supremo Tribunal Federal

STJ ........... Superior Tribunal de Justiça

# Prefácio

Com satisfação e motivo de júbilo, recebi da autora o pedido para prefaciar esta obra, que vem a público depois de intensa pesquisa acadêmico científica, apresentada em forma de dissertação para obtenção do título de mestre em direito pela Faculdade de Direito de Ribeirão Preto, da Universidade de São Paulo.

O prefácio é da obra, mas não tem como falar da arte, sem mencionar detalhes da artista, embora se resumam a pequenos fragmentos, os quais seguramente não traduzem a grandiosidade da pesquisadora.

A Marina se apresentou para o programa de mestrado, submetendo-se a uma disputa concorrida, e logrou-se classificada para iniciar seu curso, desde o início com um projeto de pesquisa definido, ousado, diferente e desafiador.

Professora jovem, mas já experiente na docência e na área profissional, se propôs a pesquisar um tema que lhe era desafiador e produto da sua inquietação pessoal, que era a questão dos crimes contra a organização do trabalho, mas numa perspectiva não somente dogmática, mas histórica, sociológica e filosófica, buscando pesquisar na doutrina e na jurisprudência, a razão do porquê um tema tão candente ser omisso nas discussões doutrinarias e quase inexistente nas buscas jurisprudenciais.

Em razão disso, se propôs a pesquisar o tema, mas não cingiu sua pesquisa apenas no capítulo específico reservado pelo Código Penal, pois percebeu que topograficamente haviam outras previsões penais que não estavam elencadas naquele quadrante.

E seguindo esta trilha realizou a pesquisa que resultou na gênese desta obra que, como o próprio título menciona, não se restringe a analisar apenas os crimes elencados topograficamente no capítulo do Código Penal destinado aos crimes contra a organização do trabalho. Buscou-se analisar, no universo inesgotável de situações que se apresentam a cada momento, o que havia de previsão penal efetiva e qual seu tratamento. Para tanto dividiu seu trabalho em sessões, dedicando somente o último capítulo ao tema de forma específica, mas de forma científica buscou criar a base para sedimentar toda a sua pesquisa, começando pelas questões principiológicas, e traçando assim uma análise sobre a relevância constitucional na seletividade dos bens jurídicos penalmente protegidos, questão de suma importância, e que resgata para os iniciantes na área, assim como para os experientes profissionais, a base do direito penal como sendo a última *ratio*, em termos de proteção ou intervenção do Estado na órbita privada. Este é um ponto de relevância, pois, por meio de profunda pesquisa, e por meio de seu poder de síntese, busca analisar o porquê da necessidade de intervenção do Estado na proteção dos bens jurídicos, para proteção dos valores fundamentais.

Mas se o livro se dedica aos crimes contra a organização do trabalho e demais a eles conexos, não poderia deixar de analisar o valor do trabalho na ordem jurídico-social, bem como os limites e o alcance do direito penal na era da flexibilização laboral. Na sessão que analisa o valor do trabalho, demonstra de forma objetiva a razão da necessidade do Estado proteger esta ação humana individual, mas de valor coletivo, social, e na sessão sobre a análise do tema na era da flexibilização, o coloca no seio da discussão atual, que eclodiu no início do século XXI, e agora, na finalização do seu primeiro quadrante, coloca toda a sociedade, inclusive jurídica, polvorosa sobre o tema, pois se o crime é contra a organização do trabalho, e a constituição fala em proteção ao trabalho, com viés de proteção a dignidade humana, as demais formas de trabalho não subordinada devem estar albergada por essa proteção legal, para se garantir a dignidade de todo trabalhador, seja ele subordinado ou não.

Somente após este trajeto, é apresentada a profunda análise sobre o direito penal e o direito penal do trabalho, para analisar, criticamente, a (in)efetividade na tutela de direitos laborais.

Este é o ponto alto da obra da Professora Marina, que traz em sua gênese o espírito de professora e pesquisadora, e em tudo o que faz, dá verdadeira aula sobre o que aborda, mas devido a sua grandeza intelectual, não se restringe a uma abordagem simples e dogmática. Busca no âmago do assunto analisado, todos os seus aspectos e suas possíveis abordagens, dando ao leitor, conhecimento e segurança, o que a coloca na vanguarda da doutrina sobre o tema.

É por esta razão que justifico minha satisfação e minha honra em prefaciar esta obra, pois acompanhei os passos da Professora Marina desde o início de seu projeto inicial de pesquisa, até sua defesa perante banca, que lhe conferiu o título de mestre pela Universidade de São Paulo-USP, embora a Professora seja Doutora por seu notório saber.

*Jair Aparecido Cardoso*
Professor livre-docente da Faculdade de Direito de
Ribeirão Preto da Universidade de São Paulo — USP.

# Introdução

No âmbito criminal, a tutela de direitos laborais encontrou previsão em 1890, quando o Código Penal da época (Código Penal dos Estados Unidos Do Brazil) passou a prever condutas que atentassem contra a liberdade do trabalho, sendo tipificados três comportamentos (arts. 204 ao 206) como crimes contra o livre gozo e exercício dos direitos individuais. Eram punidas as práticas de constranger ou impedir o trabalhador de realizar seu ofício, de induzir operários a abandonarem o trabalho, seja diante de recompensa ou de ameaça, enquanto o último delito era caracterizado pela paralisação do trabalho com a finalidade de obter redução do serviço (por parte dos funcionários) ou do salário (prática realizada por empregadores).

De forma distinta, no Código Penal atual, é possível encontrar a referida tutela em um título próprio, denominado "Crimes contra a Organização do Trabalho", abrangendo onze tipos penais (arts. 197 ao 207, CP); outras infrações penais, também vinculadas ao âmbito laboral, localizadas ao longo do Código; além de legislações extravagantes, como o delito de redução à condição análoga à de escravo (art. 149, CP) e o tráfico de pessoas (art. 149-A, CP) dentre outros que são analisados neste estudo.

Ocorre que, mesmo diante de maior autonomia concedida aos crimes vinculados ao âmbito laboral, parte dos tipos penais carece de reconhecimento[1], sendo questionada a legitimidade da intervenção estatal, por meio do Direito Penal, para a tutela de direitos advindos da relação laboral que já encontram proteção no ramo específico.

É importante salientar que, nesse trabalho, adota-se a concepção segundo a qual todas as normas do ordenamento existem com um objeto comum e apenas são estruturadas em disciplinas e em ramos diversos para facilitar a regulamentação e a melhor compreensão didática, científica e metodológica da matéria. E o ordenamento, considerado em seu conjunto de normas, enquanto sistema, deve possuir unidade e coerência interna, encontrando sua base fundamental na Constituição com a qual todas as normas devem, ou deveriam, ser consistentes.

---

(1) Diz-se "parte" dos tipos penais, pois crime como falsificação da Carteira de Trabalho recebe maior atenção doutrinária e jurisprudencial em comparação com delitos de perigo para a vida e a saúde de outrem e de frustração de direitos assegurados por lei trabalhista, por exemplo, que são criticados por refletirem a tendência expansionista do Direito Penal, causando inflação legislativa e, por consequência, violando a proibição do excesso na intervenção estatal, conforme será demonstrado.

Ao Direito Penal, é dispensada a função de tutela subsidiária (caráter de *ultima ratio*[(2)]), tendo em vista que a imposição de sanções penais pode resultar em graves consequências, tais como na restrição da liberdade do agente e na estigmatização do condenado, o que leva a sua exclusão social. Assim, a natureza fragmentária e subsidiária do Direito Penal dispõe sobre os limites dessa intervenção, reduzindo a incidência penal aos casos em que o bem jurídico é relevante e quando outros ramos do Direito se mostram insuficientes para a proteção do interesse da sociedade. Passa-se, então, a questionar a possibilidade e a necessidade da proteção penal do âmbito laboral.

Ao mesmo tempo em que, diante do Estado Democrático de Direito[(3)] a legislação penal deve se mostrar como limite ao poder punitivo estatal em prol da liberdade, evitando a interferência na vida dos cidadãos, por outro, a abstenção absoluta do Estado coloca em risco tanto a segurança social existente, mediante a retomada de um estado de natureza, quanto viola a consecução dos objetivos do Estado Social adotado pela Constituição Federal de 1988, dentre eles a vida, a integridade, a liberdade e a dignidade do trabalhador, previstos em vários dispositivos constitucionais, além de Convenções Internacionais ratificadas pelo Brasil.

Tornam-se, então, necessários o equilíbrio e a compatibilização entre a proibição de excesso com a proibição de proteção insuficiente dos direitos fundamentais, ambas acepções da máxima da proporcionalidade e impõe-se a observância do padrão de proteção, constitucionalmente, adequado.

A máxima mostra-se como influência direta às hipóteses de incidência da lei penal, uma vez que, ao criminalizar condutas e cominar penas, sob o plano político, o legislador deve considerar os efeitos nocivos da intervenção penal, buscando uma técnica de tutela idônea a minimizar a violência e a maximizar a liberdade. Nesse aspecto, encontra-se a problematização desta dissertação, que investiga, em tempos de Direito Penal mínimo, a (i)legitimidade da intervenção penal no âmbito das relações laborais em prol dos direitos fundamentais.

Adianta-se que, por vezes, a resposta sobre a promoção do princípio da efetividade aos direitos decorrentes da relação trabalhista implica alguma medida de tutela penal, assim como, por vezes, não, conforme é apresentado na análise de cada infração. Porém,

---

(2) Pela *ultima ratio*, o Direito Penal deve ser o último recurso do sistema jurídico e sua intervenção somente será considerada legítima enquanto necessária e adequada à violação dos valores jurídicos relevantes.

(3) Ao se mencionar, neste trabalho, o Estado Democrático de Direito, previsto no art. 1º, *caput* da Constituição Federal, faz-se referência ao Estado que se compromete com a realização da justiça social, a garantir padrões mínimos de igualdade e liberdade materiais e de uma vida digna para todos. Em alguns capítulos, diante da finalidade de ressaltar a concepção de compromisso com os direitos sociais e a adoção do Estado Social, é utilizada a referência ao Estado Democrático e Social de Direito. É relevante salientar que, ainda que existam razões para discutir a categorização adotada, principalmente a diferença entre o Estado Social de Direito e o Estado Democrático de Direito, a discussão não será desenvolvida nesse estudo.

para que seja possível chegar à resposta adequada no caso da repressão aos ilícitos vinculados às relações de trabalho, é necessário explorar a moldura teórica que permitiu chegar à conclusão central desse estudo, partindo-se da análise da proteção de bens jurídicos fundamentais inter-relacionada à proporcionalidade, tendo, como fio condutor dessa análise, uma leitura do âmbito penal sob o prisma do Estado Democrático e Social de Direito, que não se faz por meios de extremos abolicionista ou de tolerância zero, mas por meio da tutela penal que, aqui, é denominada como legítima, a incidir diante da relevância jurídico-social do interesse e da necessidade atual da tutela para reforçar a proteção do bem jurídico.

A discussão sobre a incidência penal nas relações de trabalho, enfrenta, ainda, a crítica que paira sobre a violação à mínima intervenção[4] e sobre a tendência expansionista do Direito Penal que, teoricamente, causa a indesejável inflação legislativa e, por consequência, o excesso na intervenção estatal, com restrição da liberdade do indivíduo (seja empresário, empregador ou mesmo do empregado), um dos bens jurídicos mais relevantes.

O tema mostra-se congruente com a área de concentração do Programa de Mestrado da Faculdade de Direito de Ribeirão Preto, ao considerar a afirmação e a efetivação dos direitos fundamentais em uma concepção que integra os direitos sociais sem prejuízo dos direitos individuais como condição de possibilidade e como finalidade do desenvolvimento humano e social no Estado Democrático de Direito. A linha de pesquisa escolhida, "Racionalidade jurídica e direitos fundamentais na construção do Estado Democrático de Direito", é a mais adequada, pois desafia a investigação das inter-relações entre o Estado, o mercado, o meio ambiente e a sociedade, sendo condizente com os princípios e com os objetivos do Estado Democrático de Direito, sem desconsiderar paradoxos e contradições imbricadas, o que, certamente, compreende as questões ligadas à proporcional incidência penal em prol de bens jurídicos dignos de tutela, em harmonia com a mínima intervenção estatal.

Mesmo consciente sobre as dificuldades relativas à análise de um tema à míngua de obras e de decisões judiciais que abordam tanto a interdisciplinariedade entre o Direito Penal e o Direito do Trabalho no Brasil como as discussões a respeito da tutela existente, não era possível, no início da pesquisa, compreender a complexidade e abrangência do tema. Esta é a razão pela qual, conforme o estudo avançou, amplificaram-se as concepções sobre o tema bem como as perspectivas relacionadas a ele, novos questionamentos surgiam na mesma proporção em que aumentou-se o questionamento sobre o pouco enfoque dado, tanto pelo legislativo quanto por operadores do Direito, as discussões essenciais que resultam da intersecção entre ambas as áreas.

---

(4) Adota-se a concepção de que a mínima intervenção é exigência fundamental em uma sociedade democrática. O tema é abordado com especial enfoque no tópico 3.1.

Os métodos de abordagem do fenômeno jurídico utilizados no presente trabalho são o indutivo-dedutivo e o analítico-sintético. Foram usadas tanto a forma de raciocinar que parte do universal para o particular, quanto aquela que retira, de fatos específicos e conhecidos, alguma conclusão geral. Assim, na busca de explicações para fatos particulares por meio de conceitos gerais, recorreu-se, de um lado, ao método dedutivo e, de outro, ao método indutivo quando o raciocínio partiu de fatos conhecidos para se alcançar conclusões gerais. No tocante ao método analítico-sintético, ele foi usado para a análise de documentos e textos.

A técnica de pesquisa utilizada nesse trabalho foi a consulta a fontes primárias (Constituição, leis complementares, leis ordinárias, decretos legislativos, relatórios administrativos, relatórios de dados estatísticos e de gestão, processos judiciais, acórdãos e decisões do Poder Judiciário, proposições legislativas, normas internacionais etc.) e secundárias (doutrinas, englobando obras publicadas e documentos assentados em páginas eletrônicas de domínio público, especialmente artigos e revistas). Assim, buscou-se estabelecer uma linha de diálogo científico entre os procedimentos adotados com a argumentação jurídica e com outros elementos históricos ou factuais.

Quanto à apresentação de decisões colhidas nas páginas eletrônicas dos tribunais brasileiros e em obras comentadas, ela foi feita com o objetivo de complementar as análises das infrações penais investigadas, tornando mais palpável a discussão e possibilitando a correlação com a base teórica apresentada.

É importante ressaltar que, para a análise da tutela penal-laboral, optou-se pela realização de uma abordagem mais horizontal, com a investigação e a discussão da maioria das infrações vinculadas às relações de trabalho. Adotou-se essa abordagem pela concepção de que, se tivesse sido escolhido apenas um único delito para análise, isso não seria suficiente para se discutir tanto a relevância dos bens jurídicos envolvidos quanto a (não)necessidade da tutela penal. Convém destacar, dessa forma, que a partir dessa opção feita, tem-se, também, a finalidade de contribuir para uma adequada, em que pese conscientemente simplificada, contextualização do debate e da problemática versada nesse trabalho, buscando contribuir para o fomento da pesquisa nesta área.

As infrações penais, objeto dessa investigação, foram selecionadas em três etapas: inicialmente, foram pesquisadas todas as infrações em espécie que apresentassem algum elemento no tipo penal vinculado ao âmbito laboral. Posteriormente, foram excluídos os crimes funcionais, como o peculato e a figura equiparada prevista no art. 552, CLT[(5)] e aqueles em que o liame com o Direito do Trabalho não caracterizava núcleo do tipo ou,

(5) Art. 552, CLT: "Os atos que importem em malversação ou dilapidação do patrimônio das associações ou entidades sindicais ficam equiparados ao crime de peculato julgado e punido na conformidade da legislação penal". *(Redação dada pelo Decreto-lei n. 925, de 10.10.1969)*

ao menos, a finalidade da prática criminosa[(6)]. Por fim, foram excluídas as condutas criminosas que receberam o reconhecimento da relevância e da necessidade de tutela penal, por acreditar, de maneira mais ampla, que não contribuiriam para a análise do objeto de pesquisa[(7)], em que pese serem delitos extremamente importantes e que mereçam atenção em pesquisas autônomas.

Durante todo esse trajeto, questões históricas que envolvem o tema foram retomadas, tanto diante do fato de a historicidade ser uma característica dos direitos fundamentais, melhor compreendido em um contexto evolutivo-social, bem como, por acreditar que a percepção histórico-evolutiva possibilita a compreensão do cenário atual e, dessa mesma forma, pode estabelecer uma projeção de elementos futuros, de acordo com o caminho e direção traçados. Dessa forma, além dos métodos acima dispostos, no tocante à análise do Direito Penal do Trabalho, foi utilizado, também, o método histórico-evolutivo em conjunto com o dialético, ao se propor um diálogo entre a transformação do contexto social e evolução legislativa, os quais foram observados a partir da análise bibliográfica.

O trajeto percorrido para a discussão de todas esses questionamentos inicia-se na análise da necessidade de intervenção estatal para proteção dos valores considerados como fundamentais na convivência social, bem como com a apresentação da evolução histórica das teorias do bem jurídico com o fito de compreender as que regem a seletividade dos interesses sociais no ordenamento jurídico, buscando quais valores recebem o *status* de dignidade penal e se os direitos decorrentes da relação laboral são abrangidos. Afinal, dado o caráter extremo da incidência penal, se faz necessária a demonstração de que tais interesses são particularmente importantes para a sociedade.

No capítulo primeiro, é evidenciado que, enquanto alguns bens jurídicos receberam destaque do constituinte diante da relevância e da imprescindibilidade da tutela penal, reduzindo o grau de discricionariedade do legislador, outros serão passíveis de tutela e, alguns, proibidos de encontrar o respaldo penal como forma de preservar a ordem social e inibir, na medida do possível, a prática das condutas que encontram tipificação penal, mas também restringir a própria atuação estatal.

Não poderia ser convenientemente afastada a análise sobre a importância dos direitos laborais na ordem social, uma vez que, em alguns casos, sua mera previsão constitucional não é suficiente para que o bem seja passível de proteção penal. Por

---

(6) Nesse momento, foram afastados crimes em que a relação laboral está prevista como qualificadora, como no furto qualificado por abuso de confiança (art. 155, II, § 4º, CP), favorecimento da prostituição ou outra forma de exploração sexual (art. 228, § 1º, CP) e rufianismo (art. 230, § 1º, CP).

(7) Tal qual o crime de correspondência comercial (art. 152, CP), apropriação indébita (art. 168, § 1º, III, CP), apropriação indébita previdenciária (art. 168-A, CP), assédio sexual (art. 216-A, CP), a causa de aumento de pena no crime contra a dignidade sexual praticado por superior hierárquico ou empregador da vítima (art. 226, II, CP), falsificação da Carteira de Trabalho e Previdência Social (art. 297, *caput* e § 3º, II, CP), Falsidade ideológica (art. 49, CLT e art. 299, CP), sonegação de contribuição previdenciária (art. 337-A, CP).

isso, no segundo capítulo, a apresentação do valor do trabalho na ordem jurídico-social coloca, em perspectiva, a relevância e a proporcionalidade na tutela penal dos direitos laborais sob dois aspectos: se os direitos decorrentes da relação de trabalho podem ser considerados como penalmente relevantes, não só passíveis de tutela, mas também de imprescindível intervenção no âmbito do Estado social; e se a proteção se faz proporcional, especialmente, diante da vedação da proteção insuficiente.

Já, no terceiro capítulo, é apresentado o caráter de *ultima ratio* do Direito Penal, abordando a fragmentariedade e subsidiariedade penal e retomando, então, a proporcionalidade na vertente da proibição do excesso, principalmente, diante da minimização do Direito do Trabalho, por meio da flexibilização e da desregulamentação da legislação laboral, o que poderia reforçar a afirmação de contrassenso na tutela penal-laboral.

O quarto capítulo é destinado à análise do Direito Penal do Trabalho bem como dos tipos penais em vigor que, mesmo não possuindo mais validade, estão dispostos no Código Penal. Diante da estrutura conferida nos capítulos anteriores, se torna possível verificar se os delitos analisados atendem a necessidade e a proporcionalidade na proteção penal, a qual deve ser limitada; e refletir sobre a fragmentariedade na incidência penal, ainda que o reconhecimento das infrações existentes e criminalização de novas condutas cause eventual expansionismo penal.

Ao final, são tecidas considerações sobre o consentimento do ofendido como causa de exclusão da prática criminosa, abrangendo situações nas quais a intervenção estatal se dá por meio de um dever de punir, independente do interesse da vítima e da existência de consentimento com as condições de trabalho.

A seguir, é discutida a relevância constitucional na seletividade dos bens jurídicos.

## Capítulo 1

# A Relevância Constitucional na Seletividade dos Bens Jurídicos Penalmente Protegidos

O bem jurídico é o alicerce e a essência do Direito Penal que tem como função a proteção dos interesses mais relevantes para o indivíduo ou para o Estado, mostrando-se necessária a aplicação de sanção quando exista violação de tais bens, como forma retributiva, mas também preventiva, de acordo com o ordenamento jurídico brasileiro(8).

Ao tratar, neste capítulo, da proteção dos bens jurídicos, a discussão incide nas questões da legitimação penal, na fundamentação e na própria intervenção estatal, diretamente vinculada à problemática do trabalho: a legitimidade da proteção penal no que condiz aos direitos laborais e sua respectiva (in)efetividade. Considerando a função do Direito Penal de proteção dos interesses mais relevantes, em respeito à mínima intervenção, ele somente deve ser utilizado em casos de lesões significativas aos bens fundamentais para a vida em sociedade, sendo imprescindível a reflexão sobre quais bens podem ser reconhecidos como dignos de tutela penal para que a intervenção seja legítima(9). A análise ultrapassa o âmbito penal para abranger outras áreas, em especial, o Direito Constitucional e a Filosofia, conforme ficará evidenciado.

Enquanto, no âmbito público, somente cabe ao servidor atuar em conformidade com os atos previstos em lei, no âmbito particular, todos os atos são possíveis de serem

---

(8) De acordo com o art. 59, CP que trata da fixação da pena "O juiz, atendendo à culpabilidade, aos antecedentes, à conduta social, à personalidade do agente, aos motivos, às circunstâncias e consequências do crime, bem como ao comportamento da vítima, **estabelecerá**, conforme seja necessário e suficiente **para reprovação e prevenção do crime**" (grifo nosso).

(9) Quanto a essa concepção a respeito da função do Direito Penal, Eugênio Pacelli e André Callegari afirmam tratar-se da função essencial deste ramo, a proteção dos bens jurídicos: "proteger aqueles bens (ou interesses) que possam ter reconhecida a sua importância ao exame mais simples e descuidado da ordem de valores positivados no ordenamento jurídico. Bem jurídico há de ser a fiel tradução dos mais elevados valores de cultura de um povo, socialmente compartilhados em determinada comunidade submetida a uma mesma ordenação jurídica. Daí a enorme dificuldade de se reconhecer a convergência dessa valoração em sociedades de classes sociais tão fragmentadas quanto desiguais" (PACELLI; CALLEGARI, 2016, p. 22).

realizados pelo agente, salvo aqueles previstos como sancionados, que, ao serem criminalizados e ao encontrarem tipificação, objetivam que tal conduta (comissiva ou omissiva) não seja praticada (BITENCOURT, 2012, p. 991-992), ao indivíduo, é assegurado o direito de fazer tudo o que a lei não proibir, não podendo ser obrigado a fazer senão aquilo que a lei lhe impuser. Trata-se da proteção da liberdade, bem jurídico com assento constitucional, nos termos do art. 5º, II, da Constituição Federal de 1988(10).

Se, por um lado, cabe ao Estado sancionar os atos não desejados, o que motivou que fosse encontrada a tipificação penal, por outro, a atuação estatal é limitada pela própria legislação, uma vez que somente pode punir as condutas legal e previamente definidas como infrações; assim, o indivíduo deve ter seus bens jurídicos protegidos, com o auxílio do Direito Penal, que comina, aplica e executa a pena ao agente que violou tais bens, da mesma forma deve estar amparado do arbítrio do Estado, ou seja, em face do excesso do próprio Direito Penal.

Com tal expectativa de equilíbrio, cabe, ao legislador, tutelar as liberdades fundamentais da sociedade, apresentando leis para regulamentar as condutas dos indivíduos e, no outro extremo, se abstendo de o fazer, uma vez que somente devem ser impostas limitações, em especial pela lei penal, quando justifiquem o sacrifício da liberdade daquele que é punido.

Com a apresentação desse capítulo, tem-se a finalidade de demonstrar a necessária intervenção Estatal para proteção de certos bens jurídicos, a evolução da discussão sobre os interesses tutelados no âmbito penal, junto à mudança da própria sociedade, como também o limite da atuação do legislador na criação de novos tipos diante da seletividade penal.

Haja vista a interdisciplinaridade deste trabalho, antes de se tratar da seleção de bens jurídicos a serem tutelados, é importante lembrar, de forma breve, o conceito de Direito Penal que, sob aspecto formal ou estático, consiste em um conjunto de normas que qualificam comportamentos humanos (indesejados) como infrações penais, definindo os seus sujeitos (ativo e passivo) e fixando sanções a serem-lhe aplicadas (BITENCOURT, 2020, p. 89). Para Johannes Wessels (1976, p. 2) "segundo a experiência da história da humanidade, a justificação para a existência do Direito Penal resulta já de sua indiscutível necessidade para uma proveitosa vida coletiva", tendo a finalidade de assegurar a paz jurídica(11).

(10) Art. 5º, CF: "Todos são iguais perante a lei, sem distinção de qualquer natureza, garantindo-se aos brasileiros e aos estrangeiros residentes no País a inviolabilidade do direito à vida, à liberdade, à igualdade, à segurança e à propriedade, nos termos seguintes: II – ninguém será obrigado a fazer ou deixar de fazer alguma coisa senão em virtude de lei;"

(11) A tarefa do Direito Penal consiste em proteger os valores elementares da vida comunitária no âmbito da ordem social e garantir a manutenção da paz jurídica, de modo que, como ordenação protetiva e pacificadora serve o Direito Penal à proteção dos bens jurídicos (WESSELS, 1976, p. 3).

O aspecto material do Direito Penal refere-se a condutas consideradas altamente danosas, afetando bens jurídicos indispensáveis à conservação e ao progresso do indivíduo e da sociedade. Já, para o conceito sociológico ou dinâmico, constitui um dos instrumentos de controle social, com fito de assegurar a harmônica convivência dos membros da sociedade. Menciona-se "um dos instrumentos", pois o Direito é um instrumento a estabelecer diretrizes para a manutenção da paz social.

Nota-se que a legitimação do Direito Penal a partir do conceito formal mostra-se como insuficiente e incompatível com as características do Estado Democrático de Direito, previsto no art. 1º da Constituição Federal de 1988(12). É necessário que, além da legalidade formal, seja possível alcançar a realização do conceito material o qual estabelece que o conjunto de normas mencionadas sejam substancialmente (ou, em outros termos, materialmente) legítimas, de modo que a criminalização de determinada conduta esteja em harmonia com a finalidade que o Direito Penal deve desenvolver na sociedade.

Para Francisco Muñoz Conde (2001, p. 63-64), a elaboração do conceito material do delito é uma tarefa do jurista que deve partir do Direito Penal positivo. Porém, é necessário, ainda, que haja uma comparação com as demais concepções materiais de delito vigentes na sociedade, a partir das quais será possível analisar, criticamente, a correspondência (ou não) entre ambos. Tal tema, mencionado por Eugênio Pacelli e André Callegari (2016, p. 7, grifo dos autores), aponta o distanciamento do legislador com a vontade do titular do poder (povo), como sendo um problema em razão "[d]os *déficits* de legitimidade da produção normativa diante da abismal distância entre as leis *desejadas* e aquelas *outorgadas*", o que é um fenômeno atual, mesmo no âmbito penal, no que condiz a uma criminalização seletiva produzida com base nas desigualdades sociais:

> que ninguém duvide: sociedades desiguais, de tradição oligárquica — de que somos exemplo — tendem a produzir criminalizações seletivas (para *alguns* e não para *todos*), seja ao nível das leis (criminalização *primária*), seja no âmbito do processo judiciário penal (...) Basta ver a diferença abismal entre o número de condenações pelos crimes *de sangue e de violência* (homicídios, furtos, roubos, extorsão) e aqueles relativos à chamada *violência silenciosa* (sistema financeiro, corrupção, ordem econômica etc.) (PACELLI; CALLEGARI, 2016, p. 4-5, grifo dos autores).

Diante disso, não basta a análise da legitimidade penal na seleção dos bens jurídicos, é preciso compreender, antes, a fonte da qual promana a legitimidade para revelar e

---

(12) Dentre os princípios fundamentais, a Constituição Federal de 1988 apresenta, em seu art. 1º, que a República Federativa do Brasil, é formada pela união indissolúvel dos Estados e Municípios e do Distrito Federal, constitui-se em Estado Democrático de Direito e tem como fundamentos: "I – a soberania; II – a cidadania; III – a dignidade da pessoa humana; IV – os valores sociais do trabalho e da livre iniciativa; V – o pluralismo político. Parágrafo único. Todo o poder emana do povo, que o exerce por meio de representantes eleitos ou diretamente, nos termos desta Constituição".

descrever determinados comportamentos humanos como criminosos (enquanto outros não os são), bem como os critérios (ainda que mínimos) pelos quais se deve proceder a seleção dos valores fundamentais para a vida comunitária que merecerão tutela penal.

Perante o Estado Democrático de Direito[13], a criminalização de condutas deve ser excepcional somente nos casos em que atentam contra bens jurídicos mais relevantes, diante de graves consequências. Claus Roxin (2006, p. 6-7) apresenta o Direito Penal como um instrumento de direção e controle social, sendo um mal necessário, que deve ser utilizado com cautela, pela possível estigmatização do condenado, o que leva à sua exclusão social, consequência indesejada em um Estado Social de Direito, conforme será abordado com mais detalhes nos próximos capítulos[14].

Janaina Conceição Paschoal (2003, p. 25) afirma que, fora a liberdade e a estigmatização, o Direito Penal ainda priva o sujeito do convívio familiar e dos direitos políticos, além de submeter as pessoas mais próximas a restrições financeiras derivadas do encarceramento daquele que sustenta a família ou auxilia na manutenção do lar, sendo a arma mais poderosa e incisiva que se pode valer o Estado. Por isso, há coerência na exigência de que o poder punitivo somente seja exercido quando se demonstrar que, realmente, exista uma ofensa a outro direito fundamental.

Por isso, os limites ao poder punitivo do Estado e à interpretação da própria norma, em um Estado Democrático e Social de Direito, devem estar na tutela penal dos bens considerados como indispensáveis para manter as condições mínimas de convivência, sendo orientados pela exclusiva proteção de bens jurídicos, bem como na subsidiariedade da intervenção penal[15].

Para Sérgio Salomão Shecaira (1999, p.134), na discussão do bem jurídico, se faz necessário enfrentar uma via de mão dupla: a seletividade dos bens jurídicos a serem protegidos (1) e, quais bens jurídicos não mais precisam de proteção (2) e, por consequência, devem ser descriminalizados. Nota-se, então, a importância da análise das linhas gerais do bem-jurídico, com fito de compreender de que forma são selecionados os bens penais que devem ser protegidos bem como, e principalmente, refletir se as relações de trabalho estão dentre aquelas que devem ser tuteladas diante da relevância dos direitos sociais.

---

(13) Eugênio Pacelli e André Callegari (2016, p. 7) apresentam que a concepção de "liberdades negativas", de que é permitido tudo o que não é proibido, encontra respaldo no Estado Liberal, de feições nitidamente individualista. Entretanto, da mesma forma, diante do Estado Democrático de Direito a legislação penal deve se mostrar como limite ao poder punitivo estatal, sendo a intervenção estatal, no âmbito criminal, excepcional e legítima quando se der com o fito de proteção dos bens jurídicos dignos de tutela penal em face de condutas que se revestem de danosidade social.

(14) Cf. 2.1.2 e 3.1.

(15) Luciano Feldens (2012, n.p.) afirma que, "a partir de um modelo de exclusiva proteção de bens jurídicos, a conduta, para que adquira o que os penalistas denominam dignidade penal, haveria de retratar uma hipótese de ofensa (dano ou perigo) a um bem, interesse ou direito alheio (individual ou transindividual)"

Nesse trabalho, o estudo dessas escolhas normativas será realizado sobretudo a partir da Constituição de 1988. Entretanto, é considerado todo o contexto e evolução histórica do tema para que seja possível compreender o caminho traçado até o momento atual. A análise será iniciada com a obra de Thomas Hobbes, intitulada "Leviatã ou Matéria, Palavra e Poder de um Governo Eclesiástico e Civil", sob o aspecto da necessidade de intervenção estatal para resguardo dos valores imprescindíveis ao convívio social até chegar aos princípios que regem a seletividade da proteção penal. Posteriormente, serão analisadas as teorias adotadas para a concepção de bem jurídico, no que condiz com a excepcional intervenção estatal e com a seleção de tais bens.

## 1.1. A necessária intervenção estatal para proteção dos valores fundamentais

Ao contrário da concepção aristotélica do homem como ser social, Thomas Hobbes (1651) apresenta o indivíduo como tendencioso às satisfações pessoais, de modo que o natural do ser humano consiste na vivência em um cenário de hostilidade e de guerra no qual a própria natureza é destruída e os homens se matam uns aos outros.

De acordo com o autor, os seres políticos, apontados por Aristóteles, como as abelhas e formigas, somente vivem sociavelmente por não apresentarem outra direção senão seus juízos e apetites particulares, que tendem para o bem individual que corresponde ao bem coletivo e, por consequência, acabam por promover o bem comum; tais seres também não apresentam linguagem por meio da qual possam indicar o que consideram (in)adequado para o benefício comum, enquanto os seres humanos estão, constantemente, envolvidos em disputas pela honra e pela dignidade, o que faz surgir a inveja, o ódio e a guerra. Além disso, diferente dos animais mencionados, o ser humano só encontra felicidade na comparação com os da sua espécie, sendo que se julgam mais sábios e mais aptos uns que os outros, sendo capazes de enganar e ludibriar os seus iguais. Para Thomas Hobbes,

> alguns homens são capazes de apresentar aos outros o que é bom sob a aparência do mal, e o que é mau sob a aparência do bem; ou então aumentando ou diminuindo a importância visível do bem ou do mal, semeando o descontentamento entre os homens e perturbando a seu bel-prazer a paz em que os outros vivem (HOBBES, 1651, p. 60).

Por isso, não há como compatibilizar a disposição natural dos seres humanos em desejarem mais poder e, acima de tudo, "o próprio bem", que não corresponde ao bem comum, com o convívio social pacífico e harmonioso no estado de natureza. Mostra-se necessário que seja estabelecida, artificialmente, a vida social, para evitar a destruição humana e afastar a absoluta incerteza quanto ao futuro:

> Portanto tudo aquilo que é válido para um tempo de guerra, em que todo homem é inimigo de todo homem, o mesmo é válido também para o tempo

> durante o qual os homens vivem sem outra segurança senão a que lhes pode ser oferecida por sua própria força e sua própria invenção. Numa tal situação não há lugar para a indústria, pois seu fruto é incerto; consequentemente não há cultiva da terra, nem navegação, nem uso das mercadorias que podem ser importadas pelo mar; não há construções confortáveis, nem instrumentos para mover e remover as coisas que precisam de grande força; não há conhecimento da face da Terra, nem cômputo do tempo, nem artes, nem letras; não há sociedade; e o que é pior do que tudo, um constante temor e perigo de morte violenta. E a vida do homem é solitária, pobre, sórdida, embrutecida e curta (HOBBES, 1651, p. 46).

Nesse sentido, Cesare Beccaria (2013, p. 29) afirma ser uma fantasia a ideia de que um ser humano sacrificaria a própria liberdade em detrimento do bem comum. Na realidade, cada homem, somente por interesses pessoais, está ligado às diversas combinações políticas, tendo em vista que cada um desejaria não estar vinculado pelas convenções que obrigam os demais, isso porque "todo homem faz-se o centro de todas as combinações do Universo". Entretanto, o autor reconhece o sacrifício da liberdade como necessário.

Consoante Cesare Beccaria (2013, p. 30),

> As leis são as condições que com que os homens independentes e isolados se uniram em sociedade, cansados de viverem num contínuo de guerra e de gozarem uma liberdade tornada inútil, por causa da incerteza de sua conservação. A soma de todas essas porções de liberdade sacrificadas ao bem de cada um constitui a soberania de uma nação e o soberano é seu legítimo depositário e administrador.

Nota-se que os seres humanos necessitam de um pacto para evitarem que retornem ao estado de natureza e de desordem. Porém, a mera combinação de regras de conduta entre os seres humanos é insuficiente para que sejam respeitadas em detrimento das paixões e ambições humanas.

Thomas Hobbes aponta que as palavras se rompem facilmente e só há duas maneiras de reforçá-las: o medo das consequências impostas ao faltar à palavra dada e o orgulho de aparentar não precisar faltar a ela, sendo que "este último é uma generosidade que é demasiado raro encontrar para se poder contar com ela, sobretudo entre aqueles que procuram a riqueza, a autoridade ou os prazeres sensuais, ou seja, a maior parte da humanidade" (HOBBES, 1651, p. 51).

Gera-se de um ciclo: os seres humanos individualistas, em estado natural e capazes dos atos agressivos para obterem as satisfações pessoais, ao conquistarem o que desejam, em um ambiente no qual tudo é permitido[16], carregam o medo de que, no momento seguinte, outro tome, para si, a conquista obtida, de modo que sempre surgirá alguém mais forte ou mais astuto para tomar-lhe o que este, um dia, foi capaz de tirar de quem, em algum aspecto, era mais vulnerável.

Mesmo diante da existência de um pacto, o homem mantém a tendência de retornar ao seu estado natural-individualista, restando dois vetores que o fazem desejar escapar desse estado: as paixões e a razão. As paixões, que fazem os homens tenderem para a paz, são o medo da morte, o desejo daquelas coisas que são necessárias para uma vida confortável e a esperança de consegui-las por meio do trabalho. Trata-se da razão pela qual o autor sugere adequadas normas de paz em torno das quais os homens podem chegar a um comum acordo (Hobbes, 1651, p. 47).

Diante desse ciclo infinito de medo e sem perspectiva de construção do futuro, torna-se necessária a existência de um "ser" acima de todos os demais, com poder coercitivo, ao qual todos tenham medo e/ou respeito, capaz de impor limites às ações humanas que resultem na possibilidade de convívio social, em benefício dos componentes. Assim, é necessária a existência do Estado — controlador das ambições e dos desejos, conformador das vontades.

Dessa forma, mantém-se a importância do medo e da racionalidade do homem. Mas, em vez de tais sentimentos estarem voltados aos seus pares, como ocorre no "estado de natureza", eles estão ligados ao temor do "ente superior", que deve ser suficiente para impor o respeito ao pacto realizado, diante da capacidade coercitiva, de modo que o medo de perder o que foi conquistado e temor da morte são substituídos por alguma segurança perante os demais seres humanos. Assim, permanece o receio entre os homens em face do ente superior, ao qual é atribuído o "monopólio" de impor leis e sanções. Resta, aos homens, então, o medo da punição, da perda da liberdade ou do patrimônio, diante da prática de um ato ilícito. Tais medos são elementos constitutivos da obediência dos indivíduos às leis, contribuindo para a manutenção do convívio entre os seres e a paz da comunidade, tendo em vista que não há paz sem sujeição.

Nesse sentido, Nicolau Maquiavel (2009, p. 88) afirma que

> os homens têm mais facilidade em trair os que se fazem amar do que os que se fazem temer. O amor cria um vínculo de gratidão que se rompe facilmente, porque o homem é mau caráter, enquanto o temor é seguro pelo liame do receio do castigo, que traz o homem submetido.

---

(16) No estado de natureza, "os desejos e outras paixões dos homens não são em si pecado, nem as ações que derivam dessas paixões, até que seja feita uma lei que as proíba" (HOBBES, 1651, p. 47).

Para Hart (1994, p. 212), exatamente pela natureza dos seres humanos, é necessário e possível um sistema de abstenções recíprocas[17].

Por mais que Nicolau Maquiavel estivesse fazendo tal apontado voltado ao "Príncipe", se seria melhor ser amado ou temido pelos súditos, é possível aplicar o raciocínio ao Estado e ao necessário respeito as normas impostas diante do medo de punição[18]. Além da existência de leis, deve haver poder de proteção, que só passa a existir se houver uma espada e aquele que a carrega será competente de pôr as leis em execução.

Assim, dispõe Thomas Hobbes (1651, p. 74), que a liberdade dos súditos resta apenas naquelas coisas que, ao regular suas ações, o soberano permitiu. Otfried Höffe (2005, p. 08) destaca que toda ordem "contém mandamentos e proibições que limitam a liberdade dos cidadãos e que conquistam validade, graças ao caráter de dominação da ordem política, se necessário com coerção". Essas proibições, estabelecidas após a instituição do Estado, são realizadas por meio das leis, apresentadas como ordens do Estado-Leviatã, sendo o poder soberano que ordena aos homens a obedecer-lhes sob pena de punições.

Além das punições para quem as contrariar, tais leis têm o fito de declarar, nas dissensões entre particulares, o que é equidade e o que é justiça, e torná-las obrigatórias, posto que justiça quer dizer o cumprimento dos pactos e dar a cada um o que é seu (HOBBES, 1651, p. 91).

A constituição do Leviatã, ilustrada na capa da obra de Thomas Hobbes, é apresentada como um gigante formado pelos seus súditos — unidos em uma só pessoa que, em latim, o autor denomina de *Civitas*[19]. O Estado, apresentado como "Deus Mortal", garante a paz e a defesa diante da autoridade que lhe é dada por cada indivíduo. Mediante o uso da espada (símbolo do poder racional) e do báculo (a representar o poder espiritual), do poder e da força, o Estado, ao inspirar terror, torna-se capaz de conformar as vontades de todos os súditos, remanescendo, a estes, o cumprimento da promessa de

(17) Para Hart (1994, p. 212), "os homens não são demônios dominados por um desejo de se exterminarem uns aos outros e a demonstração de que, por força apenas da finalidade modesta de sobrevivência, as regras básicas do Direito e da Moral são coisas necessárias, não deve ser identificada como o ponto de vista falso de que os homens são predominantemente egoístas e não têm uma preocupação desinteressada na sobrevivência ou no bem estar de seus semelhantes. Mas se os homens não são demônios, tão pouco são anjos; e o fato de que estão a meio do caminho entre esses dois extremos é algo que torna um sistema de abstenções recíprocas simultaneamente necessário e possível".

(18) É pertinente recordar a afirmação de Cesare Beccaria sobre o temor da punição por parte do indivíduo como forma de prevenir a prática delitiva. O autor (2013, p. 109) ressalta que é mais efetivo o medo causado pelo conhecimento da inevitabilidade do castigo do que o temor de uma pena grave unido à esperança da impunidade.

(19) Para Thomas Hobbes (1651, p. 9) "pela arte é criado aquele grande Leviatã a que se chama Estado, ou Cidade (em latim *Civitas*), que não é senão um homem artificial, embora de maior estatura e força do que o homem natural, para cuja proteção e defesa foi projetado. E no qual a soberania é uma alma artificial".

obedecer à lei civil[20]. Dessarte, tem-se a metáfora do Estado, constituído por meio da unidade de todas as vontades em uma só pessoa ou em uma Assembleia, como se cada ser humano, em pacto com todos os demais, transferisse o direito de autogovernar-se ao Estado, soberano e garantidor da ordem e segurança dos indivíduos. Entretanto, essa paz só é construída com a sujeição às leis e a um poder coercitivo, a ser utilizado em face do indivíduo que romper o pacto:

> os pactos sem a espada não passam de palavras, sem força para dar qualquer segurança a ninguém. Portanto, apesar das leis de natureza (que cada um respeita quando tem vontade de respeitá-las e quando pode fazê-lo com segurança), se não for instituído um poder suficientemente grande para nossa segurança, cada um confiará, e poderá legitimamente confiar, apenas em sua própria força e capacidade, como proteção contra todos os outros. Em todos os lugares onde os homens viviam em pequenas famílias, roubar-se e espoliar-se uns aos outros sempre foi uma ocupação legítima, e tão longe de ser considerada contrária à lei de natureza que quanto maior era a espoliação conseguida maior era a honra adquirida (HOBBES, 1651, p. 59-60).

O ser humano deve temer a consequência resultante do desrespeito às determinações, situação que remete diretamente à lei penal, parte do ordenamento que apresenta as consequências mais gravosas na busca de proteção dos bens jurídicos ou da afirmação da lei, conforme será analisado. Somos livres (em razão da fraqueza dos laços legais) enquanto homens (e não enquanto cidadãos) e o medo de desrespeitar uma norma, diante do risco à sobrevivência e ao resguardo da liberdade do indivíduo, o torna sociável, uma vez que o Leviatã é capaz de tirar a vida de seu próprio criador, de cada homem que concedeu parte da liberdade para a criação do "Deus-Monstro". Assim, ainda que seja a lei fraca, a espada traz-lhe força (CONTI, 2010, p. 172).

Realizada uma breve apresentação da necessidade de proteção dos interesses e do caráter coercitivo do Estado para que seja assegurada a coexistência livre e pacífica entre os indivíduos, passa-se à análise das teorias dos bens jurídicos, visando à reflexão sobre os bens, os interesses ou os valores que imprescindem da tutela estatal.

## 1.2. O bem jurídico penal: Síntese das teorias e de sua abrangência

A teoria do bem jurídico tem, como fundamento, interesses humanos e a sua proteção pelo ordenamento jurídico, especificamente, pelo tipo penal. Sem "bem jurídico", a

(20) Thomas Hobbes (1651, p. 61) afirma ainda que "é nele que consiste a essência do Estado, a qual pode ser assim definida: Uma pessoa de cujos atos uma grande multidão, mediante pactos recíprocos uns com os outros, foi instituída por cada um como autora, de modo a ela poder usar a força e os recursos de todos, da maneira que considerar conveniente, para assegurara paz e a defesa comum. Àquele que é portador dessa pessoa se chama soberano, e dele se diz que possui poder soberano. Todos os restantes são súditos".

norma penal perde sua essência, posto que, somente diante de um interesse penalmente relevante, que pode ser exposto a uma lesão ou perigo de lesão, se faz possível a intervenção do Estado por meio de proibições e respectivas sanções penais, sendo o bem jurídico a fonte de legitimação do Direito Penal.

Conforme mencionado, sem a interferência do Estado como garantidor da paz, a vida seria incerta e preenchida pelo medo. Por isso, interesses que sejam imprescindíveis ao indivíduo devem ser tutelados, gerando a possibilidade de convívio social. Luiz Regis Prado (2019, p. 26) afirma que o fim do direito consiste na proteção dos interesses do homem que preexistem à intervenção normativa, de modo a se imporem à norma, sendo produtos da experiência humana, como condição de vida da sociedade.

A violação, causada no ato do agente agressor, em matar alguém já repercutia antes da existência do delito de homicídio (previsto no art. 121, CP) mesmo no estado de natureza apresentado por Thomas Hobbes, o que pode ser afirmado sobre as condutas que lesam o patrimônio ou a liberdade de escolha da vítima, de forma que existem objetos que têm propriedade ou aptidão para satisfação da necessidade humana, que podem ser entendidos, em sentido amplo, como bens jurídicos(21).

No âmbito penal, ao final do século XIX, já se apontava para a caracterização do delito como lesão a um objeto protegido(22), tornando o bem jurídico a essência do Direito Penal, de modo que este careceria de sentido e se tornaria materialmente injusto, se não houvesse a presença do bem jurídico como preceito punitivo (NAVARRETE, 1974, p. 21-22).

Para Luiz Regis Prado (2019, p. 24), nos termos da concepção positivista, "o bem jurídico se identifica com o sentido e o fim das normas penais", sendo a garantia das expectativas principais contra a sua violação. Ele tem como suas principais funções: (1) a limitação ao direito de punir do Estado, mostrando-se como limite na dimensão material da norma penal; (2) a função teleológico-interpretativa, que condiciona o alcance à finalidade de proteção de certo bem jurídico e; (3) a função individualizadora, por meio da qual é realizada a mensuração da pena diante da gravidade da lesão ao bem jurídico (PRADO, 2019, p. 44-46)(23).

(21) Ana Elisa Bechara (2014, p. 139-141) afirma que é comum a utilização indiscriminada das expressões "bem", "interesse" e "valor", referentes ao tema "bem-jurídico". A autora ressalta a dificuldade em se chegar a uma convenção terminológica e apresenta sua concepção no sentido de vincular o bem jurídico à dimensão de interesse "por implicar uma valoração dinâmica, material, histórica e interindividual", e que "o conceito de interesse constitui, na essência, o expoente de uma situação subjetiva-objetiva, integrada pela relação jurídica existente entre um sujeito e um bem". Apesar do tema ser um dos pilares deste trabalho, a análise do bem jurídico não corresponde ao objetivo final e, por essa razão, a discussão não será detalhada.

(22) Para Cesare Beccaria (2003, p. 124-125; 127), o delito é um atentado contra a soberania do Estado, a sociedade, a segurança do cidadão ou ao bem público, devendo ser categorizado com base na utilidade ou no interesse lesado.

(23) Quanto ao presente trabalho, será analisada a função limitadora do poder punitivo que impede o uso do Direito Penal de forma arbitrária e contrária aos preceitos do Estado Democrático de Direito.

Luiz Luisi (1987, p. 50-51) afirma o bem jurídico tutelado como elemento sempre presente na estrutura de qualquer tipo penal. Para o autor, o bem jurídico é a razão da criminalização de uma conduta, o embasamento da estrutura do tipo penal e a própria finalidade do tipo penal, uma vez que este visa a proteção de bens jurídicos reconhecidos como valiosos pelos órgãos representativos da comunidade social. O autor ressalta que até mesmo Filippo Grispigni (1952, p. 139-140 *apud* LUISI, 1987, p. 52), que nega ser o bem jurídico elemento do tipo penal, reconhece que o "o tipo (*'la fattispecie legale'*) tutelado é como um organismo no qual a unidade de suas partes e sua própria vida é dada pelo bem jurídico tutelado pela norma e ofendido pela conduta, sendo (...) a razão de ser do tipo, o espírito que o faz viver e que lhe marca os limites".

Johannes Wessels (1976, p. 3, grifo do autor) afirma que "por bens jurídicos designam-se os bens vitais, os valores sociais e os interesses juridicamente reconhecidos do indivíduo ou da coletividade, que, em virtude de seu especial significado para a sociedade, *requerem proteção jurídica*"(24). Entretanto, a abrangência e o conceito de bem jurídico são cercados por disputas teóricas que podem ser divididas em duas vertentes principais: as que entendem que o bem jurídico é anterior ao próprio direito, de modo que seria cabível, ao legislador, somente positivá-lo; e, do outro lado, as que defendem a noção de que o bem jurídico surge diante da positivação, sendo independe de fatores externos, como sociais, políticos ou morais.

Na esfera penal, é evidente a relevância, na resolução legislativa, em proteger juridicamente um bem, sendo que a competência para elaboração de normas penais com a consequente tutela em benefício de um interesse foi definida, no art. 22, I, da Constituição Federal, como sendo privativa do Poder Legiferante da União(25). Porém, a mera elaboração por ente competente não torna, de imediato, a norma legítima, posto que a legitimidade da intervenção penal, em um Estado Democrático e Social de Direito, se dá pela correspondência efetiva a seus fins de limitação, e não a propósitos punitivos, surgindo, daí, a necessidade de sua formulação crítica a partir dos contornos claros das zonas de intervenção do Estado (BECHARA, 2014 , p. 24 ).

Se, de acordo com Arturo Rocco (2001, p. 462), o Direito Penal tem por finalidade assegurar a existência social, garantir as condições essenciais para a vida em comum, para Ana Elisa Liberatore Silva Bechara (2014, p. 19) a norma penal e, por consequência, o bem jurídico tutelado, devem ser a síntese de interesses sociais que coexistem no processo de sua elaboração.

---

(24) O autor apresenta ainda a divisão dos bens jurídicos entre individuais e universais: "bens jurídicos do indivíduo são, por exemplo, a vida, a integridade física, a liberdade pessoal, a honra, a propriedade o patrimônio, etc., bens jurídicos da coletividade são, por exemplo, a constituição do Estado e sua ordem democrática e liberal, a conservação dos segredos de Estado, administração da justiça, a incorruptibilidade dos funcionários, a segurança do tráfego monetário, a fidelidade dos documentos na relação jurídica, etc." (WESSELS, 1976, p. 3).

(25) Art. 22, CF: "Compete privativamente à União legislar sobre: I – direito civil, comercial, penal, processual, eleitoral, agrário, marítimo, aeronáutico, espacial e do trabalho".

Da mesma forma como apresentado por Thomas Hobbes (1651, p. 61) sobre a artificial, mas necessária, existência do homem como ser social, a criação de um tipo penal também assim se mostra e, diante dessa artificialidade, Ana Elisa Bechara (2014, p. 89) postula que a (in)tolerância a determinadas condutas pode sofrer variações conforme momentos históricos distintos, a partir da inter-relação de grupos sociais num contexto pluralista.

Tal situação resta clara ao lembrarmos que, anteriormente, era conferida proteção à mulher — desde que "honesta" — em caso de estupro e no revogado delito de sedução, à época dos denominados "crimes contra os costumes", bem como ocorria o desinteresse na manutenção da persecução penal, em tais situações, quando a vítima contraísse casamento com o autor do delito, o que gerava a extinção da punibilidade do mesmo (SILVEIRA *et al.*, 2019, p. 293).

Outro tipo penal, ainda vigente, que será analisado com mais detalhes nesse trabalho[(26)], consiste no delito de frustração de lei sobre a nacionalização do trabalho (art. 204, CP)[(27)], conduta que encontra tipificação em razão do interesse do Estado em garantir a reserva de mercado para os brasileiros em seu próprio território.

É evidente que os tipos penais são resultantes dos interesses político-sociais[(28)] e, por vezes, o reconhecimento da necessidade de tutela somente se dá em situações que geram alguma repercussão social, como ocorreu com a lei que dispõe sobre a tipificação criminal dos delitos informáticos, denominada lei "Carolina Dieckmann" (Lei n. 12.737/2012), e até mesmo com a Lei Maria da Penha (Lei n. 11.340/2006), diante da repercussão das reiteradas agressões sofridas pela vítima, que se tornou símbolo da luta em face da repressão e violência contra as mulheres[(29)].

Enquanto algumas condutas passam a ser criminalizadas pela relevância que adquirem, outras devem ser afastadas da tutela penal em razão da alteração da sociedade e dos

---

(26) Cf. tópico 4.3.3.8.

(27) O vigente art. 204, CP apresenta a tipificação da conduta do agente que frustra, "mediante fraude ou violência, obrigação legal relativa à nacionalização do trabalho", com a imputação da pena de detenção, de um mês a um ano, e multa, além da pena correspondente à violência.

(28) No que condiz à criação da norma, Juarez Tavares (1992, p. 1) afirma que há uma clara influência dos grupos e interesses partidários que detêm força político-social, que geram a falsa conotação de que os bens eleitos para serem protegidos são única e exclusivamente produto dos interesses da sociedade, quando, na verdade, não o são. O autor (1992, p. 09) também afirma que a elaboração da norma deveria ser orientada para que "se harmonize com a ordem objetiva dos objetos que quer regular, que se vincule ao homem como pessoa, não estabeleça contradições na sua valoração e seja produto do exercício da cidadania", como condição indeclinável de um Estado alicerçado na dignidade da pessoa humana, no respeito aos direitos humanos e na participação democrática de todos.

(29) Marcelo Neves (1996, p. 327-328) apresenta que, muitas vezes, as reformas legislativas surgem como reações simbólicas à pressão pública por uma atitude estatal mais drástica contra determinados crimes, afirmando a figura simbólica da "legislação-álibi», o que ocorre inclusive no âmbito penal.

valores, como ocorreu com a revogação, em 2005 (por intermédio da Lei n. 11.106/2005), do delito de adultério, anteriormente previsto no art. 240 do Código Penal. Nesse sentido, Francisco Muñoz Conde (2001, p. 92) ressalta que os valores protegidos variam conforme contexto histórico social, mas também de acordo com a influência causada pela classe dominante:

> Esta realidade indiscutível nos leva a considerar também como um "bem jurídico" os interesses do grupo ou classe dominante que não têm um valor fundamental para os demais membros da comunidade. Esta é uma "perversão" do conceito de bem jurídico (...) há o abuso do direito penal como sistema de repressão em defesa de algumas minorias dominantes, colocando, por exemplo, oposição política à margem, punindo ataques a bens jurídicos instrumentais — à propriedade privada, por exemplo — com a mesma gravidade ou até mais gravemente que os atentados à vida, à saúde ou à liberdade, ou considerados como "direitos naturais", imutáveis e permanentes, o que não é mais do que o interesse pessoal e egoísta de quem está no poder (MUÑOZ CONDE, 2001, p. 92-93, tradução nossa)[30].

Há, assim, a identificação dos bens jurídicos com os interesses das classes dominantes como forma de garantir a reprodução das relações de dominação vigentes. Nesse contexto, Ricardo Quartim de Moraes (2014, p. 273) explicita que a manutenção do *status quo* consiste em uma ideologia marcante de um Estado Burguês de Direito, que tem como finalidade a autocontenção, excetuadas apenas as hipóteses de ameaça à segurança individual, de modo que, no bojo desse Estado, serão prevalentes os ideais do individualismo e a escolha pela liberdade que corresponda à liberdade burguesa.

Nesse ponto, é importante distinguir que o objeto desse capítulo consiste na apresentação das teorias do bem jurídico sobre o "dever ser" da seletividade penal relativa aos interesses tutelados e na análise sobre como a teoria do bem jurídico deve ser concebida para limitar a intervenção penal, levando-se em consideração o distanciamento da prática cotidiana, na qual a elaboração de leis, por diversas vezes, se afasta da averiguação técnica.

A respeito desse abismo entre a teoria e a prática, Winfried Hassemer (2007, p. 519) pontua que, em nenhum ramo do Direito, elas se encontram tão afastadas como no Direito

(30) No original: "esta realidad indiscutible lleva a considerar también como 'bien jurídico' los intereses del grupo o clase dominante que no tienen un valor fundamental para los restantes miembros de la comunidad. Se trata aquí de una 'perversión' del concepto de bien jurídico (...) se abusa del derecho penal como sistema de represión en defensa de algunas minorías dominantes, poniendo, por ejemplo, la oposición política al margen de la ley, castigando los ataques a los bienes juridicos instrumentales — a la propiedad privada, por ejemplo — con la misma gravedad o incluso más gravemente que los ataques a la vida, a la salud o a la libertad, o considerando como "derechos naturales", inmutables y permanentes, lo que no es más que el interés personal y egoísta de los que detentan el poder".

Penal, o que demonstra, ainda mais necessária, a produção de conteúdo técnico e crítico. Conforme ressalta Janaína Paschoal (2003, p. 42-43), um Estado Democrático e Social de Direito deve buscar a concretização de um Direito Penal limitado à lesão de bens jurídicos relevantes. Ademais, segundo a autora, a ausência do uso do conceito técnico do bem jurídico como limitante não deve ser fundamento para abandoná-lo.

Por isso, com o fito de compreender o que torna materialmente legítima a tutela penal e com o intuito de refletir sobre a coerência na proteção penal dos direitos laborais, é apresentada uma síntese histórica das teorias dos bens jurídicos, desde os seus primórdios(31), passando pela concepção adotada no Iluminismo, pelas concepções contemporâneas do bem jurídico até, por fim, chegar na apresentação das teorias constitucionais.

### ***1.2.1. A pena como reflexo (ou consequência) na violação de um bem jurídico ainda que não juridicamente tutelado***

Para Franz von Liszt (2006-a, p. 5), a história da pena coincide com a história da humanidade posto que, em todas as raças, rudes ou degeneradas, a pena é encontrada como uma invasão na esfera do poder e da vontade do indivíduo, praticada diante da perturbação causada à esfera do poder ou da vontade de outrem. Todo grupo social possuiu regras que importavam na punição daquele que praticava fatos contrários a seus interesses. Seja qual fosse a crença sobre a punição, privada, divina ou pública(32), ela se mostrava necessária como forma de impedir comportamentos que poderiam colocar em risco a existência de toda uma tribo ou grupo, pois tratava-se de uma questão de sobrevivência.

Cezar Roberto Bitencourt (1997, p. 47-48) apresenta a evolução da pena em cinco fases: (1) o castigo divino ou *totem*; (2) a vingança privada; (3) a Lei do Talião; (4) a composição; e (5) a vingança pública na qual o Estado tem o poder-dever de aplicar as sanções penais aos infratores.

Luiz Regis Prado (2019, p. 20) destaca que o conceito de objeto jurídico do delito nasce com o surgimento do Direito Penal moderno. Entretanto, a punição diante da

(31) Apesar da ordem social somente poder ser assegurada por intermédio de um sistema jurídico que delimita as condutas sociais, disciplinando regras, crenças e valores do comportamento humano, o que só pode ocorrer quando a sociedade tem conhecimento da escrita, conforme discorre Luis Paulo Sirvinskas (2003, p. 11), entende-se que a análise da aplicação da pena, em seus primórdios, irá basear a compreensão da proteção dos anseios sociais diante dos interesses violados.

(32) Tais fases da pena, diante da prática de um ato violador de interesses protegidos, são apresentadas com a ressalva de que tais períodos não se sucedem integralmente, mas se confundem, de modo que uma fase penetra a outra, e, durante tempos, permanecem de forma concomitante. Além disso, a ordem das duas fases iniciais é apresentada de forma diversa, dependendo da obra adotada. Enquanto autores, como Rogério Greco (2017, p. 47-49), apresentam a punição privada como sendo a primeira fase da pena, outros autores, como Guilherme de Souza Nucci (2020, p. 82-85), mencionam primeiro a punição divina e, em seguida, a pena privada.

prática de um ilícito penal nos remete a eras pretéritas, nas quais o crime era considerado como um atentado à divindade.

Para Oswaldo Henrique Duek Marques (2008, p. 16), a não compreensão dos fenômenos naturais conduzia os homens primitivos à crença em forças sobrenaturais que os levava a ser dominados por totens e tabus. Acreditava-se, também, que fenômenos da natureza revelavam a cólera de Deus diante da prática que o havia desagradado, o que resultava em punições como enchentes ou incêndios, envio de pragas para atingir o indivíduo infrator, que acabavam atingindo também todos os que pertenciam ao mesmo grupo[33]. Assim, para aplacar a fúria dos deuses para com os homens, era realizado o sacrifício humano, a entrega do culpado aos deuses ou a expulsão do indivíduo daquela comunidade.

Para Oswaldo Henrique Duek Marques (2008, p. 49) se "a pena tinha por fim a satisfação de diversas divindades, isoladas ou não, na Idade Média passou a constituir ofensa a um deus único, perante o qual o delinquente devia prestar contas. Havia, por esse motivo, grande confusão entre crime e pecado".

Posteriormente, os crimes passaram a ser reconhecidos diante da afronta da conduta do agente a "regras" estabelecidas pelas tribos de modo que, se o agente violador fosse de outra tribo, a punição encontrava escopo na vingança de uma tribo em face da outra; já se a violação se desse dentro do próprio grupo, a pena era, por este, aplicada (MARQUES, 2008, p. 10-11).

Guilherme de Souza Nucci (2020, p. 84-85) assevera que, no Direito Romano, no período republicano, a composição tornou-se prevalente, sendo possível a entrega de um escravo para padecer a pena no lugar do infrator caso houvesse concordância da vítima.

Juarez Tavares, ao traduzir a obra de Johannes Wessels (1976, p. 2-3), afirma, em nota, que, com o desenvolvimento da produção (fomentada pelo emprego de novos instrumentos), com o incremento da domesticação de animais e, posteriormente, com as primeiras poupanças de excedentes, se engendraram contradições crescentes e normas proibitivas, cuja violação implicava em reações que constituíam medidas práticas de ordem preventiva e de defesa da organização gentílica, tais como a expulsão da comunidade ou a perda da paz para o indivíduo e a vingança de sangue para as gens em conflito.

Johannes Wessels (1976, p. 2-3) ressalta que o aparecimento do Direito Penal somente ocorreu no período superior à barbárie com a primeira grande divisão social do trabalho e com a consequente divisão da sociedade em classes e com a implantação do

(33) Franz von Liszt (2006-b, p. 143) cita que, em Portugal, o crime de sodomia foi desconhecido até o reinado de Afonso V, quando, na Ord. do 1. 5, tit. I7, decretou a pena de fogo para aqueles que cometessem tal conduta, considerada, dentre todas, a mais torpe e suja, um pecado "por causa do qual Deus lançou o dilúvio sobre a terra".

Estado[34]. Assim, para se evitar o extermínio das tribos, criou-se a Lei do Talião, cuja pena passou a refletir proporcionalidade, "olho por olho, dente por dente", a traduzir um conceito de Justiça, embora ainda atrelado à vingança privada. Diante da presença de muitas pessoas deformadas pelas imposições das penas contidas na Lei do Talião, passou-se a fazer uso da composição, por meio da qual o infrator poderia comprar sua liberdade.

Na composição era entregue alguma utilidade material, dada pelo ofensor. O preço do resgate era representado pela entrega de animais, armas, utensílios ou dinheiro, que encontrava proporção entre a reparação e a ofensa, na "tarifa de composição".

Por fim, o crime passou a ser reconhecido como a transgressão da ordem estabelecida pelo poder estatal. A vingança pública surgiu como forma de proteção, de segurança do Estado e do soberano.

Nesse breve relato voltado ao retrato da evolução histórica da pena, a mesma era aplicada com o fito de retribuir a violação ou de intimidar o agente para prevenir novas práticas em face de um interesse protegido, seja de(os) Deus(es), do indivíduo ou do próprio Estado. Por mais que não houvesse a atenção voltada ao bem jurídico violado, a pena era aplicada, exatamente, em razão da violação, causada pelo agressor, ao interesse (bem jurídico) do prejudicado.

Conforme relata Luis Paulo Sirvinskas (2003, p. 29-30), a Idade Moderna teve início no século XV, período no qual ocorreu o movimento humanista das penas, com início de propostas de reforma dos sistemas punitivos, que teve seu apogeu na Revolução Francesa. No período denominado como humanitário, o movimento iluminista passou a determinar uma visão diversa da sociedade[35], com a configuração do delito como resultado na violação do contrato social (SIRVINSKAS, 2003, 35-36).

Com as conquistas liberais, ocorreu o fim gradativo dos suplícios impostos pela vingança pública. Por influência dos filósofos iluministas, a sociedade passou a buscar uma forma humana e justa de punir os criminosos. Assim, de acordo com Oswaldo Henrique Duek Marques (2008, p. 79-80), não só as punições, mas também as próprias

(34) Juarez Tavares discorre sobre o nascimento e a estruturação do Direito Penal: "O Direito Penal somente se estrutura, quando a produção, já desenvolvida com o emprego de instrumentos de metal e da agricultura, apresenta considerável quantidade de reservas de excedentes e exige o suplemento da mão de obra, cindindo a antiga organização gentílica, alicerçada no trabalho solidário e comum, para substituí-lo pela propriedade privada dos meios de produção e pelo trabalho escravo. Com isso se estratificou a sociedade em classes, e, por consequência, se criaram contradições antagônicas que deveriam, agora, ser disciplinadas por um poder central e por normas rígidas, de caráter penal, para garantir a nova ordem" (WESSESLS, 1976, p. 02-03).

(35) No final do século XVIII, sobretudo a partir da publicação da obra de Cesare Bonesana — Dos delitos e das penas (1764), incutiu-se no pensamento filosófico do Direito Penal a ideia de humanização e luta da razão contra a autoridade, realizando "a substituição da razão da autoridade pela autoridade da razão", com o realce, no âmbito penal, do princípio da legalidade (SIRVINSKAS, 2003, p. 35-36).

leis penais, teriam de passar pelo crivo da racionalidade. O iluminismo tornou o Estado limitado e submisso à legalidade e, de acordo com Luis Paulo Sirvinskas (2003, p. 35), "o respeito à lei passou a ser a pedra de toque do novo Estado". Por essa razão, a apresentação das teorias do bem jurídico será realizada de acordo com as concepções e com os teóricos que trataram sobre a aplicação da lei penal e da teoria do bem jurídico.

### 1.2.2. A proteção dos direitos subjetivos e do interesse juridicamente protegido na concepção de Bem Jurídico

Com a tendência da humanização, o delito iniciou uma vida plena de fluxos e de refluxos na procura de um sentido material, sendo visto, conforme postula Luiz Regis Prado (2019, p. 21) como "violação de um direito subjetivo variável, de acordo com a alteração da espécie delitiva e pertencente a pessoa (física ou jurídica) ou ao Estado".

Considerado como criador da moderna dogmática jurídico-penal, Paul Johann Anselm Ritter von Feuerbach (1775-1833) aponta para a proteção de direitos subjetivos diante da violação das liberdades garantidas no contrato social, gerando, ao bem jurídico, no início do século XIX, contornos mais precisos (PRADO, 2019, p. 21). Todavia, Claus Roxin (2006, p. 55) ressalta que, apesar de Feuerbach ter sido o primeiro penalista a analisar o âmbito de intervenção do Direito Penal como proteção de interesses humanos, o conceito e o desenvolvimento do mesmo foi atribuído a Johann Michael Franz Birnbaum (1792-1877).

Feuerbach acreditava que qualquer ataque contra o Estado, infringindo suas leis, também representaria a violação aos direitos individuais que a norma pretendia proteger. Assim, o crime seria a violação de direitos do Estado ou de um indivíduo de modo a afastar, da atuação do Estado, a moral e a religião, quando as ofensas a estas não atingissem concomitantemente o interesse do indivíduo. O autor sustentou a existência de direitos inerentes, sendo o objetivo geral das leis penais o resguardar de tais direitos, fossem eles públicos (denominados delitos públicos), que correspondiam à violação dos direitos Estatais ou, privados (delitos privados), que atingiam o indivíduo, assim, toda pena aplicada pelo Estado é a consequência jurídica de uma lei fundamentada pela necessidade de conservação de direitos alheios.

O teórico apontou, ainda, a cominação penal com a finalidade de prevenção geral por meio da coação psicológica a ser exercida pelo Estado de modo que, ao cominar uma pena, o ente Estatal buscaria evitar que tal conduta fosse praticada pelos indivíduos e, por consequência, proteger o bem jurídico[36]. Para Janaina Paschoal (2003, p. 26-28), o autor objetivava, com tal conceito, limitar a atuação Estatal e o poder punitivo.

(36) Francisco Muñoz Conde (2001, p. 145-146) denomina como princípio da intervenção legalizada que "A través de la tipificación de las conductas prohibidas en las leyes penales y de la consiguiente amenaza de imponer una pena si se realizan, se motiva, en los ciudadanos, que se abstengan de cometerla".

A tese de Feuerbach tornou-se insuficiente, pois a ideia de lesão a um direito subjetivo não legitimava, por exemplo, os delitos em sentido amplo. Tais ações, ao violarem o direito à obediência do Estado, não afetavam direitos subjetivos, e sim, ações que poderiam atingir interesses meramente morais ainda que antijurídicas no aspecto formal, tais como os delitos contra o sentimento religioso.

Para Fabio Roberto D'Avila (2006, p. 80) a noção de "direito subjetivo violado" é inadequada, tendo em vista que a prática delitiva não o lesiona, uma vez que "a ofensa nada pode causar ao direito, mas, sim, apensas ao seu objeto. É o próprio objeto do direito (...) e não o direito em si, que sofre a ação criminosa".

Mencionados por Luiz Regis Prado (2019, p. 22), Carrara, mestre do classicismo italiano, aponta como objeto do ente jurídico, a ideia, o direito violado que a lei protege com a proibição, enquanto Ortolan assevera que o crime transgride um dever, quando considerado do ponto de vista do sujeito ativo, bem como um direito, quando analisado sob o aspecto do sujeito passivo. Entretanto, a existência do crime está condicionada à necessidade de que a ação se mostre como contrária à justiça absoluta e a de que a repressão tenha relevância para a conservação do bem-estar social.

Em substituição à ideia de direito subjetivo, o autor Birnbaum introduziu o contexto de "bem" radicado no mundo do ser ou da realidade no contexto jurídico-penal, de modo a atribuir, ao crime, as características de violação ou exposição a perigo de um bem igualmente garantido a todos pelo poder do Estado.

Para Janaina Paschoal (2003, p. 29-30), ao afirmar que o delito não lesiona direitos subjetivos, uma vez que esses não podem ser objetos de lesão (mantêm-se incólumes), mas lesiona bens jurídicos (o objeto sobre o qual recai o direito subjetivo), os quais foram, genericamente, definidos como um "interesse legalmente protegido", Birnbaum formulou um conceito de um positivismo formal e abriu as portas para a materialização do objeto de proteção do ordenamento penal.

### 1.2.3. O positivismo e o bem jurídico

Luiz Regis Prado (2019, p. 24) relata que, com o positivismo, surgiram direções metodológicas diversas: Binding apresentou uma dimensão formal, enquanto Rocco, a subjetivação da norma penal em favor do Estado, com a noção de bem jurídico fundada no direito positivo e a compreensão do bem jurídico como o interesse protegido pela norma penal.

Diante do racionalismo centrado exclusivamente no Direito positivo, Binding apresentou o conceito de "bem jurídico" como imanente à norma, de modo que esta determinaria o bem jurídico. Para Binding, o bem jurídico deve estar concentrado no Direito positivo e livre de qualquer consideração moral ou filosófica, afastado do caráter político, adotando uma dimensão formal, sendo criação do próprio Direito. Já o delito seria a violação de um dever subjetivo do Estado pela violação ao dever de obediência ao Estado[37]. O bem jurídico seria equivalente ao sentido e à finalidade das normas penais, estando limitado à resolução legislativa, resultando como injusta a infração dos preceitos legais mediante a prática de condutas em desobediência ao mandado legal, ainda que a escolha do legislador, em positivar determinada conduta, se mostre aleatória (PASCHOAL, 2003, p. 30). Fabio Roberto D'Avila (2006, p. 93) complementa que, para Binding, aos olhos do legislador, o bem jurídico é tudo aquilo que é valorado como condição de vida saudável da comunidade, havendo o interesse na conservação e, exatamente por isso, por intermédio da norma, busca evitar que seja colocado em perigo ou lesionado.

Nota-se que os bens jurídicos, por si mesmos, não são um direito, mas possuem um valor como condição razoável para a comunidade, cabendo ao Estado, por meio do legislador, protegê-los por intermédio de suas normas contra a lesão ou perigo de lesão, a qual se torna o núcleo oculto da desobediência ao Direito. Nesse caso, ficaria averiguada a legitimidade na proteção penal diante da competência legislativa, tendo em vista a violação ao bem jurídico pela afronta à garantia das expectativas normativas.

Para Ana Elisa Bechara (2014, p. 119), a concepção apresentada por Binding gera um "círculo vicioso, haja vista que, de um lado, a norma deve proteger bens jurídicos e, de outro, tais bens jurídicos devem encontrar-se previstos na norma, gerando um irremediável afastamento entre o Direito Penal e a realidade". Franz von Liszt (2006-a, p. 93-94), em seu "Tratado de Direito Penal Alemão", afirma que o bem jurídico não seria apenas produto de uma decisão política (criação legislativa), mas um interesse do Estado ou dos indivíduos, que existe antes do conteúdo da lei e que é identificado pelo legislador e, posteriormente protegido mediante norma penal:

> Todos os bens jurídicos são interesses humanos, ou do indivíduo ou da coletividade. É a vida, e não o direito, que produz o interesse; mas só a proteção jurídica converte o interesse em bem jurídico. A liberdade individual, a inviolabilidade do domicílio, o segredo epistolar eram interesses muito antes que as cartas constitucionais os garantissem contra a intervenção arbitraria do poder público. A necessidade origina a proteção, e, variando os interesses, variam também os bens jurídicos quanto ao número e quanto ao gênero (LISZT, 2006-a, p. 93-94).

---

(37) Luigi Ferrajoli (1995, p. 469), apresenta que "si para Jhering, Liszt o Binding el concepto de bien jurídico encierra aún una entidad que es tal «a los ojos del legislador», pero siempre externa al derecho e independiente de él, tras las sucesivas orientaciones autoritarias de tipo teleológico, formalista o tecnicista, ese concepto termina por plasmarse sobre el de norma jurídica, pasando a designar «el fin» o la ratio de la ley penal, o, incluso, «el derecho del estado a las acciones u omisiones impuestas bajo amenaza de pena», dilatándose indefinidamente hasta comprender las situaciones más vagas de «peligro abstracto» o «presunto». Esta concepción idealista del bien jurídico suministra la base de la".

Fran von Liszt (2006-a, p. 95-96) acrescenta, ainda, que "para que não prorrompa a guerra de todos contra todos, faz-se mister, uma ordem ou estado de paz, a circunscrição da eficiência de cada um, a proteção de certos interesses e a não proteção de certos outros". Isso faz recordar a ideia do estado de natureza apresentado por Thomas Hobbes (1651) e a necessidade da presença Estatal para a proteção dos interesses individuais e sociais mais relevantes. Trata-se do bem jurídico como interesse real do indivíduo ou da comunidade, da concepção em sentido material e não somente diante da previsão legal ofertada pelo legislador.

Janaina Paschoal (2003, p. 33-36) afirma que ambos os autores, o primeiro, pela norma, e o segundo, pelo interesse social, objetivaram legitimar o poder estatal, tendo em vista que o próprio Estado expressa a síntese das condições de vida da sociedade e fixa o marco das relações sociais, singularizando os bens jurídicos merecedores de proteção.

### 1.2.4. A proteção de valores ético-sociais e as teorias sociológicas na concepção de bem jurídico

No prólogo de sua obra "O novo sistema jurídico-penal", o jusfilósofo e penalista alemão, Hans Welzel (2001, 13), afirma que

> o ordenamento jurídico determina por si mesmo quais elementos ontológicos quer valorar e lhes vincular consequências jurídicas. Mas não pode modificá-los (os elementos em si), se os configura nos tipos. Pode designá-los através de palavras, assinalar seus caracteres, mas eles próprios constituem o elemento individual, material, que é a base de toda valoração jurídica possível. Os tipos podem apenas refletir esse material ontológico, previamente dado, descrevê-lo linguística e conceitualmente, mas o conteúdo dos reflexos linguísticos e conceituais só pode ser manifestado mediante uma profunda compreensão da estrutura essencial, ontológica do elemento material em si mesmo.

A perspectiva do autor, ao reconstruir o conceito de ação, gerou uma revolução na teoria do delito com impactos na teoria do bem jurídico. Não se tratava da violação de interesses ou de bens jurídicos, mas da afronta aos deveres de sentido ou de consciência ético-social que possuía o sujeito. Para o autor, bem jurídico é todo o estado social desejável que o Direito quer resguardar de lesões, enquanto a soma dos bens jurídicos constitui a ordem social, e, por isso, o seu significado não deve ser analisado de modo isolado.

Luiz Regis Prado (2019 p. 31) esclarece que, na esteira welzeliana, a função do Direito Penal não deve se limitar à proteção do bem jurídico, uma vez que, ao ocorrer a intervenção penal, este já foi violado, por isso, sua função deve ser a proteção dos valores ético-sociais, mediante a coação exercida pela lei penal, de modo que o fomento à proteção dos valores éticos-sociais gera a tutela dos bens jurídicos.

Isso vai ao encontro do postulado por Franz von Liszt, na parte que condiz ao bem como o interesse vital juridicamente protegido. Entretanto, distancia-se ao afirmar o caráter ético-social, despojado de natureza jurídico-positiva, concebendo-o como todo estado social desejável que o Direito queira proteger de lesões.

A proteção de bens jurídicos por intermédio do Direito Penal somente é possível de forma mediata de modo que a ameaça penal deve contribuir para assegurar os interesses individuais e coletivos fundamentais que se referem ao valor-ação, daí a apresentação do delito como um desvalor da ação e de um desvalor do resultado (PRADO, 2019, p. 30-31).

Já a concepção sociológica do bem jurídico encontra referência na realidade social, sendo destacados os autores Knut Amelung, Winfried Hassemer, Günther Jakobs e Jürgen Habermas.

Para Knut Amelung, o conceito de bem jurídico se mostra inoperante e deve ser substituído por danosidade social, como fundamento do Direito Penal, sendo o bem jurídico o critério para aferir essa nocividade social, retomando, ainda, a análise do bem como objeto selecionado pelo legislador como condição para uma vida saudável em comunidade, enquanto "o delito constituí, então um fenômeno disfuncional, entendido em sua conexão valorativa com o sistema social" (BECHARA, 2014, p. 133).

Hassemer, inicialmente, descreve os bens jurídicos em uma perspectiva político-criminal, de modo que legislador deveria estar vinculado a uma escala de valores e selecionar os bens de acordo com as necessidades sociais. Trata-se da doutrina realista do bem jurídico, ancorada em diretrizes político-criminais de ordem racional. Vale observar que, posteriormente, o autor desenvolve a compreensão do bem jurídico "pessoal", advogando pela existência de bens jurídicos difusos, desde que correspondam a interesses do homem, tendo em vista que o objeto de proteção do Direito Penal consiste, direta ou indiretamente, no ser humano (BECHARA, 2014, p. 130-131)[38]. Para Winfried Hassemer,

> Só uma teoria personalista do bem jurídico pode invocar, com legitimidade, uma concepção liberal do Estado, ou seja, uma concepção que legitima a ação do Estado do ponto de vista da pessoa. Para esta teoria, os direitos

(38) Winfried Hassemer (1989, p. 109) apresenta que "para esta teoría, los intereses generales sólo se pueden reconocer legítimamente en la medida en que sirvan a los intereses personales. La teoría monista social (o estatista), en cambio, funcionaliza los intereses personales desde el punto de vista de los generales. La evolución histórica demuestra que al comienzo de la Edad Moderna existía un predominio de los intereses religiosos y estatales, que sólo a partir de la Ilustración empezaron a ser sustituidos por concepciones personalistas y que, sin embargo, todavía en el siglo XX fueron en cierto modo "socializados" por algunas ideologías, como la nacionalsocialista".

> legais da comunidade só podem ser reconhecidos na medida em que — de forma mediata — sejam também interesses da pessoa (1989, p. 109, tradução nossa)[39].

A doutrina sociológica funcionalista, originada com a obra de Durkheim e desenvolvida com Parson, Merton e Luhmann, apresenta a funcionalidade como critério principal de exame de qualquer conduta para a qual o Direito é considerado um subsistema do sistema social geral, enquanto o delito consiste em um comportamento disfuncional, ou seja, um obstáculo para o funcionamento social (PRADO, 2019, p. 46-47).

Ao citar Francesco Antolisei, também como precursor do funcionalismo, Janaina Paschoal (2003, p. 37) afirma que, para o autor, há correlação indissociável entre crime e ofensa a um bem. Enquanto o crime é apresentado como um fato lesivo para a conservação social, o bem jurídico teria uma importância reduzida.

Para Günther Jakobs, o Direito Penal não atende a finalidade de proteção do bem jurídico, uma vez que somente é aplicado quando já ocorreu a sua violação, por isso, a garantia da vigência da norma é que deve ser objeto de tutela, no sentido de promover expectativas indispensáveis ao funcionamento do sistema social (PRADO, 2019, p. 46).

Assim, não é a prática do crime que caracteriza a violação ao bem, mas a desobediência normativa contida no delito evitável, de modo que, diante da transgressão, a sanção que se impõe afirma a vigência da norma penal e restabelece a obediência ao Direito. Jakobs ressalta, ainda, que os bens são convertidos em jurídicos quando são protegidos normativamente, enquanto a pena cumpre a missão de confirmar o mandato jurídico como critério orientador das relações sociais.

A crítica a esse entendimento consiste na abstração do indivíduo em detrimento da resposta simbólica do sistema para a reafirmação da norma, sendo desconsiderada a dignidade da pessoa humana, diante de um funcionalismo-sistêmico radical.

Para Jürgen Habermas, a legitimação e a delimitação da norma penal nas sociedades complexas, diversificadas e plurais, devem ser buscadas por meio de um processo de comunicação, mediante a argumentação racional, sem vínculos ou motivações particulares, de modo que os destinatários sejam seus autores e, a norma, fruto do consenso racional-social, mediante um procedimento democrático (BECHARA, 2014, p. 138-139).

Nesse caso, permanece a problemática que envolve a atuação legislativa com a aplicação dos interesses dos grupos dominantes, transvestidos pelos interesses de uma suposta maioria, o que evidencia as deficiências do sistema de representatividade.

---

(39) No original: "Sólo una teoría personalista del bien jurídico puede invocar con legitimidad una concepción liberal del Estado, es decir, una concepción que legitime la acción del Estado desde el punto de vista de la persona. Para esta teoría, los bienes jurídicos de la comunidad sólo se pueden reconocer en la medida en que -mediatamente- sean también intereses de la persona".

Sem afastar o mérito de cada teoria, as concepções sociológicas do bem jurídico foram severamente criticadas, tanto por não desenvolverem um conceito material, quanto por não delimitarem a atuação legislativa e por dificultarem o arbítrio do intérprete na busca dos específicos objetos de tutela.

### 1.2.5. Teorias constitucionais do bem jurídico

Após as arbitrariedades ocorridas na Segunda Guerra Mundial, foi reconstruída a ideia de Estado de Direito, amparada na Declaração Universal de Direitos Humanos(40), e, com efeito, as Constituições agregaram, à concepção do Estado Liberal, um conteúdo social, com a função de promover o bem-estar comum, lastreado no princípio da igualdade material, valor reforçado pela democracia e pela solidariedade, tendo a dignidade da pessoa humana como alicerce. O compromisso passou a ser a harmonização de interesses manifestados na esfera pública (estatal), privada (dos indivíduos) e coletiva (dos indivíduos como grupo), o que irá influenciar, conforme será demonstrado, na concepção adotada a respeito da intervenção estatal ao selecionar os bens jurídicos dignos da tutela penal(41).

Para as teorias constitucionais, o conceito de bem jurídico deve ser extraído da Constituição, devendo manter fidelidade aos valores reconhecidos, expressa ou implicitamente, no seu texto, afinal, se todo o ordenamento jurídico encontra embasamento no texto constitucional, não poderia ser diferente com o bem jurídico, ante o forte vínculo existente entre o Direito Penal e a Constituição. Caberia, então, aos bens jurídicos refletirem valores reconhecidos no seu texto, da mesma forma que são definidas quais as condições mínimas para uma vida em sociedade.

Polaino Navarrete (1974, p. 89) afirma que o bem jurídico consiste no expoente mais elevado dos valores ideais da ordem social que garantem a manutenção e o desenvolvimento das condições fundamentais de segurança, prosperidade e nobreza da convivência humana em sociedade, e, enquanto tal, se apresenta como suscetível à lesão ou à colocação em perigo de forma jurídico-penalmente relevante, devendo ser tutelado pelo ápice do ordenamento jurídico, que consiste na Constituição.

---

(40) Flávia Piovesan (2017, p. 227) assevera que "A Declaração Universal de 1948 objetiva delinear uma ordem pública mundial fundada no respeito à dignidade humana, ao consagrar valores básicos universais. Desde o seu preâmbulo, é afirmada a dignidade inerente a toda pessoa humana, titular de direitos iguais e inalienáveis. Vale dizer, para a Declaração Universal a condição de pessoa é o requisito único e exclusivo para a titularidade de direitos".

(41) Com o Estado moderno, surge a necessidade de se assegurar o cumprimento das prestações de caráter público em benefício do indivíduo, sendo que, se necessário, essa intervenção pode advir do Direito Penal, sendo, ao Direito Penal, designada dupla função: a proteção dos bens jurídicos constitutivos da sociedade e a garantia das prestações públicas necessárias para a existência que possibilitam ao cidadão o livre desenvolvimento da sua personalidade, que a Constituição considera como pressuposto de uma condição digna.

Além disso, se a intervenção penal se mostra gravosa diante das mencionadas consequências, dentre elas a privação da liberdade, o bem jurídico, constitucionalmente tutelado, somente poderia ocorrer como forma de garantir outro valor também constitucional ou inerente à doutrina democrática. Luiz Regis Prado (2019, p. 86) defende que, nessa linha, são suscetíveis de tutela penal, "os direitos constitucionais do cidadão, os valores objetivamente tutelados e outros que se inserem no contexto de garantia do Estado democrático e social de Direito ou lhe são conexos"(42).

A crítica realizada a essa teoria consiste no aspecto abstrato que a torna amoldável a qualquer ideologia, sendo possível encontrar o fundamento para quaisquer novas incriminações com base na ideia da pretensa proteção aos interesses individuais ontológicos expressamente consagrados, impossibilitando a limitação do poder estatal.

Para Janaina Paschoal (2003, p. 120-122), a previsão constitucional dos valores sociais é utilizada como argumento para o "alargamento do Direito Penal", o que gera um "Direito Penal do terror", marcado pela demagogia e pela ausência de critérios. Para Ana Elisa Bechara (2014, p. 130), a Constituição deve ser apenas um limite negativo na definição desses bens, na medida em que espelha ideais de uma sociedade que, por vezes não refletem a realidade presente, de modo que sua aplicação automática geraria a adoção de medidas autoritárias e pretensamente emergenciais(43).

Nesse sentido, não seria suficiente o aspecto constitucional com o fito de definir os interesses fundamentais que reclamam a proteção penal. Entretanto, ainda que o embasamento constitucional não seja suficiente para definir os bens ou valores que devem ser penalmente tutelados, não se pode olvidar que a Constituição Federal de 1988 apresentou um rol de direitos fundamentais que devem ser considerados como bússola na análise da relevância de determinados interesses, sendo a fundamentalidade de tais direitos um dos elementos que devem ser considerados ao se tratar da legitimidade na intervenção penal, sem que isso exclua a consideração sobre a necessidade e proporcionalidade dessa tutela.

---

(42) Para Luiz Regis Prado (2020, p. 86) "o critério básico a partir do qual se pode deduzir um quadro valorativo deve ser fornecido pelos princípios constitucionais (art. 1º, 2º, 3º e 5º da Constituição Federal), reconhecidos como fundamento da ordem política e social". A concepção de Estado Democrático e Social de Direito influencia os interesses a serem tutelados criminalmente, podendo abranger para além da liberdade do indivíduo, o domínio econômico e social, bem como os direitos de índole supraindividual (diante da consagração de direitos de terceira dimensão), tendo em vista que tais valores visam à consecução de uma existência digna. Trata-se da possibilidade de tutela penal, uma vez que tais bens, ao serem reconhecidos como fundamentais, se tornam passíveis de proteção, entretanto, se tal tutela se faz a necessária, será analisada em capítulo próprio.

(43) A autora (BECHARA, 2014, p. 367-368) afirma que no Brasil, a extração do bem jurídico na Constituição se esbarra na problemática do caráter aberto e analítico da Constituição e questiona: "como seria possível limitar a intervenção penal, em face dos inúmeros valores, mesmo conflitantes, igualmente previstos no texto Constitucional [?] (...) A teoria constitucional fundamentadora do bem jurídico não proporciona critérios producentes para a limitação do legislador penal, remetendo os operadores do direito apenas à teoria geral dos direitos fundamentais e ao princípio da proporcionalidade, parâmetros considerados débeis para medir por si a legitimidade da intervenção penal".

### 1.2.6. Mandados constitucionais de criminalização

Há que se abordar, ainda, os bens para os quais há uma imposição constitucional de criminalização expressa ou implícita. Há uma discussão polêmica diretamente vinculada à adoção do conceito material de bem jurídico-penal, quando a Constituição destina, ao legislador, normas que dispõem sobre o tratamento mais rigoroso a fatos que devem ser criminalizados ou, quando já encontram tipificação, dedicam uma maior atenção em eventual descriminalização diante dos bens e valores objetos de proteção, que traduzem a dimensão objetiva, dos direitos fundamentais, na ordem constitucional. Tal concepção legitima a ideia de que o Estado se obriga não apenas a observar os direitos de qualquer indivíduo em face do Poder Público, como também a garantir os direitos fundamentais contra agressão de terceiros (MENDES; BRANCO, 2018, p. 749)[(44)].

Luciano Feldens (2012, n.p) postula que a incorporação constitucional "de normas tendentes a assegurar a tutela penal de direitos e valores nela consagrados, reflete a explícita aceitação, por parte do constituinte originário, de deveres de proteção com feição jurídico-penal", ressaltando ainda que, em alguns casos, normas dessa natureza ingressam na Constituição como reflexo de uma concepção de cidadania que se forma à raiz de um novo modelo de Estado, enquanto, em outros, retratam a opção político-constitucional de que sejam criminalizadas determinadas condutas cujo desvalor é de imediato reconhecido pela Constituição, exteriorizando-se como produto do que se poderia designar política criminal constitucional.

Na concepção de um Estado Democrático e Social de Direito, os direitos fundamentais possuem dupla dimensão, sendo necessária a atuação negativa estatal, de modo que se abstenha de intervir, como também a atuação positiva do Estado como um dever de proteção diante da natureza da agressão e do direito violado, revelando a proporcionalidade por meio da proibição do excesso na intervenção e de proteção deficiente em prol dos bens jurídicos. Entretanto, é possível observar a existência de imperativos de tutela constitucionais que expressam o dever de intervenção estatal, sendo denominados como mandados de criminalização.

Enquanto é evidenciada a relevância dos valores constitucionalmente previstos como passíveis de tutela penal, os mandados de criminalização ilustram a imposição, pelo constituinte, de uma atitude ativa do Estado para proteção desses valores, que não se cumpre somente com a abstenção estatal, característica do Estado Liberal, mas mediante a intervenção para a tutela dos valores imprescindíveis à sociedade dentro do Estado Democrático e Social de Direito.

---

(44) Para os autores (MENDES; BRANCO, 2018, p. 248-249) "A perspectiva objetiva, nesse sentido, legitima até restrições aos direitos subjetivos individuais, limitando o conteúdo e o alcance dos direitos fundamentais em favor dos seus próprios titulares ou de outros bens constitucionalmente valiosos. Importante consequência da dimensão objetiva dos direitos fundamentais está em ensejar um dever de proteção pelo Estado dos direitos fundamentais contra agressões dos próprios Poderes Públicos, provindas de particulares ou de outros Estados. (...) O Estado deve adotar medidas — até mesmo de ordem penal — que protejam efetivamente os direitos fundamentais".

Diversos são os valores que, constitucionalmente, recebem a imposição expressa de tutela criminal e, apesar de serem encontradas orientações assemelhadas em outras constituições (da Espanha, da Itália, da França e da Alemanha), a Constituição Brasileira de 1988 adotou um dos mais amplos catálogos de mandados de criminalização expressos de que se tem notícia (MENDES; BRANCO, 2018, p. 749). Dentre os mandados existentes na Constituição de 1988[(45)], destacam-se a obrigatoriedade em tipificar a retenção dolosa do salário dos trabalhadores, no art. 7º, X, da Constituição Federal [(46)], a proteção em face de condutas lesivas ao meio ambiente (art. 225, § 3º CF) e a discriminação atentatória aos direitos e liberdades fundamentais (art. 5º, XLI).

Para Janaina Paschoal (2003, p. 128), há incompatibilidade entre o reconhecimento dos mandados de criminalização com um Direito Penal mínimo, de *ultima ratio*, pautado nos princípios da fragmentariedade, da subsidiariedade, da lesividade e da necessidade, uma vez que se tem a utilização do Direito Penal, de forma falaciosa, resultando inflação penal e instrumentalização do indivíduo. Por outro lado, sobre o aumento da proteção penal, René Ariel Dotti (2014, p. 18) afirma como sendo a "imensa difusão de uma nova cultura social nas relações humanas a partir do marco declaratório do Estado Democrático de Direito ampliou a proteção de bens morais e espirituais que se condensam na pessoa humana".

No caso do dispositivo que determina a proteção do salário, ainda não atendido pelo legislador ordinário, há uma relação direta da tutela com o valor social do trabalho, um dos fundamentos da República Federativa do Brasil, e com a valorização do trabalho humano, que fundamenta a ordem econômica. Eduardo Luiz Michelan Campana (2011, p. 195-196) justifica a previsão do mandado de criminalização diante da necessidade "[d] a existência de uma contrapartida monetária que faça o trabalho, fator de produção, materialmente digno, pois valorizá-lo é valorizar a pessoa humana".

---

(45) A Constituição Federal de 1988 ostenta um número significativo de normas que explicitamente impõem ao legislador penal a obrigação de criminalizar condutas ofensivas a determinados bens jurídicos, sendo apresentados nos dispositivos seguintes: art. 5º, incisos XLI ("a lei punirá qualquer discriminação atentatória dos direitos e liberdades fundamentais"), XLII ("a prática do racismo constitui crime inafiançável e imprescritível sujeito a pena de reclusão na forma da lei"), XLIII ("a lei considerará crimes inafiançáveis e insuscetíveis de graça e anistia a prática da tortura, o tráfico ilícito de entorpecentes e drogas afins, o terrorismo e os definidos como crimes hediondos, por eles respondendo os mandantes, os executores, e os que, podendo evitá-los, se omitirem"), e XLIV ("constitui crime inafiançável e imprescritível a ação de grupos armados, civis ou militares, contra a ordem constitucional e Estado Democrático de Direito); art. 7º, inciso X (consistente na retenção dolosa do salário dos trabalhadores, urbanos e rurais); art. 225, § 3º (condutas lesivas ao meio ambiente); art. 227, § 4º ("a lei punirá severamente o abuso, a violência e a exploração sexual da criança e do adolescente"), além do mandado de criminalização relativo a ratificação, pelo Brasil em 1995, da Convenção Interamericana para Prevenir, Punir e Erradicar a Violência contra a Mulher (Convenção de Belém do Pará), que obriga os Estados Partes a adotar, em sua legislação interna, normas penais para combater a violência contra a mulher, tendo em vista o status de norma constitucional dos os tratados internacionais de direitos humanos ingressam no ordenamento jurídico brasileiro.

(46) Art. 7º, X, CF: "São direitos dos trabalhadores urbanos e rurais, além de outros que visem à melhoria de sua condição social: (...) X – proteção do salário na forma da lei, constituindo crime sua retenção dolosa".

Em abordagem suscinta e distinta da realizada para os demais mandados de criminalização, Luciano Feldens (2012, n.p.) afirma que o dispositivo que busca a proteção do salário do trabalhador contra a ação arbitrária do empregador "trata-se de um mandado constitucional de difícil precisão — portanto, frágil normatividade — e destituído de expressa referência no contexto legislativo atual", destacando que aparenta buscar a contraprestação econômica da atividade laboral sem a qual seria violada a dignidade humana.

Luciano Feldens (2012, n.p) ressalta que, ao explicitar a necessidade de tutela penal, o constituinte o fez, provavelmente, por desconfiar do "juízo de necessidade de proteção penal em geral acometido ao legislador [...] sendo que não necessitava fazer o mesmo, por exemplo, em relação à vida humana, porque a necessidade de sua proteção penal se lhe afigurava, desde logo, como uma evidência". O teórico também evidencia a necessidade da tutela dos direitos laborais por meio do preenchimento dos critérios, por ele, apresentados(47), conforme será demonstrado neste trabalho(48).

É importante ressaltar que a defesa da necessária obediência ao mandado de criminalização não acarreta argumentação em prol de um Direito Penal máximo (próximo do Estado-inimigo), mas propõe uma releitura do Direito Penal comprometida com os direitos fundamentais e em harmonia com o Estado Social.

A aplicabilidade dos mandados expressos de criminalização foi objeto de julgamento pelo Supremo Tribunal Federal (ADO-26/DF), que entendeu pela caracterização do estado de mora inconstitucional por ausência de edição de lei penal incriminadora a efetivar a previsão do inciso XLI, art. 5º da Constituição Federal(49), no que condiz à homofobia e à transfobia. Em que pese a ausência de correspondência do objeto do julgamento, o fundamento apresentado no julgamento da ação direta de inconstitucionalidade por omissão pode ser aplicado à análise da obrigatoriedade na tutela penal do trabalhador, no que condiz com a retenção do salário(50).

Para o relator Ministro Celso de Mello (BRASIL, 2019, p. 60), "a função precípua desempenhada pelos mandados constitucionais de criminalização consiste em tornar

---

(47) Como critérios de reconhecimento de um dever de proteção, Luciano Feldens (2012, p. 2036-2089) apresenta a incidência da hipótese normativa (tipicidade) de um direito fundamental, a ilicitude do ataque e dependência de proteção e a necessidade de proteção decorrente da dinâmica equação entre os critérios de hierarquia do bem jurídico atingido e a intensidade da ameaça.

(48) Cf. tópicos 2.1.1., 2.3. e 3.1.

(49) Art. 5º, CF: "Todos são iguais perante a lei, sem distinção de qualquer natureza, garantindo-se aos brasileiros e aos estrangeiros residentes no País a inviolabilidade do direito à vida, à liberdade, à igualdade, à segurança e à propriedade, nos termos seguintes: (...) XLI – a lei punirá qualquer discriminação atentatória dos direitos e liberdades fundamentais".

(50) A intenção em abordar tal julgamento consiste na análise dos mandados expressos de criminalização como comandos imperativos dirigidos ao legislador, de modo que não reflete, necessariamente, a concordância com a criminalização, por analogia, da transfobia e homofobia.

efetivo o dever estatal de prestação normativa em matéria penal", destacando os deveres do Estado "[de] tutela em face da necessidade de preservação da integridade de direitos e de liberdades fundamentais, notadamente de grupos vulneráveis, sob pena de a inércia do Poder Público transgredir o princípio que veda a proteção deficiente".

No mesmo sentido, o ministro Alexandre de Moraes (BRASIL, 2019, p. 34) afirmou a necessidade de direcionamento das regras hermenêuticas com o fito de garantir a aplicabilidade e efetividade dos direitos humanos fundamentais perante o governo da maioria, ressaltando que as previsões constitucionais, principalmente no que condiz aos direitos fundamentais e aos princípios fundamentais da República, não são meros enunciados teóricos e que há uma supremacia incondicional em relação a todo o ordenamento jurídico de força normativa inquestionável, sendo que suas previsões devem servir de princípios informadores obrigatórios na atuação do poder público, sob pena de sucumbir o Estado Democrático de Direito.

O Ministro Ricardo Lewandowski (BRASIL, 2019, p. 9), em que pese ter rechaçado o reconhecimento da criminalização, reafirmando a indispensabilidade da existência de lei, em sentido estrito, conheceu, parcialmente, o pedido para afirmar a mora legislativa relativa ao objeto da ação, tendo afirmado que a omissão parlamentar em cumprir o mandado de criminalização pode ocorrer como um fenômeno político. Para Lewandowski,

> como explica Ran Hirschl, com a ascensão do conceito de supremacia constitucional em todo o mundo, os tribunais tornaram-se instituições sensíveis aos reclamos de grupos sistematicamente excluídos da esfera política, contando com o apoio — explícito ou implícito — dos atores políticos, os quais, ao transferir sua responsabilidade para as instituições judiciais, evitam sua responsabilização política por decisões impopulares (BRASIL, 2019, p. 9).

O Ministro Marco Aurélio, vencido no julgamento, afirmou a ausência de mora legislativa. Entretanto, conforme consta na ementa publicada, não subscreveu as teses propostas de modo que deixou de analisar, aqui, a motivação.

Entretanto, um contraponto à existência dos mandados de criminalização consiste no entendimento de que não é admissível que, da Constituição, se possa extrair deveres de proteção jurídico-penal, sendo rechaçada a normatividade deles. Há uma negativa da fundamentação Constitucional do Direito Penal, de modo que os mandados devem ser vistos como indicações ou possibilidades de bens jurídicos a serem tutelados[51] (PASCHOAL, 2003, p. 87-93).

---

(51) Para a autora (2003, p. 92), "não existe um dever de criminalização, mas uma possibilidade conferida pela Constituição, que sempre deverá ser analisada juntamente com o contexto social, bem como com a efetiva necessidade e utilidade da sua tutela".

Afirmar, porém, que os mandados expressos de criminalização nada mais são que possibilidades e que, para que exista a tutela, devem ser analisados a necessidade, a utilidade e o contexto social, afasta toda a distinção com os demais valores previstos, desconsiderando o vocábulo utilizado na Constituição Federal ("constituindo crime" ou "sujeitarão os infratores" a sanções) e a eficácia dos direitos fundamentais, submetidos a um modelo de garantias.

Sidnei Agostinho Beneti reconhece os mandados expressos de criminalização, ressaltando a surpresa de que a Constituição de 1988 tenha prestigiado a repressão, ainda que para a defesa de direitos individuais. Segundo o autor (1994, p. 299)(52), a "Constituição determinou a repressão, a Constituição optou pela utilização do Direito Penal no sentido positivo, indo além do controle negativo da sanção penal, apregoou a utilização da sanção penal".

Por fim, os tipos penais que prestam obediência aos mandados de tutela não se tornam imunes à modificação legislativa(53) ou à eventual descriminalização de modo que cabe, ao legislador, a criação do tipo em prol da tutela do bem jurídico ou, caso já criado o tipo penal, o cuidado maior em eventual descriminalização diante da modificação social. Apesar da ausência de discricionariedade ao legislador sobre tutela da conduta, resta, ao mesmo, a incumbência de determinar, detalhadamente, o tipo e a extensão da proteção, devendo observar, no devido cumprimento, o princípio da proporcionalidade (proibição de excesso e proibição de proteção insuficiente).

Mas, de forma semelhante como apresentado pelo Ministro Ricardo Lewandowski, defende-se, nesse trabalho, que, mesmo existindo o mandado de criminalização, se faz necessária a criação da lei penal a atender o aspecto formal, de modo que as normas que impõem, constitucionalmente, a tutela penal, não são dotadas de eficácia criminalizadora, o que não afeta a eficácia normativa das mesmas, tendo em vista a violação que poderia ser causada a garantia da legalidade penal.

Já sobre a existência de mandados implícitos de criminalização, há divergência sobre ser possível que sejam deduzidas da Lei Maior obrigações dirigidas ao legislador ordinário para a tutela penal de determinados bens jurídicos.

---

(52) O autor (BENETI, 1994, p. 299) critica o abandono do que denomina de "padrão normal de redação", causando uma incongruência constitucional "que é o de não pregar normas punitivas positivas e de apenas resguardar, como é comum no constitucionalismo, a liberdade por intermédio do direito penal que venha depois", exemplificando a imprescritibilidade e inafiançabilidade do racismo quando, se, diante do racismo, um indivíduo comete um homicídio, este seria afiançável e prescritível, gerando a incoerência na gravidade das consequências.

(53) O mandado de criminalização não afasta do legislador a competência na prescrição da conduta e da pena, "o que a Constituição exige, por força dos mandados, é um standard mínimo de tutela, certamente vinculado àquelas agressões mais repulsivas ao objeto de tutela que ela, a Constituição, predefiniu como merecedores de proteção jurídico-penal [...] não predetermina os contornos [a proteção jurídico-penal exigida por força da Constituição] nem a intensidade da reprovação, juízos que persistem, em princípio, acometidos ao legislador" (FELDENS, 2012, n.p).

Assim, exceto nos casos em que o legislador constituinte, expressamente, determinou a proteção penal aos valores constitucionais, não se faria legítimo deduzir a exigência de criminalização, tendo sido concedida discricionariedade maior e a mera disposição do bem como valor jurídico-constitucional fundamental. Isso não seria suficiente para o reconhecimento como mandado de criminalização, competindo, ao legislador ordinário, a análise da necessidade de pena ou de carência de tutela penal.

Luciano Feldens, por outro lado, sustenta a existência da coerência sistêmica no ordenamento jurídico-constitucional que exige a tutela penal a determinados bens jurídicos no âmbito de uma sociedade democrática, mesmo que eles não constem expressamente, diante da submissão desta tutela a um programa constitucional básico assentado na defesa da vida, da liberdade e da dignidade. Nas palavras de Luciano Feldens (2012, n.p),

> sustentar a taxatividade dos deveres de proteção jurídico-penal, atrelando-os exclusivamente aos mandados explícitos de penalização, seria tanto como admitir que o Direito está primordialmente posto à defesa do objeto (patrimônio), e não do sujeito de Direito (vida), conclusão inequivocamente indesejável em um regime de Estado de Direito que encontra na dignidade humana a sua *ratio essendi*.

Entretanto, ainda de acordo com o autor (2012, n.p), para que seja possível o reconhecimento do mandado implícito, há necessidade de que o bem jurídico a ser protegido esteja dotado de uma nítida e inquestionável preponderância dentro da própria ordem constitucional de valores (dignidade constitucional primaz do bem jurídico), bem como é fundamental que a proteção normativa requerida, por não apresentar um efeito dissuasório, se mostre insuficiente se não for estabelecida por meio da sanção penal. Luciano Feldens apresenta, ainda, que as obrigações tácitas de penalização dizem respeito a um núcleo de bens jurídicos de primacial importância que podem ser utilizados como referências para um consenso valorativo-social, afastando subjetivismos e arbitrariedades, de modo que a proteção penal da vida, da dignidade humana e da liberdade não fiquem à livre disposição do legislador.

Como será apresentado no próximo capítulo, os direitos laborais possuem vasto conteúdo valorativo com a finalidade de assegurar, a todos, a existência digna, conforme os ditames da justiça social, sendo dispostos, pelo constituinte, como direitos fundamentais que merecem destaque na Constituição Federal. Por isso, será analisado se possuem a dignidade penal como bem jurídico de relevância constitucional, passível de ser tutelado, inicialmente, no que condiz à relevância e aos valores atingidos pela violação.

Apesar da relevância do bem jurídico, a discussão sobre a (in)existência dos mandados implícitos de criminalização aparenta inócua, para esse trabalho, na perspectiva da tutela penal dos direitos laborais, uma vez que até mesmo os requisitos apresentados, para tal análise remetem à imprescindibilidade da intervenção penal, cumulada com o respeito aos princípios da fragmentariedade e da subsidiariedade. Assim, a previsão e o embasamento constitucional evidenciam sua relevância (dignidade constitucional) na ordem jurídica. Entretanto, junto à relevância do valor ou do interesse, deve haver, ainda, a necessidade da tutela para que a intervenção seja, materialmente, legítima.

## 1.3. A Constituição Federal de 1988 como indicativo da relevância dos bens jurídicos

Analisada a evolução das teorias e as concepções do bem jurídico, é possível afirmar, assim como faz Claus Roxin (1998, p. 61), que o conceito de bem jurídico não apresenta um conteúdo predefinido capaz de ser aplicado por meio de simples subsunção e dedução. A amplitude e o conteúdo do bem jurídico devem ser estipulados por meio dos fins próprios do Direito Penal, a partir dos quais se extrai aquilo que se pode considerar digno de proteção por meio do ordenamento penal.

Para Luis Gracia Martín (2010, p. 52), ainda em se tratando do bem jurídico, "em sentido material, entretanto, não parece possível compreendê-lo na forma de um conceito classificatório, mas apenas em um tipo ou diretriz normativa"[(54)], de modo que, apesar da ausência de um conceito fechado, a legitimidade do que pode e do que não pode ser criminalizado deve ser analisada por meio das diretrizes constitucionais.

Para Luigi Ferrajoli (1995, p. 471), não é possível alcançar um conceito exaustivo de bem jurídico[(55)]. Entretanto, o autor expõe a função limitadora, afirmando que existem interesses que não devem ser reconhecidos como passíveis de tutela. Já Luiz Regis Prado afirma a possibilidade de um conceito material que reside na experiência social sobre a qual incidem juízos de valor, primeiro, do constituinte, depois, do legislador ordinário, sendo um conceito valorado e relativo, válido para um determinado sistema social e em um dado momento histórico-cultural, tendo em vista que "seus elementos formadores se encontram condicionados por uma gama de circunstâncias variáveis imanentes à própria existência humana" (PRADO, 2019, p. 88).

(54) No original: "en sentido material, sin embargo, no parece posible aprehenderlo en la forma de un concepto clasificatorio, sino sólo en la de un tipo o directriz normativa".

(55) "Puede ofrecernos únicamente una serie de criterios negativos de deslegitimación — que no son sólo la irrelevancia o evanescencia del bien tutelado sino también la desproporción con las penas previstas, la posibilidad de una mejor protección con medios no penales, la inidoneidad de las penas para lograr una tutela eficaz, o, incluso, la ausencia de lesión efectiva a causa del comportamiento prohibido para afirmar que una determinada prohibición penal o la punición de un concreto comportamiento prohibido carecen de justificación, o que ésta es escasa. Pero, por otra parte, esto es todo lo que se pide a la categoría del «bien jurídico» cuya función de límite o garantía consiste precisamente en el hecho de que la lesión de un bien debe ser condición necesaria, aunque nunca suficiente, para justificar su prohibición y punición como delito" (FERRAJOLI, 1995, p. 471).

Diante da impossibilidade apresentada de um conceito fechado (e pré-determinado) e, considerando a submissão do que pode ser reconhecido como valor apto à tutela penal, a construção de um critério mais sólido para a identificação de bens passíveis de proteção penal deve ser fundada na dignidade humana, no conjunto de condições necessárias para a autodeterminação do indivíduo, de modo que não haja intervenção estatal excessiva, mas também que determinados valores não fiquem relegados.

É preciso afirmar, ainda, que o valor a ser tutelado deve ser compreendido como reflexo dos interesses relevantes em determinada época (realidade social)(56), mas, insta ressaltar que se trata de valores jurídicos, de modo a refletir o fundamento maior de determinada sociedade e Estado(57), independente das concepções morais ou religiosas. Nesse sentido, a amplitude e os valores a serem tutelados como bens jurídicos devem estar em harmonia com a Constituição de 1988, ou seja, em uniformidade com as exigências de um Estado Social e Democrático de Direito, ao qual se encontram diretamente vinculadas a legitimidade da intervenção penal e a seletividade do bem jurídico(58) (MENDES; BRANCO, 2018, p. 250).

Entretanto, a Constituição não deve ser analisada como um catálogo de bens jurídicos a serem protegidos, mas como declaração das formas e dos valores fundamentais que são a base de um Estado, os quais devem ser considerados como parâmetro para nortear o legislador e, ainda assim, a legitimidade penal não se faz completa ao refletir os valores e princípios constitucionais.

Dessarte, a Constituição funciona como fonte valorativa do Direito Penal e bússola para a escolha dos bens jurídicos a serem tutelados, fornecendo um limite ao evitar que sejam violados os critérios que lastreiam a legitimidade criminalizadora no âmbito de um Estado Social e Democrático de Direito. Nessa concepção, o legislador, ao criar um

---

(56) Nesse sentido, é necessário relevar o caráter dinâmico do bem jurídico ainda que fundamentado na ordem constitucional afirmada por Hans Welzel que argumenta que, antes de ser jurídico, o bem constitui bem, dado, ente ou valor fundamental à vida humana.

(57) Para Sidnei Agostinho Beneti (1994, p. 296-297), o Direito Penal só cuidará das violações mais relevantes para as quais os demais ramos do Direito privado e público não sejam poderosos o suficiente para obter-lhes a obediência. O autor expõe que "para ser suficientemente forte, a ponto de sobre-reger a convivência na sociedade, no campo que lhe é reservado, firma-se ele no Direito Constitucional, de modo que o que infunde força ao Direito Penal é o Direito Constitucional. E, a rigor, essa assunção de força pelo Direito Constitucional, relativamente ao Penal, é mais intensa do que no tocante a outros ramos", sendo a Constituição a própria legitimação do Direito Penal.

(58) Eduardo Luiz Michelan Campana (2011, p. 35) defende que um sistema punitivo de um Estado Democrático e Social de Direito, em conformidade como o modelo adotado na Constituição Federal, tem a dignidade da pessoa humana como fundamento, o que acarreta tanto na imposição de limites ao *ius puniendi*, consagrando conquistas históricas de significado político e jurídico, quanto no alicerce da tutela penal de bens que se relacionam com a busca de uma igualdade material e da realização dos valores adotados: "os direitos sociais e econômicos, de segunda geração, e com os direitos difusos e coletivos, de terceira geração, todos a consagrar a dimensão intersubjetiva da dignidade da pessoa humana: a relação comunitária com os demais seres humanos, com vistas à plena realização de sua personalidade".

tipo penal, não deve ser considerado como aquele que criou o bem jurídico, tendo em vista que sua conduta somente foi elevada à tutela penal, a refletir o fundamento apresentado pelo constituinte originário, que buscou os bens jurídicos penais na sociedade, cabendo, ao legislador, encontrá-los na Constituição.

Nesse contexto, apresenta Luiz Regis Prado (2019, p. 84) que:

> a noção de bem jurídico emerge dentro de certos parâmetros gerais de natureza constitucional, capazes de impor certa e necessária direção restritiva ao legislador ordinário, quando da criação do injusto penal. A tarefa legislativa há de estar sempre que possível vinculada a determinados critérios reitores positivados na Constituição que operam como marco de referência geral ou de previsão específica — expressa ou implícita — de bens jurídicos e a forma de sua garantia.

O constituinte elencou direitos e garantias como vida, direito à integridade física, honra, liberdade, patrimônio, direito ao trabalho, reconhecimento de igualdade entre os cidadãos, independentemente da cor, raça ou sexo, seja de forma expressa ou implícita, erigindo a República Federativa do Brasil em um Estado Democrático e Social de Direito destinado a assegurar direitos individuais e sociais com o objetivo de estabelecer a igualdade material. E, para que seja possível alcançar esse desiderato, é necessária uma função ativa estatal que se reflita na intervenção penal para a consagração de valores sociais na tutela de interesses metaindividuais (CAMPANA, 2011, p. 31).

Nota-se que a tipificação de condutas, assim como a descriminalização, não pode ser um ato absolutamente discricionário do legislador, uma vez que, somente será legítima a intervenção quando vinculada à materialidade do bem jurídico, com os princípios e preceitos do Estado, sendo, ao Direito Penal, reservada a função, dentro da característica de *ultima ratio*, de resguardar os bens jurídicos e de concretizar os direitos fundamentais-sociais para que se alcance o objetivo do constituinte, o que inclui a convivência social pacífica e digna. Para Luciano Feldens (2012, n.p), o legislador penal se encontra, materialmente, vinculado à tutela de direitos fundamentais que agem como marcos da ação legislativa, no interior dos quais o legislador é livre para atuar com discricionariedade[(59)].

Assim, a Constituição funciona como fonte valorativa e fundamento normativo do Direito Penal e a referência aos valores evidencia a compatibilidade com a tutela a ser realizada pela legislação infraconstitucional, podendo ou não ser pelo âmbito penal, conforme será analisado sob perspectiva do princípio da subsidiariedade e fragmentariedade.

---

(59) O autor sustenta a existência de uma relação axiológico-normativa entre a Constituição e o Direito Penal, a partir da qual podem ser deduzidos três níveis de interação: "(i) a intervenção penal constitucionalmente proibida (ii) a intervenção penal constitucionalmente possível e (iii) a intervenção penal constitucionalmente obrigatória" (FELDENS, 2012, n.p).

É sustentado, dessa forma, que a Constituição ressalta a relevância de determinados interesses que são passíveis de criminalização no âmbito penal, devendo existir coerência entre os valores constitucionais e os bens jurídicos penais ainda que a Constituição, por si só, não seja suficiente para legitimar a intervenção penal.

É evidente que a dinâmica veloz da sociedade acaba por gerar uma permanente atenção para que o rol de bens protegidos acompanhe tais modificações. As frequentes transformações ocorridas nas relações sociais exigem que a escolha dos bens esteja acompanhando tal velocidade (GOMES, 2003, p. 96).

Por outro lado, a ausência de previsão constitucional não significa que tais valores não possam ser tutelados, tendo em vista que nem todos os bens a serem tutelados constam de forma expressa no texto constitucional, devendo ser incluídos, dentre aqueles merecedores de tutela, os bens implícitos na Constituição. Porém, a afirmação não se aplica se a ausência de previsão for fundamentada pela incompatibilidade com o próprio texto constitucional (GOMES, 2003, p. 95).

Ao pautar os bens juridicamente dignos de receber a tutela penal pela Constituição Federal (implícita ou explicitamente), tem-se uma forma de limitar o Estado, exatamente porque é a tutela quem rege e orienta as diretrizes do *ius puniendi* (GOMES, 2003, p. 90). Da mesma maneira, a formalização da tutela penal encontra-se alicerçada e restrita pelas diretrizes constitucionais, gerando a "aparente" ambivalência de "poder-dever" Estatal na persecução penal (a garantir a liberdade e a paz social) e, ao mesmo tempo, a limitação desse poder, ao vedar a intervenção em casos nos quais os valores não sejam suficientemente relevantes, assegurando o indivíduo em face do Estado.

Sidnei Agostinho Beneti (1992, p. 297) afirma que "vemos o Direito Penal encaixando-se na Constituição naquilo que a Constituição o apoia, libera-o; e vemos o Direito Penal limitado pela Constituição naquilo em que a Constituição lhe veda a invasão à esfera de liberdade dos cidadãos". Nesse sentido da compreensão do bem jurídico como legitimador da atuação penal, são preservadas a liberdade e a dignidade do ser humano, ao impedir arbitrariedade e abuso do exercício da persecução penal, bem como ao proteger[60] os indivíduos do ataque de seus pares, na retomada do "estado de natureza".

Outra perspectiva relevante consiste na limitação que o próprio bem jurídico exerce quando compreendido como reflexo dos valores constitucionais: (1) o amparo da amplitude do bem jurídico como reflexo dos valores constitucionais a restringir a intervenção Estatal em qualquer âmbito de atuação e; (2) a limitação imposta ao legislador que deve criminalizar condutas somente quando encontram fundamento constitucional,

---

(60) O termo "proteger" está sendo utilizado em seu conceito amplo, no sentido de intimidação que a existência de punição, em decorrência da prática delitiva, gera aos indivíduos, sem abranger a discussão sobre a efetividade das finalidades repressiva e preventiva na aplicação penal.

como valor relevante e essencial ao indivíduo ou à sociedade, tornando ilegítimos argumentos ideológicos ou com base moral[(61)]. Torna-se imprescindível, então, a existência de um parâmetro como forma de nortear (e limitar) as condutas passíveis de tipificação criminal.

No que condiz à segunda perspectiva, é importante retomar a reflexão sobre as mudanças sociais e, com elas, a compreensão das dinâmicas sociais como suporte ao projeto jurídico. Rafael Mafei Rabelo Queiroz (2008, p. 9) lembra que, no momento histórico da formação do Direito Penal (meado dos séculos XVIII e XIX), as sociedades eram, do ponto de vista político e social, totalmente diferentes:

> da França pós-revolucionária a outros estados com uma monarquia nobilitária ainda forte; dos estados alemães tão influenciados por filosofias jurídicas secularizantes a países onde vingou uma versão conservadora e religiosa de Iluminismo, como Itália e Portugal; de nações que combatiam a escravidão com amparo em teorias políticas liberais a lugares em que o trabalho servil era amplamente presente, como no Brasil ou no sul dos Estados Unidos.

Tais diferenças são capazes de ratificar que o bem jurídico apresenta um conceito valorado e relativo, válido para um determinado sistema social e em um dado momento histórico-cultural, por meio de uma opção (do legitimado) que terá, inevitavelmente, um cunho de caráter político, uma vez que o processo democrático não impede a instituição de uma ditadura por parte dos grupos dominantes. Ainda assim, se a seleção de bens jurídicos passíveis de tutela estiver alicerçada na Constituição Federal, haverá um parâmetro para análise das arbitrariedades com a criminalização das condutas por razões morais e ideológicas[(62)], como no caso do adultério e do incesto[(63)(64)]. O mesmo se pode afirmar

---

(61) A limitação do Direito Penal somente mostra como passível de discussão no cenário do Estado Democrático de Direito fundado na dignidade da pessoa humana e na liberdade. Para um Estado autoritário, o Direito Penal não encontra limitação material, restando o controle social formal.

(62) O abandono da teoria da exclusiva proteção ao bem jurídico concederia, ao legislador, a possibilidade ilimitada de punir quaisquer condutas, afastando-se das limitações impostas pelo poder constituinte.

(63) Uma observação interessante é apresentada sobre a conduta de incesto, por Paulo Ferreira da Cunha (1998, p. 56), de que "felizmente, pouca gente sabe que, entre nós, o incesto não é crime. Porque a consideração que este bem é desvalioso penalmente poderia ser, a nosso ver, um incentivo à prática [...]. Não podemos esquecer que, se a Moral cria o Direito, o Direito também cria Moral. É, afinal, a dimensão pedagógica da juridicidade". Janaína Paschoal (2013, p. 122) reconhece a função educativa do Direito Penal. Porém, a autora salienta que tal função não deve ser fundamento isolado para criminalização, de modo que "deve sempre ter por base a dignidade e a carência de tutela".

(64) Ferrajoli (1995, p. 473) afirma a ineficiência na proibição do imoral: "el aborto, el adulterio, el concubinato, la mendicidad, la evasión de presos o la tóxico-dependencia: su prohibición es inútil em la medida en que se demuestre que está abocada a no surtir efecto [...] la introducción o la conservación de su prohibición penal no responde a una finalidad tutelar de bienes que, más aún, resultan ulteriormente atacados por la clandestinización de su lesión, sino a una mera afirmación simbólica de valores morales, opuesta a la función protectora del derecho pena1".

sobre a atuação do legislador ao descriminalizar condutas, em um primeiro momento, sendo legítima a revogação dos tipos penais incoerentes com a proteção exclusiva de bens jurídicos, como, por exemplo, no delito de rapto consensual (antigo art. 220, CP[(65)]) diante das transformações sociais e com a percepção do núcleo ideológico.

Quanto ao tema deste estudo, desde já, é importante salientar que, dentre os tipos penais vinculados à relação laboral, atualmente previstos no ordenamento penal brasileiro, a maioria não encontra correspondência no projeto de reforma do Código Penal em trâmite (PLS 236/2012), situação que torna ainda mais importante a investigação desenvolvida nesse trabalho, razão pela qual serão analisados os tipos penais vinculados ao âmbito laboral, com destaque para o bem jurídico tutelado[(66)], possibilitando à reflexão sobre a eventual *abolitio criminis*.

(65) O revogado crime de rapto consensual, apresentava a redação seguinte: "Art. 220 – Se a raptada é maior de catorze anos e menor de vinte e um, e o rapto se dá com seu consentimento: Pena – detenção, de um a três anos".

(66) Cf. tópico 4.3.

# Capítulo 2

# O Valor do Trabalho na Ordem Jurídico-Social

O trabalho apresenta, atualmente, um papel essencial no estabelecimento do indivíduo, pois, além de ser considerado como dignificante ao ser humano, é pedra angular da transformação social, constituindo-se o meio para a sobrevivência do indivíduo, possibilitando-lhe o exercício de outros direitos.

Por intermédio do trabalho, o indivíduo recebe o seu sustento, mas também reconhece, na atividade exercida, parte do seu ser. Por meio dele, sente-se integrante da sociedade e consegue construir sonhos e planos para a vida. O trabalho é (ou deveria ser) a mola propulsora do indivíduo para atingir seus objetivos, ao mesmo tempo em que ele consiste no próprio objetivo: a realização do indivíduo perante a sociedade e para si mesmo.

Hannah Arendt (2019, p. 156-157) enquadra o trabalho, sob a perspectiva das modernas idealizações, em quatro categorias: (1) como meio de atingir um fim superior; (2) como ato de modelagem na transformação de uma estrutura (matéria-prima) em outra superior; (3) como ato de satisfação, no aspecto prazeroso e; (4) como confirmação do domínio da natureza por parte do ser humano. Apesar dessa divisão, a autora (2019, p. 156-157) afirma que, em todas as teorias do trabalho, prevalece a tendência de reduzir as atividades laborais à necessidade, de modo que "não importa o que façamos, supostamente o faremos com vista a promover nosso próprio sustento".

Seja como realização e/ou necessidade, o trabalho tem sua relevância reconhecida e o seu conceito foi afastado da concepção de sofrimento, de modo a superar o caráter de falta de capacidade intelectual. Consoante Jair Aparecido Cardoso (2013, p. 21),

> A produção, aliada ao sentido de dominação, fez do trabalho uma tortura, ao passo que, na produção capitalista, o trabalho torna-se mercadoria. É cediço também que, em função da evolução social, o vocábulo trabalho ganhou novos conceitos sociais e, modernamente, o que prevalece é o sentido de utilidade e transformação, não envolvendo o sentido original ligado à tortura.

Porém, com essa nova concepção sobre trabalho, o contexto histórico, marcado por reivindicações e por reações extremamente violentas que refletiram em direitos para além do Direito do Trabalho, é pouco lembrado e tal esquecimento torna a sociedade fadada aos erros do passado, iludida por uma suposta estabilidade de direitos.

Neste capítulo, será realizada a análise dos direitos laborais na ordem jurídico-social, uma vez que a mera previsão constitucional não basta para que o bem seja passível de proteção penal(67), colocando, em perspectiva, a relevância e a proporcionalidade na tutela penal dos direitos laborais sob dois aspectos: se os direitos decorrentes da relação de trabalho podem ser considerados como penalmente relevantes (em complemento ao capítulo anterior) e se a sua proteção se faz proporcional, diante de intervenção no âmbito contratual.

Cabe ressaltar que, apesar de esse trabalho ter como marco temporal a Constituição Federal de 1988, entende-se que apenas uma análise a partir da Carta Magna não se mostra suficiente ao ser retomada a reflexão sobre a razão de ser do Direito do Trabalho, razão pela qual foi utilizado, também, o método histórico-evolutivo em conjunto com o dialético, ao se propor um diálogo entre transformação do contexto social e evolução legislativa, observados por intermédio da análise bibliográfica.

## 2.1. O homem, o trabalho e a sociedade: a necessária atuação do Estado como interventor no vínculo laboral

Como mencionado, o trabalho é um traço específico da espécie humana, atividade em que melhor se evidencia a relação social de subordinação (CARDOSO; CASTRO, 2012, p. 139). Em uma visão antropológica, ele pertence à condição originária do homem, sendo ferramenta eficaz contra a pobreza, tornando o indivíduo que dele se ocupa digno de seu resultado, razão pela qual, deve ser sempre honrado (CARDOSO, 2015, p. 265).

Além de ser uma forma de subsistência, reconhecido como principal meio de sobrevivência, o trabalho gera o desenvolvimento das potencialidades e a integração do indivíduo como participante na sociedade. Ademais, ele também é relevante para a construção do sujeito-social, passando a ser tutelado pelo ordenamento jurídico (ARENDT, 2019, p. 157-158).

A Organização Internacional do Trabalho (OIT) elegera, como uma das pedras angulares de sua constituição, em 1919, a ideia de que o trabalho não constitui mercadoria, não podendo ser negociado em "mercados". Porém, conforme postula Guilherme

---

(67) Ainda que os bens jurídicos sejam dotados de dignidade constitucional, não é possível que seja eximido da análise relacionada a relevância (atual) no contexto social, afinal, o bem jurídico somente adquire uma função limitadora com a subordinação do poder punitivo do Estado ao indivíduo, que se dá no ponto de encontro entre a dogmática e a política-criminal, ao "exigir-lhe suficiente importância social e necessidade de proteção pelo Direito Penal" (BECHARA, 2014, p. 120). No mesmo sentido, Winfried Hassemer (1989, p. 69) afirma: "el concepto de bien jurídico vincula la determinación del merecimiento de pena, por un lado, con la Constitución, y, por otro, con la realidad social".

Guimarães Feliciano (2013, p. 29), ao haver uma parcela significativa de trabalhadores em estado de desemprego, são criadas condições para que os salários cheguem a níveis de mera subsistência, maximizando a acumulação do capital.

Situações como essa podem ser exemplificadas com casos semelhantes ao investigado no Inquérito n. 3.412/Alagoas, no qual foi julgado o recebimento da denúncia em eventual prática do delito de submissão à condição análoga à de escravo, restando demonstrado, na investigação, que os cortadores de cana ganhavam tão pouco por unidade produzida que se viam obrigados a trabalhar até a exaustão. Trabalhavam, em média, 16h por dia, havendo registro de que um dos trabalhadores teria trabalhado por mais de 24h sem intervalo e sua remuneração teria sido paga com cheques sem fundos. Tal exemplo evidencia a escravidão contemporânea e a exploração do homem pelo poder econômico, submisso pela miséria, por falta de opções e por ausência de amparo efetivo do Estado (BRASIL, 2012, p. 33).

Este se trata de um dentre diversos casos, conforme será demonstrado no capítulo quatro[68]. Diante disso, é possível perceber que uma lei moral a determinar que o homem não possa voltar a ser rebaixado ao valor das coisas não se mostra como suficiente, além de que a existência humana não pode ter preço e, sim, deve ter dignidade[69].

Para evitar que o homem seja submetido a condições degradantes pelos seus pares, ou, ao menos, para reduzir o número de casos em que isso ocorre, é necessária a intervenção estatal, conforme já abordado, ainda que mediante a restrição da autonomia privada em prol da consecução do interesse público-estatal.

Para Lenio Luiz Streck e Mario de Conto (2013, p. 90), a doutrina no Brasil tem se atentado para a aplicabilidade dos Direitos Fundamentais às relações privadas notadamente sob o enfoque protetivo, até porque não se conceberia que as relações privadas estivessem imunes aos Direitos Fundamentais constitucionalmente consagrados. Entretanto, da mesma forma que o Estado poderá intervir no âmbito privado para a concussão das liberdades positivas, essa característica não suprime, de forma absoluta, a necessária abstenção, paradigma do Estado Liberal. A título de exemplo, ao Estado, cabe resguardar a livre prática de qualquer trabalho, ofício ou profissão (art. 5º, XIII, CF)[70], ainda que se abstendo para permitir, ao indivíduo, o exercício da autonomia da vontade,

---

(68) Cf. tópico 4.3.2.1.

(69) Para Immanuel Kant (1980, p. 135-136), os indivíduos estão vinculados a uma lei moral, com a finalidade de impedir a "coisificação" do ser humano, que não deve ser utilizado como meio; ao contrário, tal lei determina que o homem deve ser considerado sempre, em todas as suas ações, como fim em si mesmo, de modo que o homem nunca pode vir a ser rebaixado ao valor das coisas.

(70) Art. 5º, CF: "Todos são iguais perante a lei, sem distinção de qualquer natureza, garantindo-se aos brasileiros e aos estrangeiros residentes no País a inviolabilidade do direito à vida, à liberdade, à igualdade, à segurança e à propriedade (...) XIII – é livre o exercício de qualquer trabalho, ofício ou profissão, atendidas as qualificações profissionais que a lei estabelecer".

ao mesmo tempo em que é dever dele resguardar a dignidade da pessoa humana, ainda que mediante a intervenção com a proibição de determinadas atividades profissionais(71).

Esse necessário equilíbrio entre a abstenção e a intervenção estatal é apresentado como a síntese do Estado Democrático de Direito(72), que se propõe a condensar ambos os modelos constitucionais. Enquanto no paradigma do Estado Liberal, foram reconhecidas as liberdades denominadas negativas (Direitos Fundamentais de primeira dimensão), no paradigma do Estado Social, foi conferido, ao Estado, o papel decididamente intervencionista, por meio das liberdades positivas (Direitos Fundamentais de segunda dimensão), resultando em um modelo de Estado no qual "configuram-se tais Direitos como Direitos de Defesa e como Direitos à Prestações que necessitam, ambos, de proteção do Estado" (STRECK; CONTO, 2013, p. 90).

Nesse sentido, Norberto Bobbio (2004, p. 35) assevera ser

> supérfluo acrescentar que o reconhecimento dos direitos sociais suscita, além do problema da proliferação dos direitos do homem, problemas bem mais difíceis de resolver no que concerne àquela "prática" de que falei no início: é que a proteção destes últimos requer uma intervenção ativa do Estado, que não é requerida pela proteção dos direitos de liberdade, produzindo aquela organização dos serviços públicos de onde nasceu até mesmo uma nova forma de Estado, o Estado social. Enquanto os direitos de liberdade nascem contra o super poder do Estado — e, portanto, com o objetivo de limitar o poder —, os direitos sociais exigem, para sua realização prática, ou seja, para a passagem da declaração puramente verbal à sua proteção efetiva, precisamente o contrário, isto é, a ampliação dos poderes do Estado.

---

(71) A título exemplificativo, tem-se a decisão que determinou a interdição de estabelecimento que promovia espetáculos de "lançamento de anões", nos quais os espectadores eram convidados a lançar um anão o mais longe possível, de um lado a outro do estabelecimento, por constituírem ofensa à dignidade da pessoa humana. De acordo com Ingo Wolfgang Sarlet (2011, p. 65), foi o primeiro caso no qual a dignidade da pessoa humana foi considerada, no direito francês, como elemento integrante da ordem pública e, ainda que o próprio destinatário da proteção tenha impugnado a decisão, isso mostrou-se irrelevante, já que a dignidade foi compreendida como bem fora do comércio, irrenunciável.

(72) Para Ingo Wolfgang Sarlet (2006, p. 304), o "Estado Democrático de Direito é sempre também um Estado que se pode designar de "garantista», no sentido de os direitos fundamentais serem simultaneamente fundamento, finalidade e tarefa do Estado e da própria sociedade", tema que será retomado em momento oportuno. Para José Afonso da Silva (1988, p. 21), a configuração do Estado Democrático de Direito não significa apenas a junção dos conceitos de Estado Democrático e Estado de Direito mas na "criação de um conceito novo, que leve em conta os conceitos dos elementos componentes, mas os supere na medida em que incorpora um componente revolucionário de transformação do *status quo*. E aí se entremostra a extrema importância do art. 1º da Constituição de 1988, quando afirma que a República Federativa do Brasil se constitui em Estado Democrático de Direito, não como mera promessa de organizar tal Estado, pois a Constituição aí já o está proclamando e fundando".

Contudo, antes de se adentrar aos limites entre a abstenção e a atuação estatal[73], é necessária a análise da adoção do Estado Social que influencia a leitura que deve ser realizada do Direito e da intervenção penal e que está diretamente vinculada ao objeto desse trabalho.

Segundo Guilherme Guimarães Feliciano (2013, p. 132), o próprio preâmbulo da Constituição Federal evidencia o Brasil como Estado Social[74], opção realizada em 1988 pela Assembleia Nacional Constituinte, ao contemplar as quatro ordens de fundamentação constitucional do princípio da democracia econômica e social, o que deve repercutir na interpretação de todo o direito infraconstitucional, de modo que o ordenamento jurídico deve ser entendido e interpretado como forma de consecução dos objetivos do Estado Democrático e Social de Direito.

Ulysses Guimarães inseriu um prólogo na Constituição Federal de 1988 que, apesar de retirado após a primeira edição, refletia a condição social da época e o rompimento com o *status* constitucional existente:

> A Constituição coragem
>
> O homem é o problema da sociedade brasileira: sem salário, analfabeto, sem saúde, sem casa, portanto sem cidadania.
>
> A Constituição luta contra os bolsões de miséria que envergonham o país.
>
> Diferentemente das sete constituições anteriores, começa com o homem.
>
> Gratificante testemunha a primazia do homem, que foi escrita para o homem, que o homem é o seu fim e sua esperança.
>
> É a constituição cidadã.
>
> Cidadão é o que ganha. Come, sabe, mora, pode se curar.
>
> A Constituição nasce do parto de profunda crise que abala as instituições e convulsiona a sociedade.

---

(73) Virgílio Afonso da Silva (2014, p. 232-234) argumenta que todas as normas exigem do Estado uma ação (positiva) para produzir seus efeitos. Acentua o autor (2014, p. 240) a superação de uma concepção de liberdades públicas que garantam apenas uma abstenção em face da autonomia do indivíduo, tendo em vista que a proteção estatal somente se faz de forma plena mediante regulamentação e intervenção. Ele ilustra a dependência das normas à intervenção estatal, com o com os gastos imprescindíveis à garantia do sufrágio universal e das eleições livres, afirmando que todas as normas dependem da intervenção estatal para produzir efeitos.

(74) Paulo Bonavides (2013, p. 32-33) apresenta o Estado social do constitucionalismo democrático ("Estado social da Sociedade"), como sendo o mais adequado a concretizar a universalidade dos valores abstratos das Declarações de Direitos fundamentais, diferenciando-o do "Estado social do Estado", que conceitua como sendo o "da economia de mercado, embora debaixo de alguma tutela ou dirigismo, que pouco ou nada lhe afetava as estruturas, posto que interditasse determinados espaços da ordem econômica, subtraídos ao livre jogo das forças produtivas".

> Por isso mobiliza, entre outras, novas forças para o exercício do governo e a administração dos impasses. O governo será praticado pelo executivo e pelo legislativo.
>
> Eis a inovação da Constituição de 1988: dividir competências para vencer dificuldades, contra a ingovernabilidade concentrada em um, possibilita a governabilidade de muitos.
>
> É a Constituição coragem.
>
> Andou, inovou, ousou, ouviu, viu, destroçou tabus.
>
> Tomou partido dos que só se salvam pela lei.
>
> A Constituição durará com a democracia e só com a democracia sobrevivem para o povo a dignidade, a liberdade e a Justiça.

Nota-se que, ao lado do indivíduo, o labor recebe destaque e centralidade(75) como uma das formas de libertação e emancipação do ser humano. Afinal, a proteção da vida e do direito de ir e vir não é suficiente para garantir igualdade de oportunidades, nem mesmo para atenuar as condições de miserabilidade suportadas por parte da sociedade. Assim, a dignidade do ser humano está para além da mera existência, uma vez que uma vida à míngua de dignidade impossibilita o exercício da liberdade, em sentido amplo.

Amartya Sen (2010, p. 76-77) afirma que "o objetivo do desenvolvimento se relaciona à avaliação das liberdades reais desfrutadas pelas pessoas. As capacidades individuais dependem crucialmente, entre outras coisas, de disposições econômicas, sociais e políticas". Para Norberto Bobbio (2004, p. 94), há, entre os direitos sociais, uma complementaridade e integração com relação aos direitos de liberdade: "no sentido de que eles [direitos sociais] são a própria condição de seu exercício efetivo. Os direitos de liberdade só podem ser assegurados garantindo-se a cada um o mínimo de bem-estar econômico que permite uma vida digna".

Flávia Piovesan (2017, p. 114) afirma que, além do rompimento com as Cartas anteriores, a Constituição Federal de 1988, de forma inédita, consagrou o primado do respeito aos Direitos Humanos como paradigma para a ordem jurídica internacional ao reger o Brasil, no âmbito externo, com o compromisso de adotar posição politicamente contrária aos Estados em que os Direitos Humanos fossem gravemente desrespeitados, o que também implica no engajamento e na necessária busca da plena integração de tais

(75) Com o advento da Constituição de 1988, os valores sociais do trabalho e da livre iniciativa são apresentados dentre os fundamentos da República Federativa do Brasil, no art. 1º, CF: "A República Federativa do Brasil, formada pela união indissolúvel dos Estados e Municípios e do Distrito Federal, constitui-se em Estado Democrático de Direito e tem como fundamentos: I – a soberania; II – a cidadania; III – a dignidade da pessoa humana; IV – os valores sociais do trabalho e da livre iniciativa; V – o pluralismo político".

regras na ordem jurídica interna brasileira. Ressalta-se que o caso "José Pereira" foi um marco para a defesa dos Direitos Humanos no Brasil, tendo em vista a assunção, por parte do Estado, da responsabilidade estatal por atos praticados por particulares, perante o sistema interamericano de proteção de Direitos Humanos(76).

Apesar de não ser o objetivo desse trabalho adentrar nas discussões sobre a dignidade da pessoa humana, algumas considerações são imprescindíveis, como a sua concretização a partir do reconhecimento dos demais direitos fundamentais que a compõem, sendo responsabilidade do Estado alcançar a justiça social, a redução das diferenças entre ricos e pobres, trabalhadores e empregadores, ainda que mediante intervenção para evitar abusos do poder econômico. Para Ingo Wolfgang Sarlet (2019, p. 340-341), a inserção da dignidade da pessoa humana no âmbito dos princípios fundamentais e estruturantes do Estado Democrático de Direito brasileiro (art. 1.º, III),

> é indicativa de sua eficácia e aplicabilidade, ou seja, da sua condição de norma jurídica, ademais de valor. Num primeiro momento — convém frisá-lo —, a qualificação da dignidade da pessoa humana como princípio fundamental traduz a certeza de que o art. 1.º, III, de nossa Lei Fundamental não contém apenas (embora também e acima de tudo) uma declaração de conteúdo ético e moral, mas constitui norma jurídico-positiva dotada, em sua plenitude, de *status* constitucional formal e material e, como tal, inequivocamente dotado de eficácia e aplicabilidade, alcançando, portanto, também a condição de valor jurídico fundamental da comunidade.

O autor (SARLET, 2019, p. 340) ressalta que, ao se falar em direito à dignidade, se está "a considerar o direito a reconhecimento, respeito, proteção e até mesmo promoção e desenvolvimento da dignidade, sem prejuízo de outros sentidos que se possa atribuir aos direitos fundamentais relativos à dignidade da pessoa". Ademais, cabe ao Estado propiciar os meios para a igualdade material, de modo que todas as pessoas possam obter as oportunidades de escolhas, livres e conscientes, na direção do que desejem para reger sua vida, desde que não seja previsto como sancionado.

Uma intervenção como essa seria incogitável no seio do liberalismo, que apresenta, como núcleo, a concepção de um Estado autocontido, que garanta os direitos dos indivíduos mediante ampla abstenção do Direito, deixando à disposição a liberdade

(76) O fato ocorreu em 1989, quando José Pereira, com 17 anos, tentou fugir da Fazenda Espírito Santo, no Pará, foi gravemente ferido, restando lesões permanentes na vítima que havia sido atraída por falsas promessas de trabalho e, ao chegar ao local, foi obrigada a trabalhar em condições desumanas, sendo proibido de deixar o local, situação que também atingia mais outros 60 trabalhadores rurais da fazenda. O Brasil celebrou um acordo de solução amistosa, se comprometendo com a investigação, julgamento e punição dos responsáveis, bem como em arcar com as medidas indenizatórias e de reparação das vítimas. O acordo foi homologado pela Comissão Interamericana de Direitos Humanos (CIDH) no mesmo ano.

contratual, pautada no equilíbrio e na igualdade formal entre os contratantes. Trata-se da proibição de excesso (übermaßverbot, como a doutrina e a jurisprudência alemãs convencionaram), sendo, até então, vista como um inimigo dos direitos e das liberdades fundamentais, "quanto menos palpável a presença do Estado nos atos da vida humana, mais larga e generosa a esfera de liberdade outorgada ao indivíduo, caberia a este fazer ou deixar de fazer o que lhe aprouvesse" (BONAVIDES, 2013, p. 60)(77).

No âmbito laboral (de cunho liberal), o contrato de trabalho é regido exclusivamente pela vontade das partes, sendo legítima a ação estatal, com a finalidade de garantir e preservar a segurança individual. De acordo com José Afonso da Silva (1988, p. 18), esse período de espírito liberal entra em declínio diante da Primeira Guerra Mundial com a conscientização das imensas injustiças provocadas em razão do abstencionismo ou neutralismo por parte do Estado liberal, dentre elas a contradição entre a liberdade do liberalismo e a escravidão social dos trabalhadores, evidenciando que a igualdade existente era apenas formal, e encobria, nas palavras de Paulo Bonavides (2013, p. 61), um mundo de desigualdades.

Posteriormente, como resultado, tanto da transformação da estrutura econômica, da concentração do capital e do progresso técnico, quanto de uma mudança na estrutura social, diante das reivindicações das massas por direitos, dentre eles os trabalhistas e os previdenciários, ocorre o abandono do liberalismo e, com isso, a mudança nos instrumentos jurídicos que necessitaram ser compatíveis com o Estado material de Direito, o qual pretende a realização da justiça social (BONAVIDES, 2013, p. 186).

No que condiz ao contrato de trabalho, passam a existir o reconhecimento dos direitos do proletariado e a intervenção nas relações entre empregador e empregados, entre os próprios empregados, assim como nas relações de organização e administração da empresa. É de se ressaltar que essa proteção do Estado, para garantir a classe social como um todo, não nasceu da constatação que a interação entre o patrão e o empregado precisava ser tutelada, mas como forma de desarticular os movimentos coletivos, despolitizar as massas trabalhadoras e desestimular a luta de classes, de modo que, com isso, o Estado evoca a concessão de direitos, em seu aspecto individual (CARDOSO, 2013, p. 51).

Porém, ao se mencionar a passagem do Estado abstencionista para o Estado Social de Direito, se mostra necessário compreender e se afastar da existência da ambiguidade gerada pelo termo "social", sujeito a interpretações ideológicas e suspeita conforme

---

(77) José Afonso da Silva (1988, p. 16) apresenta que dentre as exigências do Estado de Direito, com conceito tipicamente liberal, configuram grandes conquistas e continuam a ser postulados básicos, a assegurar o princípio da legalidade, a submissão da atividade estatal à lei, a divisão de poderes, independente e harmônica, bem como a garantia dos direitos individuais. A respeito do tema, Paulo Bonavides (2013, p. 62) destaca o liberalismo democrático, apresentado como "liberalismo de nossos dias" como sendo as conquistas doutrinárias da liberdade, enriquecidas pelos elementos de reforma e humanismo", identificado com o Direito e a Justiça.

afirma José Afonso da Silva (1988, p. 19)(78), uma vez que a expressão se torna cabível a Estados com regimes políticos diversos, desde a democracia ao nacional-socialismo. Assim, ao ser utilizado o termo "Estado Social" nesse trabalho, tem-se como referência o Estado contido no constitucionalismo democrático, ou seja, o Estado Democrático de Direito, fundado na justiça material(79) e, no caso do Brasil, proclamado no art. 1º da Constituição Federal.

Conforme mencionado, a concessão de direitos sociais à massa da população foi o preço da pacificação social necessária ao retorno do funcionamento tranquilo do mercado, "uma constitucionalização insincera mediante normas desprovidas de valor, programáticas, nada mais foi do que um canto de sereias a atrair uma enorme massa de marinheiros. Ainda que tenha evocado a concessão de direitos como estratégia" (MORAES, 2014, p. 275). Ainda assim, o progresso tanto do Estado Social como do atual Estado Democrático de Direito, possibilitados como efeito colateral (mas não pretendido) repousa largamente na efetivação de tais promessas centradas na promoção democrática da igualdade material (MORAES, 2014, p. 276; SOUTO MAIOR, 2020, n.p.).

Com isso, a imposição deixa de ser só de limites negativos e abrange também diretivas positivas. Segundo Ricardo Quartim de Moraes (2014, p. 279), o legislador passa a estar restrito aos fins estabelecidos pela Constituição Federal assim como a qualificação dos interesses públicos é determinada materialmente, variando o nível de vinculação do legislador conforme uma topologia dos interesses que passa a dirigir a lei estatal. Para Sandra Helena Favaretto (2019, p. 56), com a mudança de mentalidade, o Estado passa a proteger os direitos fundamentais, preventiva ou repressivamente, contra qualquer tipo de ameaça, um agir positivamente consistente no dever ou imperativo de tutela,

> Por essa razão, mormente diante dos ditames de uma constituição cidadã e dirigente como a brasileira de 1988, é possível interpelar o Estado, judicialmente ou não, por conduta inconstitucional quando ele falha na sua missão de proteger os direitos fundamentais mínimos assegurados pela Carta Magna, seja por meio de omissão ou atuando insuficientemente na proteção daqueles direitos. É nesse contexto que se verifica a outra vertente da proteção estatal, denominada de proibição de proteção insuficiente ou Untermaßverbot, no direito alemão.

---

(78) Ressalta o autor (SILVA, 1988, p. 19) que "a expressão Estado social de Direito manifesta-se carregada de suspeição, ainda que se torne mais precisa quando se lhe adjunta a palavra democrático, como fizeram as Constituições da República Federal da Alemanha e da República espanhola, para chamá-lo Estado social e democrático de Direito. Mas aí, mantendo o qualificativo social ligado a Estado".

(79) Guilherme Guimarães Feliciano (2013, p. 132) sublinha ainda, com zelo, que o Estado Social é aquele que deve assegurar "uma igualdade de oportunidades (igualdade real: 'Gleichheit der Lebenschancen'), que não é uma reles 'justiça de oportunidades', mas também não predetermina uma igualdade de resultados", sendo, esse, o escopo sinóptico de todo o constitucionalismo social".

A intervenção Estatal em prol da proteção e efetivação dos direitos fundamentais, característica do Estado Social, ao ser aplicada, acaba por restringir a liberdade dos indivíduos, sendo esta uma dificuldade inerente à compatibilização entre o modelo liberal e social e à manutenção da liberdade sem abandonar as funções distributivas e evitando a atuação excessiva estatal.

Contudo, como ressalta Norberto Bobbio (2004, p. 14), "não se pode afirmar um novo direito em favor de uma categoria de pessoas sem suprimir algum velho direito, do qual se beneficiavam outras categorias de pessoas". O autor exemplifica que o reconhecimento do direito de não ser escravizado implica a eliminação do direito de possuir escravos.

Apesar de essa concorrência entre os direitos apresentar uma escolha reconhecidamente fácil, trata-se de um excelente exemplo que pode ser estendido para o tema em discussão, de modo que a tutela penal aos direitos laborais, ainda que justificada na valorização máxima do Estado Social e na promoção da justiça social, poderia afetar a livre iniciativa, o livre exercício da atividade econômica e, até mesmo, a liberdade e autonomia contratual, tema que merece ser analisado em tópico próprio.

### 2.1.1. Considerações sobre a fundamentalidade do trabalho

O valor social do trabalho e a livre iniciativa são apresentados como princípios basilares na legitimação do Estado Democrático de Direito, nos termos do no art. 1º, IV da Constituição Federal e, assim como os demais princípios previstos no primeiro artigo, deles decorrerão todos os outros princípios e regras constitucionais.

De acordo com Cláudio Mascarenhas Brandão (2013, p. 267), não se trata de uma mera alteração de natureza topológica. Ao encimar os princípios fundamentais no portal de suas disposições, a Constituição Federal de 1988 evidencia a mudança na disposição introdutória do texto constitucional e "fincou de modo definitivo a opção política de estabelecer tratamento privilegiado ao trabalho como elemento integrante do próprio conceito de dignidade humana e fundamentador do desenvolvimento da atividade econômica", comprometendo-se com a valorização do ser humano.

José Afonso da Silva (2014, p. 107) afirma que a ordem econômica haverá de ter por fim assegurar a todos existência digna (art. 170)[80], assim como a ordem social visará a realização da justiça social (art. 193)[81], a educação, o desenvolvimento da pessoa e seu

(80) Art. 170, CF/88 "A ordem econômica, fundada na valorização do trabalho humano e na livre iniciativa, tem por fim assegurar a todos existência digna, conforme os ditames da justiça social, observados os seguintes princípios (...)".

(81) Art. 193, CF/88 "A ordem social tem como base o primado do trabalho, e como objetivo o bem-estar e a justiça sociais".

preparo para o exercício da cidadania, não sendo meros enunciados formais mas indicadores do conteúdo normativo eficaz da dignidade da pessoa humana. Assim, a atividade do empresário ou do trabalhador somente encontrará guarida se for exercida pelo que ela possa conter de socialmente justo.

Para Cláudio Mascarenhas Brandão (2013, p. 268),

> Sobretudo diante da inexorável correlação a ser feita com o art. 170, que enumera os princípios fundamentadores da ordem econômica, entre os quais se inclui, mais uma vez, a valorização do trabalho humano, ao lado da existência digna (para todos e não apenas para o titular do empreendimento econômico); função social da propriedade (compreendida como função social da empresa ou mesmo do exercício da atividade econômica); busca do pleno emprego (ampliação do acesso ao mercado formal); redução das desigualdades (distribuição da riqueza); e justiça social (justiça distributiva). Tudo isso permeado pelo princípio da dignidade humana, verdadeiro esteio de todo o sistema jurídico brasileiro, princípio essencial e valor-fonte que conforma e inspira todo o ordenamento constitucional vigente.

Não se trata de conferir, ao trabalho, uma proteção meramente filantrópica ou de estabelecê-la, exclusivamente, no plano teórico. Tem-se uma cláusula principiológica de potencialidade transformadora, pelo que ele representa para a própria economia, em virtude da riqueza e do crescimento econômico, como também pelo que simboliza como instrumento de inserção social e de afirmação do ser humano, condições imprescindíveis para atingir o ideal da dignidade humana (BRANDÃO, 2013, p. 268).

O trabalho é apresentado como direito social (art. 6º, CF)[82], recebendo destaque nos arts. 7º ao 11 da Constituição Federal, nos quais é enunciado um conjunto de direitos e garantias que concretizam o direito geral ao trabalho e a proteção ao trabalhador, dentre eles: a garantia do salário, nunca inferior ao mínimo (IV e VII); a mencionada proteção da sua retenção dolosa (X); a duração do trabalho não superior a 8h diárias e a 44h semanais (XIII); e a redução dos riscos inerentes ao trabalho por meio de normas de saúde, higiene e segurança (XXII).

É importante ressaltar que, além das prestações positivas, tais direitos englobam também as liberdades sociais, como a liberdade de adesão sindical (art. 8º, I, CF) e o direito de greve (art. 9º, CF) que não apresenta mais limitações quanto à natureza da atividade ou dos serviços, cabendo, à lei, definir quais serviços e atividades sejam essenciais e dispor sobre o atendimento das necessidades inadiáveis da comunidade (SILVA, 2014,

(82) Art. 6º, CF "São direitos sociais a educação, a saúde, a alimentação, o trabalho, a moradia, o transporte, o lazer, a segurança, a previdência social, a proteção à maternidade e à infância, a assistência aos desamparados, na forma desta Constituição".

p. 306)[83]. Ademais, à lei também cabe estabelecer normas que importam em obrigações estatais no sentido de proporcionar, aos trabalhadores, os direitos assegurados e programados, de modo que toda atuação em outro sentido as infringe (SILVA, 2014, p. 292).

Apesar do destaque atribuído, na Constituição Federal, aos direitos sociais, há a uma corrente minoritária, de acordo com Ingo Wolfgang Sarlet (2011, p. 50), que sustenta que os direitos sociais não recebem o caráter fundamental na constituição[84], o que seria somente aplicável às normas previstas no art. 5º da Constituição Federal, não havendo que se falar na fundamentalidade do Direito do Trabalho.

Uma segunda corrente, porém, advoga que todo direito previsto e consagrado na Constituição Federal, ainda que fora do Título II, que dispõe sobre Direitos e Garantias Fundamentais, é considerado como fundamental (SARLET, 2011, p. 51). A importância da discussão sobre a natureza jurídica está no regime jurídico diferenciado pelo qual os direitos identificados como fundamentais são regidos, sendo conferido, a essas normas, o atributo de serem imediatamente aplicadas, nos termos do art. 5º, § 1º da Constituição Federal[85].

Defende-se, nesse trabalho, a fundamentalidade dos Direitos sociais, dentre eles, o Direito do Trabalho, seja por estarem previstos dentro do Título II, pelo conteúdo (matéria) das normas base do próprio Estado Democrático de Direito, destinado a assegurar o exercício dos direitos sociais, encontrando como objetivo fundamental (art. 4º) a erradicação da pobreza e a marginalização que, conforme afirma Ingo Wolfgang Sarlet (2011, p. 51), estão diretamente vinculadas à dignidade da pessoa humana[86] ou ainda, o que é mais evidente, seja pela previsão no § 2º, art. 5º da Constituição Federal, que "os direitos e garantias expressos nesta Constituição não excluem outros decorrentes do regime e dos princípios por ela adotados, ou dos tratados internacionais em que a República Federativa do Brasil seja parte", de modo a abranger tanto direitos e garantias individuais, quanto sociais, culturais e suas respectivas garantias que desdobram em outros tópicos da Constituição, ainda que externos ao Título II.

---

(83) José Afonso da Silva (2014, p. 292) ressalta que, apesar de não haver norma expressa conferindo o direito ao trabalho, este ressai do conjunto de normas da Constituição sobre o trabalho.

(84) Dentre os autores, mencionados por Ingo Wolfgang Sarlet (2011, p. 50), que compõem a corrente minoritária estão John Rawls, Cass Sunstein e Ricardo Lobos Torres (1989, p. 20).

(85) Art. 5º "Todos são iguais perante a lei, sem distinção de qualquer natureza, garantindo-se aos brasileiros e aos estrangeiros residentes no País a inviolabilidade do direito à vida, à liberdade, à igualdade, à segurança e à propriedade, nos termos seguintes: (...) § 1º As normas definidoras dos direitos e garantias fundamentais têm aplicação imediata".

(86) Para o autor (2011, p. 51), o "ponto de ligação entre a pobreza, a exclusão social e os direitos sociais reside justamente no respeito pela proteção da dignidade da pessoa humana". Ressalta, entretanto, que a pobreza não necessariamente resulta em violação à dignidade da pessoa humana. Na realidade, esta somente é violada quando, a pobreza acaba resultando em exclusão e déficit efetivo de autodeterminação.

Para Ingo Wolfgang Sarlet (2011, p. 53), a nota distintiva de fundamentalidade deve basear-se no conteúdo e no significado da norma, considerando fundamentais aqueles direitos que cuidam da estrutura estatal e social no que toca ao indivíduo, em sentido material e formal, ou apenas material.

Por fim, não se poderia deixar de mencionar que há ainda, na Constituição Federal, um capítulo vinculado ao direito fundamental ao meio ambiente que, de acordo com José Afonso da Silva (2014, p. 320), "integra, na sua complexidade, a disciplina urbanística, mas se revela como social, na medida em que sua concreção importa em prestação do Poder Público".

Entretanto, uma breve observação é devida: enquanto os direitos de primeira dimensão(87) (direitos civis e políticos) compreendem as liberdades clássicas, negativas ou formais, os direitos de segunda dimensão buscam assegurar, aos indivíduos, os direitos sociais, econômicos e culturais, obrigando o Estado a prestações positivas com o fim de realização da justiça social, acentuando o princípio da igualdade; Já os direitos de terceira dimensão encontram fundamento no princípio da solidariedade, sendo marcados pela titularidade difusa ou coletiva a serem exemplificados, por intermédio do Direito à proteção ao patrimônio histórico e cultural da humanidade(88).

No âmbito internacional, dentre as Convenções da OIT, correlacionadas com as condutas que serão analisadas, tem-se a n. 29, promulgada em 25 de junho de 1957 e a Convenção n. 105, promulgada em 14 de julho de 1966, relativas ao trabalho forçado ou obrigatório e à abolição do mesmo.

A Convenção n. 95 concernente à Proteção do Salário, promulgada em 25 de junho de 1957, a Convenção n. 148, sobre a Proteção dos Trabalhadores Contra os Riscos Profissionais devidos à contaminação, promulgada em 15 de outubro de 1986 e a Convenção n. 155 sobre Segurança e Saúde dos Trabalhadores e o Meio Ambiente de Trabalho, promulgada em 29 de setembro de 1994.

Para Gabriela Neves Delgado (2015, p. 189), os direitos trabalhistas estabelecidos nas normas de tratados e convenções internacionais ratificadas pelo Brasil destacam a perspectiva pluridimensional de proteção ao trabalhador, o que reforça a compreensão de que o direito do trabalho é uma das vertentes dos direitos humanos, sobretudo por viabilizar o sustento material do trabalhador, bem como a proteção da integridade física e moral.

---

(87) É realizada adoção do termo "dimensão" por acatar o entendimento da complementariedade de tais direitos, que geram um processo cumulativo e não de alternância, enquanto a expressão "gerações" poderia ensejar a impressão da substituição gradativa de uma geração por outra.

(88) Pelo fato de as demais dimensões do direito se distanciarem do tema que compõe o cerne desse trabalho, elas não serão mencionadas neste estudo.

### 2.1.2. Entre a livre iniciativa e a intervenção estatal para a tutela laboral

Já demonstrada, no primeiro capítulo, a necessidade da intervenção estatal para regular as relações sociais, impedindo a retomada do estado de natureza, bem como que essa interação se dá tanto no aspecto da abstenção quanto no da intervenção, passa-se a questionar se o Estado pode agir de forma interventiva positiva em prol dos direitos laborais, especificamente, nas relações entre particulares e passa-se a indagar qual a medida dessa intervenção. Entende-se que tal discussão deva ser iniciada no que condiz ao aspecto extrapenal, uma vez que, se a resposta ao questionamento for negativa em prol da abstenção e prevalência da autonomia, não haverá que se discutir sequer uma intervenção mais gravosa com possibilidade de restrição da liberdade.

É importante lembrar, ainda, que todos os direitos e garantias fundamentais terão sua eficácia jurídica maximizada pela aplicabilidade imediata. Mesmo as normas ditas programáticas, que imputam um programa de ação e de tarefas ao poder público, terão alguma medida de eficácia ainda que seja para implicar a inconstitucionalidade de atos normativos que não observem os parâmetros constitucionais.

Dessa forma, o Estado é responsável pela preservação dos direitos sociais, tendo força vinculante tanto no que condiz à "eficácia vertical", na relação entre indivíduo e poder público, bem como no âmbito das relações jurídicas entre particulares, denominada de "eficácia horizontal" ou "eficácia externa", em outras palavras, a tutela deve ser ofertada tanto em face do Estado quanto de terceiros, devendo o Estado conservá-los ou, quando já houver violação, aplicar punição ao autor.

Além da fundamentalidade do trabalho, a Constituição Federal prevê o valor social do trabalho como fundamento da República Federativa do Brasil, denominado por José Afonso da Silva (2014, p. 94-95) como "princípio político-constitucional", que se manifesta como fundamento do Estado brasileiro, como indicador do conteúdo normativo eficaz da dignidade da pessoa humana (SILVA, 2014, p. 107), a traduzir opções políticas fundamentais conformadoras da Constituição.

Porém, o caráter social do trabalho encontra-se, literalmente, ao lado da livre iniciativa, que pode ser entendida como a liberdade da empresa e do empresário em definir o objeto da atividade econômica e a livre exploração da atividade destinada à produção ou à circulação de bens ou serviços no mercado. Dessarte, visando fomentar e regulamentar a proteção dessa liberdade, a Constituição Federal estabeleceu princípios que devem ser observados quando da consecução da ordem econômica, como a função social da propriedade e busca do pleno emprego (BELMONTE, 2013, p. 34 *apud* FAVARETTO, 2019, p. 104).

André Ramos Tavares (2020, p. 634) afirma que o modelo produtivo se edifica sobre a livre concorrência (art. 170, IV, CF) e sobre a propriedade privada, na qual estão inclusas a propriedade privada dos meios de produção e a apropriação privada do excedente produzido, elementos que perfazem o regime capitalista específico da Constituição Federal brasileira.

Assim, com esse fundamento, é possível afirmar a regulação das relações privadas pelos interessados, conforme a conveniência e a garantia da liberdade de escolha na atividade profissional, integrante da Constituição Federal de 1988, sendo um dos argumentos apresentados como necessário junto ao fato de que a limitação gerada pelas normas trabalhistas e, em especial, a eventual indisponibilidade na pactuação de condições laborais são responsáveis pela estagnação da economia e do empresário, prejudicando o próprio trabalhador diante do elevado custo dos salários e dos demais direitos trabalhistas, variável popularmente conhecida pela expressão "custo Brasil". Isso alimenta a ideia de que o desmonte dos mecanismos de proteção social, com o pretexto da austeridade fiscal, irá resultar no estímulo aos negócios e, por consequência, no aumento dos empregos (FELICIANO, 2013, p. 29; SOUTO MAIOR, 1999, p. 03).

Sobre o tema, Guilherme Guimarães Feliciano (2013, p. 28) destaca dois pontos de partida para a construção legislativa e/ou hermenêutica do Direito, especialmente, quando diz respeito ao Direito do Trabalho: o primeiro, de feitio liberal, no qual, "privilegia-se um Direito do Trabalho inibidor de instabilidades e tão contido quanto possível, assegurando a autorregulação dos mercados", enquanto, no segundo, de feitio crítico, no qual são incluídas "todas as visões de mundo sensíveis à teoria econômica marxista e ao respeito ao respectivo conceito de práxis, ainda que desconectadas das construções prospectivas do marxismo e dos modelos estatistas que a sua doutrina legou ao mundo", sendo privilegiado um Direito do Trabalho "transformador da realidade".

É perceptível, então, que essa visão do trabalho como mercadoria qualquer e passível de toda forma de contrato (em razão da livre iniciativa) se dá por uma perspectiva do Estado liberal (clássico), caracterizado pelo abstencionismo econômico e que assegura, à iniciativa privada, a realização de qualquer atividade potencialmente lucrativa, o que levou ao desequilíbrio contratual entre as partes e refletiu em um mercado de mão de obra barata, resultando em opressão e miséria, diante da desigualdade de forças econômicas[(89)].

Nota-se que, não por acaso, que os valores sociais do trabalho se encontram junto com a previsão da livre iniciativa, havendo uma interdependência natural observada entre elas, sendo necessário, porém, que haja uma leitura em conjunto com e adequada aos fins do Estado Social.

---

(89) Paulo Bonavides (2013, p. 61), ao criticar o liberalismo, expõe que a igualdade que se arrima no mesmo é apenas formal, e encobre, "sob seu manto, de abstração, um mundo de desigualdades de fato — econômicas, sociais, políticas e pessoais". O autor complementa evidenciando a contradição entre a liberdade do liberalismo e a escravidão social dos trabalhadores.

Além disso, a justificativa de que a busca pelo lucro individual, por intermédio da economia de livre mercado (ilimitada), fornece o melhor mecanismo para a busca do bem comum, pois beneficiaria a todos, é desmistificada por Zygmunt Bauman, que aponta,

> Em oposição dissonante com pronunciamentos políticos destinados a serem reciclados em crença popular — não mais refletidos, questionados nem conferidos —, a riqueza acumulada no topo da sociedade, ostensivamente, não obteve qualquer "efeito de gotejamento"; nem tornou qualquer um de nós, em qualquer medida, mais ricos; nem nos deixou mais seguros e otimistas quanto a nosso futuro e o de nossos filhos; nem tampouco, segundo qualquer parâmetro, mais felizes (BAUMAN, 2015, p. 12-13).

Nesse sentido, a ausência de limitações contratuais pode gerar a ilusão de que o trabalhador vende livremente seu trabalho e, por consequência, escolhe o que melhor lhe aprouver. Entretanto, tal liberdade permite ao empregador arcar com a mínima remuneração em troca do esforço máximo do trabalhador, abusando de suas condições econômicas.

Evaristo de Moraes Filho (1905, p. 9-10) já afirmava, na obra "Direito Operário", publicada em 1905, a descrença nas virtudes da liberdade de trabalho que não admitem regras a fixar as bases do contrato: "elle [empregado] não é um agente livre; que o tempo pelo qual elle empenha seu esforço lhe é imposto pelas circunstâncias; e o capitalismo devorador não abandona a presa enquanto tem a sugar uns restos de sangue e de musculo!" (na grafia da época). O autor acrescenta que:

> Tratando dessa supposta liberdade que preside ao contracto de trabalho, observa que ella é pouca cousa, na pratica; pois, mudando de offìcina, o operário apenas troca uma escravidão por outra. O constrangimento que a vida industrial moderna exerce sobre o operário parece ao grande philosopho e sociólogo inglez mais duro do que o do senhor em relação ao escravo (...) normalmente, a duração do trabalho imposto ao operário, o esforço ao qual elle é submettido e o salário que recebe — são determinados, em tempo e em logar dados, pelo tantum de fadiga e de privações que pôde supportar, sem cessação da funcção vital e da reproductora (MORAES FILHO, 1905, p. 10-11, na grafia da época).

Nota-se que a preocupação, que deveria ter sido superada, aparenta ser atemporal na contínua luta pelo trabalho em condições decentes e, mesmo assim, continua sendo questionada a proteção penal, sendo o bem jurídico apontado como "indigno" de tutela.

Em voto proferido no mencionado Inquérito n. 3.412/Alagoas, ficou demonstrada a divergência, que reina no Supremo Tribunal Federal (STF), no que condiz à proteção penal mesmo diante da conduta de submissão a condições análoga à de escravo[(90)]. Para o Ministro Marco Aurélio (BRASIL, 2012, p. 07-21), o Ministro Dias Toffoli (BRASIL, 2012, p. 37-40), o Ministro Gilmar Mendes (BRASIL, 2012, p. 47-53) e o Ministro Celso de Mello (BRASIL, 2012, p. 54-55), a ausência de caracterização da coação física ou moral, a ponto de impossibilitar reação por parte do trabalhador ou de restringir a liberdade (de ir e vir), caracteriza a mera inobservância de normas trabalhistas e não configura tipo penal, que deve ser ocupar "[d]a tutela dos bens jurídicos mais caros ao indivíduo" (BRASIL, 2012, p. 08), uma vez que "não se presta o Direito Penal a alavancar a afirmação dos direitos e deveres inerentes às relações laborais" (BRASIL, 2012, p. 21), enquanto as condições de alimentação e alojamento expressam também uma opção do trabalhador, "uma vez que maiores despesas em condições de trabalho e alimentação implicam uma redução do salário líquido, que ele poderá levar para casa" (BRASIL, 2012, p. 15)[(91)].

A caracterização desse delito, assim como dos elementos que o compõem, é apresentada em capítulo próprio, porém, já evidencia a necessária reflexão sobre os limites da liberdade contratual entre as partes, bem como traz à tona a questão da validade no suposto consentimento do trabalhador[(92)], ainda que informado, de forma prévia, sobre as condições e sobre o ambiente de trabalho desequilibrado, tais como jornada exaustiva, ou recebimento de salário inferior ao mínimo legal.

Sandra Helena Favaretto (2019, p. 105) advoga que, da mesma forma pela qual se faz necessário assegurar a livre iniciativa para viabilizar o exercício da atividade empresarial, o que pode ocorrer por meio da estipulação do poder diretivo que consiste no direito conferido ao empregador de tomar as medidas (lícitas) necessárias para alcançar os objetivos negociais, tais como organizar a produção, dirigir sua execução e conduzir a prestação de serviços e a exploração econômica, ainda que protegida como direito fundamental, ela deve estar compatível com o bem-estar e com o desenvolvimento de seus trabalhadores, assim como de seus clientes e da comunidade em que atua.

Para Daniel Sarmento (2016, p. 171), não cabe ao trabalhador a celebração de ajustes que sejam condizentes com normas trabalhistas de ordem pública, de forma que

---

(90) O delito sob análise é ressaltado uma vez que, dentre os crimes vinculados a relação laboral, ele (art. 149, CP), é o que menos tem questionada a sua relevância, em que pese discutida a amplitude na sua caracterização. Conforme será demonstrado em capítulo próprio (tópico 4.3.2.1.), trata-se de um tipo penal que recebe maior atenção doutrinária e judicial, em comparação com os demais.

(91) Enquanto a Ministra Rosa Weber (BRASIL, 2012, p. 22-29), o Ministro Luiz Fux (BRASIL, 2012, p. 30-36), a Ministra Cármen Lúcia (BRASIL, 2012, p. 41), o Ministro Ricardo Lewandowski (BRASIL, 2012, p. 42-43) e o Ministro Ayres Britto (BRASIL, 2012, p. 44-46), votaram pela intervenção penal diante da gravidade da violação, ainda que não tenha sido caracterizada, no caso sob julgamento, a restrição da liberdade dos trabalhadores.

(92) Cf. tópico 4.4.

"o empregado não pode aceitar remuneração inferior ao salário mínimo, renunciar às férias ou do repouso semanal remunerado etc.". O autor fundamenta que

> A ideia básica que nutre essas medidas é a de que, em regra, a intervenção estatal ocorre em favor da vontade do empregado, e não contra ela. O trabalhador deseja o que a lei lhe assegura, mas não consegue obtê-lo do patrão em um ambiente de "mercado livre", pois o seu poder de barganha é muito reduzido. É verdade, porém, que muitas vezes são nebulosas as fronteiras entre o empoderamento do mais fraco e o paternalismo, e que há cenários em que a proteção estatal pode atuar de modo efetivamente paternalista, à revelia da vontade da parte mais débil da relação social.

Destaca que a liberdade de negociação por parte do trabalhador é reduzida e que essa redução se faz proporcional com a necessidade do indivíduo que não prescinde do trabalho e até mesmo da economia, fator que também contribui para a flexibilização e precarização dos direitos trabalhistas (SARMENTO, 2016, p. 171).

Um exemplo disso pode ser visualizado no quadro da pandemia da Covid-19, no qual os trabalhadores dos grupos essenciais e dos que se mantiveram trabalhando por circunstâncias socioeconômicas eram as pessoas mais expostas ao risco de contaminação(93). Ainda assim, eles passaram a se submeter a condições de trabalho anteriormente não exigidas, tendo que acatar reduções salariais pelo receio do desemprego. Dessa forma, quanto maior a liberdade concedida, mais o trabalhador se aproxima da sua própria mercancia e, em algum momento, se renderá à necessidade em prol da subsistência.

Paulo Bonavides (2013, p. 59) ressalta que a liberdade do contrato gera a "desumana espoliação do trabalho, a que nem a servidão medieval poderia, com justiça, equiparar", com a exposição dos fracos à sanha dos poderosos pelo domínio econômico.

Para Guilherme Guimarães Feliciano (2013, p. 105), na esfera laboral, o consentimento do indivíduo curva-se à integridade do ser humano, de modo a ser percebida, entre os próprios civilistas, a crescente necessidade de proteção do indivíduo na atividade econômica privada, o que gerou, no âmbito das relações intersubjetivas, uma distensão

(93) Sobre o tema, as autoras do Manifesto Internacional em defesa do Trabalho, abordando a necessidade de mudanças na relação entre o trabalho e o capital, Julie Battilana, Dominique Méda e Isabelle Ferreras (2020, n.p), afirmam que: "Há tempos, a gestão de empregos e insumos na área da saúde têm sido conduzida sob a ótica do lucro; hoje, diante da pandemia, é revelada a extensão da cegueira a que fomos submetidos diante de tais princípios. (...) A crescente contagem de corpos ao redor do mundo é um lembrete sinistro de que certas coisas nunca devem ser tratadas como mercadorias. Aqueles que continuam discordando acabam por condenar todos com sua ideologia inconsequente. Rentabilidade é uma métrica inaceitável de sucesso quando consideramos nossa saúde e nossas vidas neste planeta. A desmercantilização do trabalho propõe que determinados setores sejam protegidos das ditas 'leis do livre mercado', também garantindo que todas as pessoas tenham acesso a trabalho e às condições dignas atreladas a ele".

do conceito de ordem pública. Acrescenta que, em outras ordens jurídicas, o Direito do Trabalho está compreendido como "*droit d'ordre public*[(94)]", associando-se, amiúde, ao Direito Penal, o que resulta na aplicação de sanções penais para pessoas físicas ou jurídicas diante da inobservância de normas jurídico-laborais.

Consoante Nelson Mannrich (2013, p. 579), os direitos fundamentais consistem na máxima expressão de uma ordem axiológica de um sistema de valores que unifica o ordenamento jurídico e encontra, na dignidade da pessoa humana, a sua alma. Por essa razão, há o reconhecimento de uma dimensão objetiva dos direitos fundamentais (não apenas do direito subjetivo em face do Estado), presente, ainda que se entenda pelas relações interprivadas, sendo necessária a intervenção estatal, independente do consentimento. O autor (2013, p. 570-571) observa que já são conhecidos os artifícios praticados com fito de fraudar a lei, como as simulações que causam graves prejuízos à cidadania, ao erário e à própria concorrência saudável, destacando, dentre as causas, a "ausência de sanções mais duras, inclusive de ordem penal, aos infratores que contribuem para a derrocada da Previdência Social e da própria dignidade do trabalhador".

Mais uma vez, é evidenciado que a liberdade não pode ser atribuída, de maneira absoluta, aos indivíduos que compõem a sociedade, nem mesmo no que condiz à relação contratual-laboral, que resultaria em uma submissão alienada pela necessidade, o que, de acordo com Jean-Jacques Rousseau (2013, p. 25), é incompatível com o Direito[(95)].

Segundo Zygmunt Bauman (2015, p. 10) essa submissão é apresentada como uma ameaça à própria democracia em razão do aprofundamento da desigualdade; sendo que "a parafernália cada vez mais escassa, rara e inacessível da sobrevivência e da vida aceitável se torna objeto de rivalidades cruelmente sangrentas (e talvez guerras) entre os bens providos e os necessitados e abandonados".

No modelo instituído pela Constituição Federal de 1988, a livre iniciativa e a liberdade econômica superam a concepção individualista e são apresentadas como manifestações dos direitos fundamentais, atributo da dignidade da pessoa humana em sua dimensão intersubjetiva ou comunitária, sendo expresso o fim de assegurar a todos a existência digna, conforme os ditames da justiça social (art. 170, CF) e como afirmação e realização do indivíduo em suas relações com os demais seres humanos. Instituída a Declaração de Direitos de Liberdade Econômica, a Lei n. 13.874, de 20 de setembro de 2019, e seus preceitos devem estar em harmonia com a ordem social, que tem, como base, o primado da valorização do trabalho e, como objetivo, o bem-estar e a justiça sociais (art. 193, CF).

---

(94) Direito de ordem pública.

(95) Para Jean-Jacques Rousseau (2013, p. 21) "um homem que se torna escravo de outro não se dá; ele se vende, ao menos, para sua subsistência", mas acrescenta "estas palavras – escravidão e direito – são contraditórias e se excluem mutualmente. Seja de um homem para homem, seja de um homem para uma nação".

Segundo André Ramos Tavares (2020, p. 1011-1012), a afirmação constitucional da justiça social impõe restrição não somente ao princípio da livre iniciativa, mas à liberdade em geral, sendo um dos princípios de finalidade comunitarista expressos na Constituição Federal de 1988, "a interferir no contexto da ordem econômica, visando ao implemento das condições de vida de todos até um patamar de dignidade e satisfação, com o que o caráter social da justiça é-lhe intrínseco", tornando possível a afirmação de que a relação entre empregado e empregador, assim como entre os trabalhadores, está vinculada à função social das empresas e dos contratos, constitucionalizado em seu valor humano e, sobretudo, em seu valor social[(96)].

Nesse sentido, Marcos da Silva Pôrto (2016, p. 275) esclarece que os valores da livre iniciativa e do desenvolvimento econômico foram condicionados à observância de outros valores, sendo que

> exsurge com clareza a imperatividade e a prevalência do integral resguardo aos postulados do valor social do trabalho, reconhecidamente o único meio de obtenção da existência diga e atingimento da justiça social para as pessoas não aquinhoadas com direitos de propriedade.[(97)]

Ressalta ainda que a inserção no texto constitucional dos elementos "valorização do trabalho" e "livre iniciativa" não desvela a suposta contradição do acolhimento de ideologias conflitantes ou historicamente antagônicas, mas, "a assunção do desafio da construção de uma sociedade pluralista e democrática, capaz de assegurar oportunidades de crescimento e desenvolvimento humano, e com objetivos de pacificação e harmonia bem definidos" (PÔRTO, 2016, p. 276).

Até mesmo a garantia do desenvolvimento nacional (art. 170, I, CF) como um dos objetivos fundamentais do Estado brasileiro extravasa o contexto econômico (que não deve ser confundido com o crescimento do produto global ou o crescimento do produto

(96) O contrário sequer seria sustentável ao próprio modelo capitalista, fundado na existência dos consumidores que imprescindem de tempo e condições econômicas para o consumo. Em "Capitalismo Parasitário", Zygmunt Bauman (2010, p. 29-30) afirma que a manutenção do capitalismo vivo, na fase líquida da modernidade, é viabilizada por intermédio do crédito, que desempenha a dupla tarefa de permitir a venda de mercadorias pelo capital e a compra, por parte dos consumidores, enquanto, ao Estado, cabe (quando capitalista), a garantia da disponibilidade contínua desse crédito e a habilitação contínua dos consumidores para obtê-lo. Para o autor, na fase líquida da modernidade, o "Estado é 'capitalista' quando garante a disponibilidade contínua de crédito e a a habilitação contínua dos consumidores para obtê-lo".

(97) A afirmação evoca as análises realizadas por Thomas Piketty (2014, p. 233-234), relativas ao avanço da desigualdade. Em sua obra, o autor demonstra a falácia na meritocracia, bem como a dinâmica na relação da distribuição de rendas do capital e rendas do trabalho, sendo que um cidadão que tenha recebido de herança um apartamento terá mais condições de acumular riquezas do que o cidadão que tem que pagar aluguel durante toda sua vida.

*per capita*), tendo em vista que deve repercutir e refletir na melhoria da qualidade de vida dos seres humanos, tais como na redução da desigualdade, na extirpação do analfabetismo, etc.

De acordo com André Ramos Tavares (2020, p. 1013-1014), "as implicações que estão contidas no princípio do desenvolvimento nacional são extremamente relevantes no contexto brasileiro, devendo o legislador implementá-las com a celeridade que a matéria está a demandar", ressaltando, como faz Amartya Sen (2010), outras variantes das quais dependem o desenvolvimento.

Segundo Jorge Luiz Souto Maior (1999, p. 20),

> o Direito do Trabalho atribui um valor ao trabalho, não em decorrência das possibilidades econômicas, mas em consonância com as necessidades humanas, o que dá ao direito um aspecto ético e moral e essa é uma abordagem jurídica, pois a própria Constituição Federal fixou como "princípio fundamental" da República Federativa do Brasil, "a dignidade da pessoa humana" e "os valores sociais do trabalho" (art. 1º, incisos III e IV); fez menção à justiça social (art. 170); estabeleceu que a ordem econômica é "fundada na valorização do trabalho humano" (art. 170, "*caput*") e que visa à "busca do pleno emprego" (art. 170, inc. VIII); e previu que a propriedade privada "atenderá à sua função social" (art. 5º, inc. XXIII, e art. 170, inc. III).

Assim, mesmo que se entenda a livre iniciativa proveniente de um valor do Estado Liberal, deve-se partir do ponto de que a construção legislativa e hermenêutica integre os valores da Constituição Federal de 1988, sob perspectiva liberal democrática a ser ponderada com os valores sociais do trabalho, de modo que esteja subordinada à função social da empresa e ao dever de propiciar melhores condições de vida aos trabalhadores.

Evidenciada, então, a possibilidade de intervenção, passe-se à análise da eventual necessidade da incidência penal. Entretanto, diante da historicidade dos direitos fundamentais, antes, entende-se que também é preciso compreender o que aparenta ser a herança escravagista que pode ser refletida na sociedade e no âmbito jurídico.

## 2.2. O contexto histórico e o legado escravista

Para Ives Gandra da Silva (2011, p. 186), o presente só se compreende à luz do passado, sendo uma herança dentre as todas as possibilidades deste último; da mesma forma que as escolhas realizadas no presente moldam o amanhã. Dessarte, conforme mencionado, apesar de esse trabalho ter como marco temporal a Constituição Federal de 1988, apenas uma análise a partir da Carta Magna não se mostra suficiente ao ser retomada a reflexão sobre a razão de ser do Direito do Trabalho, razão pela qual se propõe um diálogo entre transformação do contexto social e evolução legislativa, discorrendo sobre as conquistas progressivas de tais direitos.

O labor, que já foi utilizado como forma de endurecimento de sanção penal no Código Criminal do Império do Brazil (1830), encontrou em sua origem etimológica, o seu primeiro conceito vinculado à dor, ao castigo e ao esforço, sendo, inicialmente, destinado aos escravos, que eram forçados a trabalhar em troca da sua sobrevivência, enquanto mantinham a rentabilidade da terra do seu dono. Dessa forma, enquanto os escravos trabalhavam, os outros indivíduos tinham resguardados a liberdade e o exercício de atividades nobres, como, por exemplo, a política (FERRARI, 2011, p. 30).

No Brasil, somente com a vigência da Lei Imperial n. 3.353 de 13 de maio de 1888, denominada como Lei Áurea, foi oficialmente extinta a escravidão por intermédio do decreto assinado pela Princesa Imperial Regente Isabel, de modo que, antes desse período denominado como "pré-história do Direito do Trabalho", não se falava em proteção àqueles que eram considerados tais quais coisas (*res*).

Até mesmo o Código Criminal do Império (1830) refletia a discriminação ao serem previstas penas diferentes a homens livres e a escravos, dispositivo que permaneceu vigente até 1886[(98)] e que pode ser utilizado como base para ilustrar essa importante reflexão.

É evidente que não permanecem as previsões de penas distintas a serem impostas de acordo com o autor do delito. Entretanto, a atual distinção das penas, que acabam por contemplar determinadas vítimas, ainda que de acordo com a relevância do bem jurídico violado, atrai a atenção. Ao se comparar um delito de furto (art. 155, CP), que prevê pena de 01 (um) a 04 (quatro) anos, com o delito de frustração de direito assegurado por lei trabalhista (art. 203, CP), que prevê pena de 01 (um) a 02 (dois) anos, a pena máxima do furto é o dobro da prevista para este delito, sendo que não há violência ou ameaça em qualquer dos crimes. Logo, de forma simplória, pode-se apontar que, no primeiro delito, o objeto subtraído estava integrado ao patrimônio enquanto, no segundo, a vítima entregou sua força de trabalho, física ou intelectual, para a realização das atividades econômicas que, por vezes, consistem na única troca na qual o trabalhador pode obter os meios de sobrevivência e, ao ter seu direito fraudado ou frustrado, ele não irá receber, adequadamente, pelo tempo e esforço empregados.

Ainda a título de reflexão, o delito de estelionato (art. 171, CP), que remete à fraude, apresenta, no preceito secundário, a pena de 01 (um) a 05 (cinco) anos, e o delito de denunciação caluniosa com fins eleitorais (art. 326-A, Código Eleitoral, alterado pela Lei n. 13.834 de 2019) prevê pena de 02 (dois) a 08 (oito) anos.

---

(98) A pena encontrava previsão no art. 60 do Código Criminal do Império, especificando, para o escravo, a pena de açoites: "Se o réo fôr escravo (...) será condemnado na de açoutes, e depois de os soffrer, será entregue a seu senhor, que se obrigará a trazel-o com um ferro, pelo tempo, e maneira que o Juiz designar. O numero de açoutes será fixado na sentença; e o escravo não poderá levar por dia mais de cincoenta".

Além da distinção já mencionada relativa aos delitos patrimoniais, é visível que a desproporção entre as penas que não ocorre só diante da relevância dos bens jurídicos, afinal, enquanto no furto e no estelionato, trata-se do patrimônio de qualquer pessoa, no art. 203 do Código Penal, a vítima é necessariamente o trabalhador, sendo possível verificar ainda, pela perspectiva do autor da conduta que, nos crimes patrimoniais, os autores tendem a ser pessoas possuidoras de pequeno poder aquisitivo, enquanto nos casos em que ocorre a violação de direito laboral, o autor (empregador ou empresário) tem maior poder aquisitivo do que o da vítima que está em situação de vulnerabilidade.

Isso evidencia um Direito Penal ainda de cunho liberal ao favorecer as classes sociais mais "poderosas" (MARTÍN, 2010, p. 38), inclusive, se a prática de um delito de furto for cometida pelo empregado, aproveitando-se da facilidade proporcionada pela função ou pela confiança que lhe foi depositada, restará qualificado o crime por abuso de confiança, sendo a pena elevada para 02 (dois) a 08 (oito) anos; enquanto o contrário (fraude praticada pelo empregador) não encontra pena equivalente e ainda recebe diversos questionamentos relativos à relevância da tutela existente(99).

Com relação à menção do delito de denunciação caluniosa com fins eleitorais, não é realizada a crítica com o fito de reduzir a importância e os reflexos do delito, mas, sim, com o propósito de demonstrar o interesse legislativo em reformas, alterações e criminalização de determinadas condutas, com imposição de pena significativa, enquanto outros tipos penais são estrategicamente esquecidos, evidenciando o menosprezo ofertado ao trabalho e ao próprio trabalhador, tendo em vista que, ao proteger determinados bens de forma mais expressiva do que outros, além da opção por quais bens decidiu-se proteger, o Estado reflete a ideologia dominante em uma sociedade e inevitavelmente delimita quais grupos serão a clientela do sistema penal.

É evidente que, enquanto a escravidão era legal, havia a tutela da coisificação do ser humano, sendo punido, inclusive, aquele que atentasse contra a escravidão: em Portugal, o auxílio à fuga do escravo podia redundar na escravização de quem o tivesse prestado, ou ainda, caso o autor dessa conduta fosse cristão, seria degradado para o Brasil "para sempre" (PINHO, 1973, p. 49-50)(100).

---

(99) Tal distinção remete à obra "A revolução dos bichos" de George Orwell (2007, p. 106), na qual a desigualdade passa a ser declarada nos princípios que regem a ordem do animalismo, dentre eles, um princípio que remete à igualdade constitucional, entretanto, com uma a ressalva: "todos os bichos são iguais, mas alguns bichos são mais iguais que outros".

(100) Ordenações do Reino, Título XLII: "Defendemos que nenhumas pessoas levem fora de nossos Reinos escravos, para os porem a salvo, e saírem de nossos Reinos, nem lhe mostrem os caminhos por onde se vão, e se possam ir, nem outrossim deem azo, nem consentimento aos ditos escravos para fugirem nem os encubram. E qualquer pessoa, que o contrário fizer, mandamos que sendo achado levando algum escravo para pôr em salvo, aquele que assi levar, sendo Cristão, será degradado para o Brasil para sempre. E sendo Judeu ou Mouro forro, será cativo do senhor do escravo, que assim levava. E sendo Judeu, ou Mouro cativo, será açoutado" (PINHO, 1973, p. 49-50).

A primeira Constituição do Império, outorgada em 1824, se refere vagamente ao exercício laboral, somente para dispor que o trabalho não era proibido se estivesse de acordo com os costumes públicos[(101)], tendo em vista a garantia da proteção da liberdade, da segurança da e propriedade, pela Constituição Política do Império do Brazil[(102)].

Conforme Jair Aparecido Cardoso (2013, p. 28), o Brasil foi o um dos últimos países a tomar medidas, de cunho legalista, para abolir a escravidão, o que foi realizado sem políticas sociais que pudessem absorver a mão de obra proveniente dos ex-escravos. A conservação desse regime foi influenciada pela dominação social e política, coordenada pela manutenção da escravidão pelos proprietários rurais, ainda que o número de escravos fosse maior do que daqueles que os mantinham nessas condições.

Antonio Luigi Negro (2019, p. 141-144) relata que os ex-donos de escravos buscavam manter a supremacia de raça e de classes. Então, quatro meses após a abolição da escravatura, o deputado baiano José Marcelino de Sousa, proprietário de terras e representante da lavoura pleiteou, no parlamento, uma lei para que o trabalho se tornasse obrigação. Por conseguinte,

> em 4 de setembro, o deputado da Bahia apresentou termo aditivo ao projeto de orçamento do Ministério da Agricultura para 1889, autorizando o governo a formular código rural tendo por palavras-chaves o contrato de locação de serviços, a "repressão à vagabundagem por parte dos proletários" (...) Antes de 1888, se o senhorio lutava contra aquilo que via como uma interferência do Estado, desta vez era diferente: agora demandava a lei, a justiça e os poderes públicos bem junto de si, obrigando os outros a fazer algo que jamais faria, isto é, suar trabalhando, dever de todo brasileiro que não fosse senhor (NEGRO, 2019, p. 144).

É fundamental ressaltar que não há muito o que distingue o momento atual em relação às épocas precedentes com a flexibilização de normas jurídicas apresentadas como excessivamente protetivas, pela classe dominante, em detrimento das vozes dos trabalhadores que são abafadas:

> Hoje, as ameaças à vida, à liberdade e à segurança podem vir do poder sempre maior que as conquistas da ciência e das aplicações dela derivadas dão a quem está em condição de usá-las. Entramos na era que é chamada de pós-moderna e é caracterizada pelo enorme progresso, vertiginoso e

(101) Art. 179, XXIV, CF/1824: "Nenhum genero de trabalho, de cultura, industria, ou commercio póde ser prohibido, uma vez que não se opponha aos costumes publicos, á segurança, e saude dos Cidadãos".

(102) Em 1828, a Lei que criou Câmaras Municipais, utiliza o termo "dos empregados", denominando dessa forma o Secretário, o Procurador, Porteiro e ajudantes, bem como Fiscais, Suplentes e Juízes de Paz.

irreversível, da transformação tecnológica e, consequentemente, também tecnocrática do mundo. Desde o dia em que Bacon disse que a ciência é poder, o homem percorreu um longo caminho! O crescimento do saber só fez aumentar a possibilidade do homem de dominar a natureza e os outros homens (BOBBIO 2004, p. 96).

No âmbito criminal, em 1890, o Código Penal dos Estados Unidos do Brazil passou a prever comportamentos que atentassem contra a liberdade do trabalho, sendo tipificadas três condutas como crimes contra o livre gozo e exercício dos direitos individuais. Eram punidas as práticas: (i) de constranger ou impedir o trabalhador de realizar seu ofício(103), (ii) de induzir operários a abandonarem o trabalho diante de recompensa ou de ameaça(104); e (iii) de paralisar o trabalho com a finalidade de se obter redução do serviço (por parte dos funcionários) ou do salário (prática realizada por empregadores)(105). Para Nelson Hungria (1956, p. 21), os delitos acima refletiam a finalidade de proteção dos direitos mínimos reconhecidos e a liberdade do indivíduo no exercício do trabalho, enquanto o Código atual (de 1940), entretanto, preferiu destacá-los em título autônomo.

Conforme Carlos Eduardo França e Rafael Lamera Cabral (2016, p. 637), a Constituição da República dos Estados Unidos do Brasil (1891), conhecida como Constituição de Rui Barbosa, não inseriu os direitos sociais em suas disposições por não se constituir uma demanda consolidada que se configurasse em representação política; havia, na verdade, o peso de um sistema social que refletia os efeitos da herança colonial escravista. Porém, a inviolabilidade do direito à liberdade passou a ser assegurada e, mediante Emenda Constitucional de 1926, passou a ser garantido o exercício laboral, seja moral, intelectual ou industrial. Tais avanços foram consideráveis, na medida em que foram estendidas as garantias constitucionais a toda a população(106). Tratava-se, ao que aparenta, de uma vertente da liberdade assegurada ao cidadão da mesma maneira como já havia sido disposta, no Código Penal de 1890, a proteção à liberdade que se estendia à liberdade do trabalho.

---

(103) Art. 204, CP/1890: "Constranger, ou impedir alguem de exercer a sua industria, commercio ou officio; de abrir ou fechar os seus estabelecimentos e officinas de trabalho ou negocio; de trabalhar ou deixar de trabalhar em certos e determinados dias: Pena – de prisão cellular por um a três mezes".

(104) Art. 205, CP/1890 "Seduzir, ou alliciar, operarios e trabalhadores para deixarem os estabelecimentos em que forem empregados, sob promessa de recompensa, ou ameaça de algum mal: Penas – de prisão cellular por um a três mezes e multa de 200$ a 500$000".

(105) Art. 206, CP/1890 "Causar, ou provocar, cessação ou suspensão de trabalho, para impor aos operarios ou patrões augmento ou diminuição de serviço ou salario: Pena – de prisão cellular por um a três mezes. § 1º Si para esse fim se colligarem os interessados: Pena – aos chefes ou cabeças da colligação, de prisão cellular por dous a seis mezes. § 2º Si usarem de violencia: Pena – de prisão cellular por seis mezes a um anno, além das mais em que incorrerem pela violencia".

(106) Art. 72 da Constituição de 1891, com redação dada pela EC de 1926: "A Constituição assegura a brasileiros e a estrangeiros residentes no paiz a inviolabilidade dos direitos concernentes á liberdade, á segurança individual e á propriedade, nos termos seguintes: § 24. É garantido o livre exercicio de qualquer profissão moral, intellectual e industrial. (Redação dada pela Emenda Constitucional de 3 de setembro de 1926)".

Em 1919, segundo Carlos Eduardo França e Rafael Lamera Cabral (2016, p. 638), o Governo Federal sancionou a primeira lei dispondo sobre as obrigações patronais resultantes de acidentes no trabalho. Em 1923, houve a criação do Conselho Nacional do Trabalho (reorganizado em 1928) e, em 1927, o estabelecimento das leis de assistência e proteção aos menores. Apesar desses avanços, somente a Constituição de 1934, promulgada na Era Vargas, passou a prever direitos de segunda dimensão, marcando a adoção da concepção do Estado Social, mediante a garantia de direitos econômicos e sociais[107], de direitos fundamentais de segunda dimensão, dentre eles os direitos trabalhistas, tais como o salário mínimo, a limitação de lucros, a nacionalização de empresas, a intervenção estatal para normatizar ou orientar forças produtoras, a liberdade de associação e de exercício de qualquer profissão, sendo disciplinada a matéria sindical e sendo conferido amparo à produção e à proteção social do trabalhador, mediante equiparação, bem como a proibição de discriminações, além da garantia de férias e a indenização em caso de dispensa[108].

Consoante Irany Ferrari (2011, p. 55), sob a égide da outorgada Constituição de 1937, denominada "Polaca", foi promulgado o Código Penal de 1940, o qual entrou em vigor em 1942, concedendo proteção jurídica penal à organização do trabalho, justificando a intervenção Estatal no domínio econômico:

> Já não é admissível uma liberdade do trabalho entendida como liberdade de iniciativa de uns sem outro limite que igual liberdade de iniciativa de outros. A proteção jurídica já não é concedida à liberdade do trabalho, propriamente, mas à organização do trabalho, inspirada não somente na defesa e no ajustamento dos direitos e interesses individuais em jogo, mas também, e principalmente, no sentido superior do bem comum de todos. Atentatória, ou não, da liberdade individual, toda ação perturbadora da ordem jurídica, no

(107) Na Constituição Federal de 1988, a ordem econômica e financeira recebeu tratamento bem mais abrangente, conformada por princípios que guardam consonância com seus fundamentos e com sua finalidade maior: assegurar uma existência digna, segundo os ditames da justiça social.

(108) Art. 121 da Constituição de 1934: "A lei promoverá o amparo da produção e estabelecerá as condições do trabalho, na cidade e nos campos, tendo em vista a proteção social do trabalhador e os interesses econômicos do País. § 1º A legislação do trabalho observará os seguintes preceitos, além de outros que colimem melhorar as condições do trabalhador: a) proibição de diferença de salário para um mesmo trabalho, por motivo de idade, sexo, nacionalidade ou estado civil; b) salário mínimo, capaz de satisfazer, conforme as condições de cada região, às necessidades normais do trabalhador; c) trabalho diário não excedente de oito horas, reduzíveis, mas só prorrogáveis nos casos previstos em lei; d) proibição de trabalho a menores de 14 anos; de trabalho noturno a menores de 16 e em indústrias insalubres, a menores de 18 anos e a mulheres; e) repouso hebdomadário, de preferência aos domingos; f) férias anuais remuneradas; g) indenização ao trabalhador dispensado sem justa causa; h) assistência médica e sanitária ao trabalhador e à gestante, assegurando a esta descanso antes e depois do parto, sem prejuízo do salário e do emprego, e instituição de previdência, mediante contribuição igual da União, do empregador e do empregado, a favor da velhice, da invalidez, da maternidade e nos casos de acidentes de trabalho ou de morte; i) regulamentação do exercício de todas as profissões; j) reconhecimento das convenções coletivas, de trabalho".

que concerne ao trabalho, é ilícita e está sujeita a sanções repressivas, sejam de direito administrativo, sejam de direito penal (Exposição de Motivos do Código Penal de 1940).

Sob o argumento de que o Estado, sob suas instituições existentes, não dispunha de meios para a preservação da paz, da segurança e do bem-estar da população, passou-se a prever a proibição da greve, que se mostrava nociva à produção, em outras palavras, "antissocial" (FERRARI, 2011, p. 55). Segundo Nelson Hungria (1956, p. 26-27), o legislador de 1940 concluiu pela coexistência da liberdade política e do intervencionismo temperado.

No âmbito da Constituição de 1937, foram instituídas a Justiça do Trabalho[(109)], a liberdade de escolha de profissão, dentre outros direitos e garantias individuais. O trabalho foi amparado pelo Estado e disposto como dever social[(110)], uma concepção de "obrigação" diante da influência do Estado Novo (influenciado pelo fascismo italiano), o que sinalizava idealizações com um mundo "igualitário", inclusive quanto às obrigações de cada indivíduo, tanto que o Código Penal de 1940 passou a prever a conduta de "vadiagem" como tipo penal[(111)], gerando a criminalização dos indivíduos que não tinham trabalho e nem condições financeiras, dentre eles, ex-escravos, negros ou pobres que, diante da ausência de emprego ou política social, acabavam nas ruas (FERRARI, 2011, p. 56).

Nesse sentido, Luigi Ferrajoli (1995, p. 507) esclarece que a figura do "subproletário" era criminalizada diante da conotação socialmente discriminatória que punia indivíduos declarados sem teto, mendigos que tivessem capacidade para o trabalho e os vagabundos[(112)]. No Brasil, diante da inspiração italiana, especificamente, do Código Rocco de 1930, encontravam tipificação penal as condutas que atentassem contra a organização política e social e contra as atividades industrial, comercial e agrícola, o que

(109) Art. 139 da Constituição de 1937: "Para dirimir os conflitos oriundos das relações entre empregadores e empregados, reguladas na legislação social, é instituída a Justiça do Trabalho, que será regulada em lei e à qual não se aplicam as disposições desta Constituição relativas à competência, ao recrutamento e às prerrogativas da Justiça comum".

(110) Art. 136 da Constituição de 1937: "O trabalho é um dever social. O trabalho intelectual, técnico e manual tem direito a proteção e solicitude especiais do Estado. A todos é garantido o direito de subsistir mediante o seu trabalho honesto e este, como meio de subsistência do indivíduo, constitui um bem que é dever do Estado proteger, assegurando-lhe condições favoráveis e meios de defesa".

(111) Cf. tópico 4.3.2.3.

(112) De acordo com o autor: "El código piamontés de 1859 y más tarde el italiano de 1865 criminalizaban directamente a estas figuras del subproletariado con un capítulo completo de normas penales paradigmáticamente constitutivas: "Los vagabundos legalmente declarados tales — establecía el art. 437 — serán castigados, por este solo hecho, con tres meses de cárcel. La misma pena se aplicará a los vagos que hayan incumplido una admonición precedente»; en el art. 442 se imponía un mes de cárcel a los «mendigos hábiles para el trabajo»; y los arts. 448-449 preveían diversas hipótesis de delitos de sospecha tanto para vagos, vagabundos y mendigos como para «las demás personas sospechosas»" (FERRAJOLI, 1995, p. 507).

evidenciaria inovação derivada da aplicação dos princípios fascistas que, na Itália, tinham como finalidade: a conservação dos bens econômicos de acordo com o interesse estatal, a proteção da normalidade das trocas de produção e o resguardo do desenvolvimento regular das relações coletivas de trabalho.

Apesar do Código Penal de 1940 ter sido instituído antes da Consolidação das Leis Trabalhistas (CLT), é possível afirmar que, apesar da finalidade, ele concedeu maior amparo ao trabalhador do que o Código anterior, criminalizando as ações perturbadoras da ordem jurídica no que concerne ao trabalho, com o argumento de que a *novatio legis* incriminadora abrangeu somente (i) condutas imbuídas de fraude ou violência que se mostrassem contrárias à organização do trabalho e, excepcionalmente, (ii) práticas que atentassem contra o interesse público, ou que, imediatamente, ocasionassem uma grave perturbação da ordem econômica.

A Constituição de 1946, com o capítulo "Da Ordem Econômica e Social", passou a afirmar tanto a organização da ordem econômica em harmonia com os princípios da justiça social bem como os fins de conciliar a livre iniciativa e a valorização do trabalho que era reiterado como obrigação social[(113)]. A inovação mostrou-se, nas normas sobre higiene e segurança no trabalho, como uma das condições a serem observadas pela legislação infraconstitucional.

Fruto da queda de um regime ditatorial, a Constituição Federal de 1988 representou (e representa) a consciência e os desejos da maioria excluída da população, em flagrante contraposição à "programaticidade conservadora-corporativista" das constituições anteriores. Para Ricardo Quartim de Moraes, (2004, p. 280), trata-se de uma Constituição Dirigente que vincula, materialmente, o legislador e impõe a transformação do "*status quo*" mediante o reconhecimento jurídico-constitucional da liberdade de greve, de associação, da jornada de trabalho razoável, em ambiente equilibrado, do direito ao salário mínimo, bem como o reconhecimento às proibições de discriminação nas relações trabalhistas. Tudo isso foi o resultado das reivindicações das classes trabalhadoras, em razão do

> alto grau de opressão e degradação que caracterizava, de modo geral, as relações entre capital e trabalho, não raras vezes, resultando em condições de vida e trabalho manifestamente indignas, situação que, de resto, ainda hoje não foi superada em expressiva parte dos Estados (SARLET, 2011, p. 50).

Para Ingo Wolfgang Sarlet (2011, p. 50), trata-se, em boa parte, de direitos fundamentais de liberdade e igualdade outorgados aos trabalhadores com o intuito de assegurar-lhes autonomia pessoal, não mais apenas em face do Estado, mas, especialmente, em face

(113) Art. 145, da Constituição de 1946: "A ordem econômica deve ser organizada conforme os princípios da justiça social, conciliando a liberdade de iniciativa com a valorização do trabalho humano. Parágrafo único – A todos é assegurado trabalho que possibilite existência digna. O trabalho é obrigação social".

dos denominados "poderes sociais", destacando-se, ainda, a circunstância de que o direito ao trabalho em condições dignas constitui um dos principais direitos fundamentais da pessoa humana.

Assim, as lentas transformações legislativas para o reconhecimento dos direitos laborais que, por anos, esbarravam nos interesses dominantes, não podem ser suprimidas, alienadas ou flexibilizadas em submissão ao capital. Ainda que haja uma margem para composição e discricionariedade contratual, o patamar mínimo essencial deve ser mantido intocado e tutelado pelo âmbito penal se necessário, tanto diante da proibição do retrocesso, que impede a supressão das garantias conquistadas, quanto em razão da vedação da proteção insuficiente.

A Constituição Federal de 1988 solidificou direitos e garantias após longo e pesaroso período de regime de exceção, buscando evitar arbitrariedades por meio de princípios que não podem ser arrancados da nossa legislação, em decorrência do efeito "*cliquet*", também denominado de proibição da "evolução reaccionária" ou princípio da continuidade, consistente na vedação ao retrocesso, ou seja, na proibição de redução dos Direitos Humanos já conquistados e positivados. Assim, obtido determinado grau de realização de direitos, estes passam a constituir uma "garantia institucional e um direito subjectivo" (CANOTILHO, 2002, p. 338; BITENCOURT, 2020, p. 176-177).

Segundo José Joaquim Gomes Canotilho (2002, p. 339)

> a "proibição de retrocesso social" nada pode fazer contra as recessões e crises econômicas (reversibilidade fática), mas o princípio em análise limita a reversibilidade dos direitos adquiridos (...) em clara violação do princípio da proteção da confiança e da segurança dos cidadãos no âmbito econômico, social e cultural, e do núcleo essencial da existência mínima inerente ao respeito pela dignidade da pessoa humana.

Desse modo, os direitos fundamentais devem ser dotados de garantia e de estabilidade em relação às conquistas já alcançadas pela sociedade e em relação ao legislador. Trata-se de direitos que não poderão ser suprimidos pelo Estado, uma vez que "a violação do núcleo essencial efetivado justificará a sanção de inconstitucionalidade relativamente a normas manifestamente aniquiladoras da chamada 'justiça social'" (CANOTILHO, 2002, p. 338). Em outras palavras, qualquer medida tendente a revogar os direitos sociais já regulamentados sem a criação de outros meios alternativos capazes de compensar se torna inconstitucional.

Contudo, não basta que os direitos fundamentais não sejam, formalmente, revogados, é necessário que haja a sua proteção efetiva, o que remete à análise da dupla face do princípio da proporcionalidade.

## 2.3. Entre a dignidade do bem jurídico e a mínima intervenção: A tutela penal a partir da vedação da proteção insuficiente

Mesmo diante da árdua e lenta conquista dos direitos decorrentes das relações trabalhistas, tais direitos ainda carecem de efetividade e, conforme será evidenciado, de adequada e eficiente tutela penal.

Guilherme Guimarães Feliciano (2009, p. 340-341) demonstra que tanto a doutrina quanto a jurisprudência não concedem a atenção necessária e merecida à tutela jurídica dos direitos fundamentais dos trabalhadores e da organização geral do trabalho no âmbito criminal.

Contudo, essa carência já não há como ser justificada na eventual ausência de relevância do bem jurídico, visto que ele encontra respaldo dentre os direitos fundamentais em diversos preceitos constitucionais, bem como obtêm centralidade social, sendo, para a maioria dos seres humanos, uma necessidade(114).

Para Marcos da Silva Pôrto (2016, p. 297), há uma grave crise de efetividade das normas trabalhistas no Brasil, o que ocasiona na incorporação, pela sociedade, de uma cultura de marginalização dos direitos sociais, e, por consequência, do desencadeamento de diferentes processos de apropriação da força de trabalho alheia.

O autor (2016, p. 217-218) afirma, ainda, que

> [a crise] é agravada na medida em que ganha corpo o "novo despotismo do capital" e que o Estado, ao mesmo tempo, tangencia a concretização dos "direitos prestacionais" ou dos "direitos fundamentais de segunda geração ou dimensão". A comutatividade do contrato de emprego, vista deste ponto, dissolve-se, em verdade, ante o desequilíbrio obrigacional gerado por uma combinação de fatores: precariedade do emprego, leniência da norma com a mora salarial e recomposição do dano social dos trabalhadores sem ônus para as empresas infratoras.

Ocorre que os direitos fundamentais não se limitam à função precípua de serem direitos subjetivos de defesa do indivíduo, mas apresentam-se, no âmbito da ordem constitucional, como um conjunto de valores objetivos e de fins diretivos da ação positiva para nortear os atos estatais, de modo a conterem uma ordem dirigida ao Estado no sentido de que, a este, incumbe a obrigação permanente de concretização e a realização dos direitos fundamentais.

---

(114) Segundo Thomas Piketty (2014, p. 272-275), apenas 1% da população mundial, não é assalariada, sendo composta pelas pessoas mais ricas do planeta. Em seguida, 9%, são os vivem de "renda mista", composta parcialmente pela advinda do trabalho (em regra, altos executivos e profissionais liberais de alta especificidade) e de alguns investimentos (renda do capital). No mais, 90% da população, sobrevive com a renda obtida pelo trabalho subordinado, o que revela, para o autor, "mundos distintos", inclusive no decimo superior (os quais prevalecem das rendas do trabalho e, outro, nos quais as rendas do capital são mais relevantes).

O legislador, em seu âmbito de atuação, está vinculado aos interesses materialmente determinados pela Constituição, que dirige a lei e a atuação estatal, estabelecendo critérios concretos para a execução de suas metas de transformação social, cabendo, ao Estado, protegê-los das violações dos bens fundamentais, inclusive por intermédio da intervenção penal (MORAES, 2014, p. 279).

No caso dos direitos sociais, em especial o trabalho, ao tutelar de forma ineficiente, o Estado não só deixa de assegurar a realização de tais direitos com os quais tenha se comprometido, como também impede, diante da inércia, a própria aplicabilidade de outros postulados e princípios constitucionais, como a liberdade do indivíduo trabalhador.

Amartya Sen (2010, p. 361) defende que as liberdades reais dependem de disposições econômicas, sociais e ambientais(115). Destarte, a tutela efetiva dos direitos decorrentes da relação laboral não resguarda somente direitos fundamentais de segunda dimensão(116) mas também a própria liberdade do trabalhador.

Gabriela Neves Delgado (2015, p. 182) pontua que "onde o direito ao trabalho não for minimamente assegurado (por exemplo, com o respeito à integridade física e moral do trabalhador, o direito à contraprestação pecuniária mínima), não haverá dignidade humana que sobreviva". A autora acrescenta que o "dever fundamental de proteção" decorre (ou, ao menos deveria decorrer) do direito fundamental existente. Assim, "quando o Direito se utiliza de regulamentação jurídica, significa, antes de tudo, que ele servirá como suporte de valor para proteger o homem em seus direitos".

Assim, considerando que a dignidade penal do bem jurídico encontra suas bases na fundamentalidade dos direitos laborais e na dignidade da pessoa humana(117), nesse subcapítulo é apresentado o critério da proporcionalidade para aferir se a intervenção penal, mediante a criminalização de determinadas condutas, se mostra adequada, necessária e equilibrada (proporcional), como ferramenta estatal para atender a efetivação e

(115) Para o autor "o trabalhador adscritício nascido na semiescravidão, a menina submissa tolhida por uma sociedade repressora, o desamparado trabalhador sem terra, desprovido de meios substanciais para auferir uma renda, todos esses indivíduos são privados não só de bem-estar, mas do potencial para levar uma vida responsável, pois esta depende do gozo de certas liberdades básicas". Contudo, Amartya Sen (2010, p. 359-360) defende que a responsabilidade de desenvolver e mudar "o mundo consternador, em que vivemos", não deve estar circunscrita somente ao Estado. Para ele, é imprescindível reconhecer a relevância de nossa condição humana e responsabilidade social. A afirmação evoca a Declaração dos Direitos do Homem e do Cidadão (1793), em seu art. XXI: "Os auxílios públicos são uma dívida sagrada. A sociedade deve a subsistência aos cidadãos infelizes, quer seja procurando-lhes trabalho, quer seja assegurando os meios de existência àqueles que são impossibilitados de trabalhar". O tema está vinculado a esta dissertação pois, se a própria sociedade não é capaz de se abster da violação de bens jurídicos, resta ao Estado a intervenção necessária e suficiente para promover a tutela de tais direitos, cf. tópico 2.3.2. e 1.1.

(116) Cf. tópico 2.1.

(117) Ingo Wolfgang Sarlet (2006, 321-322) defende que a dignidade da pessoa humana, na condição de valor e princípio central e fundamental da ordem jurídico-constitucional, também apresenta uma dimensão objetiva, inclusive pelo fato de os direitos fundamentais, pelo menos em princípio, nela encontrarem o seu fundamento e referencial.

a tutela dos direitos decorrentes da relação laboral. Com isso, será tangenciado o tema relativo a (des)proporcionalidade na cominação das penas às condutas ilícitas, imposta pelo legislador.

### 2.3.1. Considerações gerais sobre a proporcionalidade

Decorrente da própria essência dos direitos fundamentais, a máxima da proporcionalidade surgiu por desenvolvimento jurisprudencial do Tribunal Constitucional alemão, no controle das leis restritivas de direitos fundamentais, com estrutura racionalmente definida, com subelementos independentes – a análise da adequação, da necessidade e da proporcionalidade em sentido estrito (ALEXY, 2006, p. 117).

A mencionada regra (ou princípio, para aqueles que, assim, o defendem) não se encontra explícita na Constituição Federal brasileira, mas sua aplicação é uma ferramenta inarredável de hermenêutica jurídica, sobretudo quando se está a tratar de restrição a bens e a direitos fundamentais, tendo em vista a exigência de cumprimento, por parte do legislador, de etapas específicas de análise, gerando a submissão do ato estatal a uma espécie de teste racionalmente definido com um procedimento que se pretende controlável publicamente (SILVEIRA; OLIVEIRA, 2015, p. 5).

Para Luciano Feldens (2012, n.p) a ideia de proporcionalidade está relacionada ao âmbito de proteção do direito fundamental:

> o direito fundamental, e não a proporcionalidade em si, o objeto de violação quando diante de uma ação estatal tida por inadequada, desnecessária ou concretamente excessiva, sendo o exame de proporcionalidade a ferramenta hermenêutica — extraída da dogmática dos direitos fundamentais, a partir do cotejo entre núcleo essencial e espaço de configuração legal do direito — que permite o intérprete aproximar-se, para afirmá-lo, de um juízo de (des) proporcionalidade da medida questionada.

Para tanto, se faz necessária a análise das três máximas parciais da proporcionalidade: adequação, necessidade e proporcionalidade em sentido estrito. Nesse trabalho, a proporcionalidade é relevante no que condiz à legitimidade da intervenção penal que, apresentando graves consequências, somente deve incidir diante das hipóteses mais gravosas que representem demandas justificadoras pela relevância do bem jurídico (proporcionalidade entre o interesse em contraposição com a tutela). E, após afirmada a incidência da norma penal, ela também deve mostrar-se na justa medida do quanto é necessária a pena cominada, de modo que a cominação esteja em equilíbrio com o bem tutelado.

Dessa forma, se a incidência penal possibilita a restrição da liberdade do autor da violação, o bem jurídico a ser tutelado deve ser tão relevante quanto a liberdade. No que condiz ao segundo aspecto, o conceito de proporcionalidade material encontra-se relacionado "ao campo de verificação do significado dos valores objeto de tutela, sendo que uma vez incriminada a conduta afrontosa ao bem jurídico digno de proteção penal, tem lugar a ulterior questão acerca da identificação da medida da resposta sancionatória" (GOMES, 2003, p. 155-156).

Nesse caso, em que pese a definição dos bens jurídicos a serem tutelados esteja baseada na Constituição, a dificuldade consiste em estabelecer a medida da pena, de modo que, "quanto mais incisiva a intervenção penal na esfera jurídica do indivíduo, mais relevante há de ser o interesse geral da coletividade" (GOMES, 2003 p. 170).

Rogério Greco (2009, p. 27) afirma que "cada bem escolhido pelo Direito Penal tem uma importância distinta dos demais, decorrendo daí a necessidade de se individualizar a pena, que é justamente o critério de que se vale o Direito Penal a fim de atribuir a importância que cada bem merece".

No que condiz à proporcionalidade na intervenção, os direitos fundamentais devem ser tutelados tanto no aspecto relativo às proibições de intervenção (*eingriffsverrbote*), como também no que tange ao postulado de proteção (*shutzegebote*), de modo que expressam a proibição do excesso (*übermassverbote*) e, também, as proibições de proteção insuficiente ou imperativos de tutela (*untermassverbote*). Isso gera a observância de um padrão de proteção constitucionalmente adequado, tanto no caráter preventivo quanto repressivo (MENDES; BRANCO, 2018, p. 1023)[118], com o fito de assegurar a proteção de um bem fundamental de modo minimamente eficaz.

Conforme também já defendido, são dignatários de tutela os direitos sociais e de caráter transindividual, diretamente vinculados à dignidade humana, tendo em vista as funções e os limites do Direito Penal em um Estado Democrático (Social) de Direito, que passa por uma reavaliação da concepção de bem jurídico e o seu redimensionamento à luz da nossa realidade (fática e normativa) constitucional, mediante uma releitura face aos novos tempos e ao comprometimento constitucional com a realização da justiça social, a garantir os direitos fundamentais afinados com as exigências da proporcionalidade (SARLET, 2006, p. 319).

---

(118) A respeito do tema, os autores diferenciam, com base na dogmática alemã, o princípio da proporcionalidade como proibição de excesso (übermassverbot) e como proibição de proteção deficiente (*Untermassverbot*): "no primeiro caso, o princípio da proporcionalidade funciona como parâmetro de aferição da constitucionalidade das intervenções nos direito fundamentais, como proibições de intervenção. No segundo, a consideração dos direitos fundamentais, como imperativos de tutela (Canaris), imprime ao princípio da proporcionalidade uma estrutura diferenciada. O ato não será *adequado* quando não proteja o direito fundamental de maneira ótima; não será necessário na hipótese de existirem medidas alternativas que favoreçam ainda mais a realização do direito fundamental; e violará o subprincípio da *proporcionalidade em sentido estrito* se o grau de satisfação do fim legislativo é inferior ao grau em que não se realiza o direito fundamental de proteção" (MENDES; BRANCO, 2018, p. 750-751, grifo dos autores).

Assim, diante dos deveres de proteção do Estado, aquilatados os juízos de dignidade penal e de necessidade de tutela, o legislador passa a ter imposta a obrigação de criminalizar determinadas condutas ou, ainda que já a tenha feito, de analisar a eficiência dessa proteção:

> A proibição de proteção deficiente encerra, nesse contexto, uma aptidão operacional que permite ao intérprete determinar se um ato estatal eventualmente retratado em uma omissão, total ou parcial, vulnera um direito fundamental (pensemos, *v.g.*, na hipótese da despenalização do homicídio). Relaciona-se, diretamente, pois, à função de imperativo de tutela que colore os direitos fundamentais, notadamente no que demandam, para seu integral desenvolvimento, uma atuação ativa do Estado em sua proteção. Sob essa perspectiva, opera como ferramenta teórica extraída do mandado de proporcionalidade e que nessa condição predispõe-se a um controle (de constitucionalidade) sobre determinados atos legislativos, justamente no ponto em que medidas dessa ordem promovam uma indevida retirada de proteção (normativa) que se faz inequivocamente necessária ao adequado desenvolvimento e desfrute do direito fundamental (FELDENS, 2012, n.p).

É importante ressaltar, entretanto, que, aqui, defende-se que essa análise entre dignidade penal e necessidade de tutela se faz maior ou menor a depender tanto da fundamentalidade do direito quanto da existência de mandados de criminalização. Assim, no caso da retenção dolosa do salário(119) e da tutela do meio ambiente do trabalho(120), é evidenciada uma intervenção penal constitucionalmente obrigatória.

Ainda que não se adentre aos mandados de criminalização implícitos, é possível perceber outros dois primas da relação axiológico-normativa entre a Lei Fundamental e o Direito Penal que consistem na intervenção penal constitucionalmente proibida, a estabelecer barreiras na criminalização de condutas, e na intervenção penal constitucionalmente possível, na qual há um paradigma na seleção dos bens jurídicos a serem penalmente tutelados pelo legislador ordinário.

Dessarte, "para o controle de leis restritivas de direitos fundamentais, é indispensável submeter a norma ao exame da adequação, da necessidade e da proporcionalidade

---

(119) José Afonso da Silva (2014, p. 297), ao tratar dos direitos sociais relativos aos trabalhadores, aponta que o crime retenção dolosa do salário, caracteriza apropriação indébita nos termos da legislação penal vigente.

(120) Ingo Wolfgang Sarlet defende que outras normas claramente evidenciam deveres de proteção: "no âmbito dos direitos sociais dos trabalhadores, merecem destaque as normas do art. 7º, inc. X (proteção do salário, na forma da lei), art. 7º, inc. XXVII (proteção legal contra a automação) e art.7º, inc. XX (proteção do mercado de trabalho da mulher), apenas para que se fique na esfera das hipóteses que de forma mais evidente anunciam deveres expressos de proteção por parte do Estado, por meio de medidas legislativas na esfera dos direitos fundamentais" (2006, p. 330).

em sentido estrito, observando-se uma ordem pré-definida entre essas sub-regras da proporcionalidade" (ROBERTO; SILVA, 2012, p. 12).

Apresentadas as linhas gerais referentes à máxima da proporcionalidade, passa-se à análise da vedação da proteção insuficiente.

### 2.3.2. A dignidade penal do trabalho e a vedação da proteção insuficiente

No contexto histórico da pena, foi demonstrado que o Estado se tornou detentor do monopólio da aplicação da força e da solução dos litígios entre os particulares[(121)], ao menos no âmbito penal, tendo o dever de intervir, preventiva ou repressivamente, na tutela de bens jurídicos essenciais para que seja possível a convivência por meio da garantia da paz social.

Para tanto, porém, o legislador deve atender um padrão de proteção, optando por escolhas que, efetivamente, garantam o exercício do direito fundamental ou que salvaguardem o bem jurídico sob pena de ser configurada a insuficiência na tutela diante de omissão ou violação ao compromisso constitucional[(122)], o que não afasta a discricionariedade do legislador (ou do magistrado) no âmbito de atuação. Contudo, a ele, cabe a obrigação de, ao adotar uma medida, observar sua adequação e eficiência diante do nível protetivo exigido pelo direito amparado, cumprindo, a contento, o dever de tutela estatal.

O princípio da vedação à proteção deficiente ou insuficiente pode ser apresentado como um critério com bases constitucionais que, como aspecto positivo do princípio da proporcionalidade, atua como parâmetro de controle das omissões (ou deficiências) estatais, revelando-se na propriedade que os imperativos de tutela possuem de não permitir que a proteção dos direitos fundamentais esteja aquém do mínimo necessário para que seja efetiva.

Assim, apesar da ordem constitucional conferir, ao legislador, margens de ação para definir quais as medidas devem ser adotadas para a tutela penal dos bens jurídicos fundamentais, o mesmo deve ser regido pela proporcionalidade.

Ocorre que, quando o Estado frustra o dever de proteção e atua de modo insuficiente, ficando aquém dos níveis mínimos exigidos constitucionalmente ou mesmo deixando de atuar, restará caracterizada a violação da proibição de insuficiência, de modo que esse princípio atua como critério para aferição da violação de deveres estatais de tutela (SARLET, 2006, p. 334).

---

(121) Cf. tópicos 1.1. e 1.2.1.

(122) Ao tratar dos fundamentos do Direito do Homem, Bobbio (p. 2004, 15) afirma que o problema fundamental em relação aos direitos, "não é tanto o de justificá-los, mas o de protegê-los, o que consiste em um problema de cunho político".

Para Luciano Feldens (2012, n.p), a proibição da proteção insuficiente adquire importância nos casos em que o Estado não puder abrir mão da proteção do Direito Penal para garantir a proteção de um direito fundamental, sugerindo, o autor, que essa infraproteção pode ser diagnosticada a partir de uma análise conglobada entre a faticidade e a normatividade, sendo que, nos casos da primeira hipótese, deve ser realizada por intermédio de dados empíricos não controvertidos, assim aquilatáveis a partir de um certo consenso intersubjetivo; enquanto, no segundo caso, por meio da comparação de sanções utilizadas pelo legislador para obter fins de proteção análogos.

Sidnei Agostinho Beneti (1994, p. 298) ressalta que os direitos sociais não receberam o reforço penal apropriado na Constituição de 1988, "preservando ela basicamente direitos individuais na forma clássica, vindos do individualismo burguês, os quais, em muitos momentos, atuam como verdadeiros bloqueios à realização do elenco de direitos sociais contidos na Constituição". Trata-se da perpetuação da cultura de um liberalismo clássico, caracterizado por uma ideologia de manutenção do *status quo*, que busca a autocontenção estatal em prol dos direitos individuais de uma classe dominante, a afirmar que qualquer ação política transformadora que estiver externa a esse espectro estaria fora do campo de legalidade.

Pondera Lenio Luiz Streck ([20-], p. 241) que o Estado deve responder as necessidades de segurança de todos os direitos, incluindo os prestacionais (direitos econômicos, sociais e culturais), contra agressões provenientes de comportamentos delitivos. Para tanto, deve recorrer aos meios preventivos e repressivos que se mostrarem indispensáveis à tutela da segurança, dos direitos e liberdades dos cidadãos. Acrescenta ([20-], p. 246) que a violação de um direito fundamental de proteção, sob a perspectiva da proteção insuficiente ocorre "quando o Estado abre mão do uso de determinadas sanções penais ou administrativas para proteger determinados bens jurídicos", tendo em vista que a vinculação de todos os atos estatais à materialidade da constituição gera a redução da discricionariedade legislativa.

Assim, sob a perspectiva da fundamentalidade de tais direitos, principalmente no que condiz aos direitos laborais e à dignidade do trabalhador (exceto a conduta de retenção dolosa do salário), é possível afirmar tanto que eles são passíveis de tutela penal quanto que necessitam da mesma, principalmente, diante das garantias dos direitos laborais que se desvanecem na prática, diante da classe dominante a impor retrocessos explícitos na forma jurídica trabalhista, desprezando e, de acordo com Jorge Luiz Souto Maior (2020, n.p.) "passando por cima, inclusive, se preciso for, dos preceitos garantidores da democracia e das liberdades civis que tanto defende para o desenvolvimento de suas atividades empreendedoras", o que evidencia que nenhuma ascensão generalizada na estrutura estamental que caracteriza a sociedade brasileira será admitida. Trata-se, conforme já mencionado da tentativa de perpetuação de um liberalismo clássico, na busca da manutenção dos direitos individuais de uma classe dominante.

Porém, quando nenhuma medida concreta e adequada é tomada ou quando as medidas forem inteiramente inadequadas ou ineficazes, passa-se a ser lícito e conveniente socorrer-se do instrumento penal para defender direitos básicos dos trabalhadores frente a condutas lesivas de gravidade comparável àquelas existentes em outro tipos delitivos na tutela de direitos irrenunciáveis que constituem base do sistema constitucionalmente estabelecido.

Para Ingo Wolfgang Sarlet (2006, p. 327) tanto as normas de cunho programático quanto aquelas definidoras de direitos sociais servem de paradigma na esfera jurídico-penal, pois impõem e legitimam a proteção de bens fundamentais de caráter social e, portanto, podem balizar a discussão em torno, até mesmo, da criminalização ou da descriminalização de condutas no âmbito de um garantismo integral(123).

O autor (2006, p. 332-333) destaca, ainda, que:

> Os desenvolvimentos doutrinários e jurisprudenciais na esfera jurídico-penal, notadamente no concernente à proteção penal de determinados bens fundamentais, constituem, em linhas gerais, uma das mais relevantes manifestações desta dimensão dos direitos fundamentais. Por mais que se queira discutir se a finalidade primeira do direito penal é, ou não, a proteção de determinados bens jurídicos (e se apenas bens fundamentais são dignos da tutela por intermédio do direito penal), certo é que a resposta penal para condutas ofensivas a bens jurídicos pessoais sempre tem por efeito — pelo menos em princípio — a sua proteção, não importando (neste contexto) o quão efetiva é a proteção, quais os seus limites e até mesmo se existe para tanto uma justificativa. Tais considerações, por sua vez, remetem-nos diretamente ao princípio (ou postulado, como preferem alguns) da proporcionalidade e às suas aplicações na esfera jurídico-penal.

Nesse sentido, retomando a afirmação de Luciano Feldens (2012, n.p) sobre a análise da (des)proporcionalidade na comparação de sanções utilizadas pelo legislador para obter fins de proteção análogos, já foram apontadas algumas evidências quanto à proteção insuficiente como a distinção entre as sanções cominadas em abstrato aos crimes contra o patrimônio (furto e estelionato) em comparação ao delito de frustração de direito assegurado por lei trabalhista(124).

---

(123) O garantismo integral abrange tanto o garantismo negativo, que é identificado pelo princípio da proibição de excesso, quanto o garantismo positivo, que determina o imperativo de tutela – também representado na doutrina pelo princípio da proibição deficiente. Dessa forma, o garantismo penal integral ou proporcional é aquele que assegura os direitos do acusado, não permitindo intervenções arbitrárias, desnecessárias ou desproporcionais, e, ao mesmo tempo, também assegura a tutela de outros bens jurídicos relevantes para a sociedade, em consonância com as duas vertentes do princípio da proporcionalidade, a proibição do excesso e a proibição da proteção deficiente (proibição da proteção insuficiente).

(124) Cf. tópico 2.2.

Da mesma forma, é possível afirmar que, mesmo quando é violada a liberdade (bem jurídico passível de ínfimo senão nenhum questionamento sobre a relevância), o legislador, mais uma vez, agiu com disparidade, atribuindo, ao delito de redução a condição análoga à de escravo (art. 149, CP), pena de 02 (dois) a 08 (oito) anos e, ao delito de extorsão mediante sequestro (art. 159, CP), pena de 08 (oito) a 15 (quinze) anos, na modalidade simples, sendo que, em ambos os casos há ofensa à liberdade vinculada ao patrimônio, conforme destaca Guilherme Guimarães Feliciano (2004, p. 74-75).

Em que pese ser realizada a abordagem mais detalhada no capítulo quatro, acredita-se que a menção da discrepância entre a tutela do trabalhador e dos bens jurídicos não relacionados ao trabalho é relevante para demonstrar a omissão, ainda que parcial, na proteção (não) conferida a eles.

Não se poderia deixar de mencionar, também, a tutela (in)existente ao meio ambiente do trabalho, que encontra respaldo formal no art. 132 do Código Penal. Trata-se de delito subsidiário que comina pena de 03 (três) meses a 01 (um) ano, quando a vida ou saúde da vítima for exposta a perigo, podendo chegar a 01 (um) ano e 04 (quatro) meses, em seu patamar máximo, se o risco decorrer do transporte de pessoas para a prestação de serviços em desacordo com as normas legais, diante da causa de aumento de pena prevista no parágrafo único.

Nesse tipo penal, há extrema dificuldade em se estabelecer um comparativo com outro delito. Ainda assim, é possível afirmar a desproporção com a própria relevância do bem jurídico que é colocado em risco em prol do capital. A título exemplificativo, o Código Penal Espanhol prevê pena de até 03 (três) anos diante das condutas que caracterizem a violação das normas de prevenção de riscos laborais e que coloquem em risco a vida, a saúde ou a integridade física do trabalhador (art. 316)[(125)].

No capítulo a seguir, é discutido o caráter de *ultima ratio* do Direito Penal, abordando-se os princípios da fragmentariedade e subsidiariedade penal, ainda em conjunto com o exame de proporcionalidade, além da problemática que envolve a minimização do Direito do Trabalho, diante da flexibilização e da desregulamentação da legislação laboral que poderia tornar um contrassenso à tutela penal.

(125) De acordo com o art. 316 do Código Penal Espanhol: "Aqueles que, em violação das normas de prevenção de riscos laborais, estando legalmente obrigados, não disponibilizam os meios necessários para que os trabalhadores possam exercer a sua atividade com medidas de segurança e higiene adequadas, de forma a colocar em grave risco a sua vida, saúde ou integridade física, serão punidos com pena de reclusão de seis meses a três anos e multa de seis a doze meses" (tradução nossa).

## Capítulo 3

# Os Limites e o Alcance do Direito Penal na Era da Flexibilização Laboral

Em matéria penal, a intervenção estatal se dá de maneira abstrata e concreta. Abstrata, quando determinada conduta é tipificada, de modo que o Estado passa a intervir no âmbito privado ao cominar uma pena, para que tal prática seja inibida; e concreta no contexto de conflito quando, ao ser praticado um delito, passa a existir o interesse do indivíduo lesado na punição e no ressarcimento em face da ofensa praticada. Mas, ainda que a própria vítima não manifeste esse interesse, permanece o dever do Estado em iniciar a persecução penal e aplicar a punição diante da lesão a um bem jurídico protegido, nos casos das ações penais públicas incondicionadas. Assim, diante da tipificação de uma conduta, a intervenção estatal se torna, como regra, obrigatória[126], diante do *jus puniendi*, inclusive pelo monopólio da punição pertencer ao Estado.

O presente capítulo visa complementar a concepção da legitimidade penal, retomando a limitação do *ius puniendi*, mas considerando a vedação do excesso e da subsidiariedade penal que confere, ao Direito Penal em harmonia com o Estado Democrático de Direito, o caráter de *ultima ratio* no sentido de ser o último recurso do sistema jurídico[127]. Embora

(126) Diz-se, em regra, diante da excepcionalidade das ações penais de iniciativa privada, que são promovidas de acordo com o interesse da vítima, nos termos do art. 100, § 2º, CP. Contudo, essas exceções não serão abordadas tendo em vista que as infrações vinculadas ao âmbito laboral que serão analisadas são de iniciativa pública incondicionada.

(127) Rogério Greco (2009, p. 155-157) denomina como "Direito Penal do Equilíbrio" aquele que ocupa uma posição intermediária o qual "busca proteger os bens mais importantes e necessários ao convívio em sociedade", além de preservar o princípio da dignidade da pessoa humana, concedendo, a outros ramos do ordenamento jurídico, força "suficiente para resolução de conflitos sociais de somenos importância" (2009, p. 157). O autor ainda (2009, p. 74-76) afirma a necessidade de que haja um despertar para a realidade do Direito Penal e que sua seletividade recaia somente na parcela marginalizada da sociedade, ressaltando raras exceções que existam somente para justificar a regra. É importante ressaltar, entretanto, que o autor rechaça a responsabilidade criminal da pessoa jurídica nos casos de crimes ambientais por entender que caracteriza violação a natureza subsidiária do Direito Penal.

a apresentação da máxima da proporcionalidade tenha sido feita no Capítulo 2, no tópico 2.3., ela é retomada neste capítulo, especificamente no que condiz com a vedação do excesso na intervenção estatal, uma vez que, ao criminalizar condutas e cominar penas, o legislador deve considerar as consequências jurídicas que surgem do reconhecimento da prática criminosa, buscando reduzir, ao máximo, os efeitos nocivos da intervenção penal, de modo a minimizar a violência e a maximizar a liberdade.

O propósito dessa análise conjunta é o de reforçar as bases da investigação, mediante a exposição, mais precisa, sobre as razões que levam o legislador a justificar ou a afastar a incidência penal diante da violação dos direitos laborais.

## 3.1. Entre a dignidade penal do bem jurídico e a mínima intervenção: a vedação do excesso

O caráter subsidiário do Direito Penal pode ser firmado entre o Estado penal mínimo (abolicionismo), que prega pela exclusão do Direito Penal, e o Direito Penal Máximo (movimento de lei e ordem), que prega pela atuação estatal de forma contundente. Assim, a mínima intervenção rejeita uma postura de onipotência estatal, mas também não retira todo o poder estatal de intervenção, sendo cabível ao estado a proteção e a intervenção equilibradas, sob pena de caracterizar a tutela insuficiente em prol dos direitos fundamentais, conforme analisado no capítulo anterior.

O princípio[(128)] da intervenção mínima ou *ultima ratio* é analisado no aspecto abstrato, a servir de mais uma limitação ao legislador que, ao criar tipos penais ou ao descriminar delitos existentes, deve se ater ao desdobramento deles nos subprincípios da fragmentariedade e da subsidiariedade.

De origem a partir da Revolução Francesa e consagrado pelo Iluminismo, o princípio da intervenção mínima do Direito Penal teve sua origem a partir da Revolução Francesa.

Ricardo Antonio Andreucci (2018, n.p.) ressalta que o contexto no qual foi originado o princípio é completamente diverso do que se apresenta atualmente no Brasil e, por essa razão, defende um "Direito Penal máximo como forma de efetivo controle social da criminalidade, entendido esse como firme e célere resposta legal ao criminoso, através de sanções legítimas e de caráter intimidativo", já que ainda não foi possível retirar da pena seu cunho retributivo.

---

(128) Convém salientar que, ao ser utilizado o termo "princípio", não se desconhece a distinção qualitativa que se realiza entre este e as regras. Entretanto, entende-se que tal distinção ultrapassa o tema deste trabalho, razão pela qual, ao se referenciar ao princípio da mínima intervenção e aos "subprincípios" da subsidiariedade e fragmentariedade, é feito como princípio jurídico-epistemológico a dirigir e a organizar a análise da intervenção penal que não pode ser a *prima facie*.

Para o autor (ANDREUCCI, 2018, n.p.),

> o Direito Penal máximo surge como eficaz resposta social ao crime, na medida em que, através da séria e consciente criminalização das condutas marginais, que representem efetivo perigo para a coletividade, possa preservar e garantir os direitos fundamentais do cidadão de bem. Até porque a criminalização de condutas consideradas de bagatela, ou de condutas que, em princípio, possam aparentemente desmerecer a intervenção do Direito Penal, certamente evitará que outras infrações de maior gravidade ocupem seu lugar, já que a realidade social comprovou, por mais de uma vez, que a progressão criminosa pode ser evitada com a penalização das condutas de menor gravidade.

Apesar dessa concepção, conforme já mencionado, defende-se que em um Estado Democrático de Direito, a política criminal está sujeita aos condicionamentos impostos por tal modelo político social. Sendo a democracia um conceito dinâmico que obriga uma revisão constante do aparato estatal coercitivo, o Estado deve reduzir a coerção ao mínimo indispensável, tornando o Direito Penal a *ultima ratio* na solução de conflitos sociais (BECHARA, 2014, p. 374; BITENCOURT, 2020, p. 103; TOLEDO, 1994, p. 03-06).

Cezar Roberto Bitencourt (2020, p. 113) afirma ainda que "a onipotência jurídico-penal do Estado deve contar, necessariamente, com freios ou limites que resguardem os invioláveis direitos fundamentais do cidadão. Este seria o sinal que caracterizaria o Direito Penal de um Estado pluralista e democrático". Dentre os limites do poder repressivo estatal estão os princípios da fragmentariedade e da subsidiariedade.

Enquanto a fragmentariedade preconiza que o Direito Penal deve tutelar os bens jurídicos essenciais à vida comunitária somente no que condiz com as frações das lesões mais graves, a subsidiariedade reflete a natureza de *ultima ratio*, devendo ocorrer a intervenção punitiva estatal somente quando outros meios menos gravosos não conferirem proteção suficiente ao bem jurídico.

Assim, outros ramos do Direito devem ser aplicados com primazia, enquanto, ao Direito Penal, deve remanescer a interferência quando os demais se mostrarem ineficazes ou insuficientes, o que remete à proporcionalidade e, em especial, à sub-regra da vedação do excesso. Por outro lado, não se poderá renunciar ao Direito Penal quando sua atuação for necessária, dada a imprescindibilidade do bem jurídico a ser protegido e a elevada danosidade social da conduta que o afeta, funcionando, então, o princípio da proporcionalidade em sua dimensão de proibição de proteção deficiente.

Para Ingo Wolfgang Sarlet (2006, p. 334), ao criminalizar condutas (para efetivar seu dever de proteção) há a hipótese do Estado afetar, de modo desproporcional, um direito fundamental corresponde às aplicações correntes do princípio da proporcionalidade como critério de controle de constitucionalidade das medidas restritivas de direitos fundamentais que, nessa perspectiva, atuam como direitos de defesa, a proibir intervenções (direitos subjetivos em sentido negativo). Nesse plano, o princípio da proporcionalidade da proibição de excesso atua como uma das principais fronteiras às limitações dos direitos fundamentais.

Assim, a reserva de lei penal deve configurar-se como reserva legal proporcional: tendo, na proibição de excesso, seu limite máximo e, na proibição de proteção insuficiente, o limite mínimo da intervenção legislativa penal.

Ingo Wolfgang Sarlet (2006, p. 337), ao tratar do postulado da proporcionalidade, na sua função precípua como proibição de excesso, explana sobre cada uma das sub-regras do postulado: a) adequação ou conformidade, no sentido de um controle da viabilidade (isto é, da idoneidade técnica) de alcançar o fim almejado pelo determinado meio; b) da necessidade ou, em outras palavras, da exigência da opção pelo meio restritivo menos gravoso para o direito objeto da restrição para, alguns, designada como critério da exigibilidade; e c) a proporcionalidade em sentido estrito, que exige a manutenção de um equilíbrio proporcional e, portanto, de uma análise comparativa entre os meios utilizados e os fins colimados.

Nesse aspecto, o caráter subsidiário da incidência penal é proposto em conjunto com a análise da proporcionalidade escalonada em seus três níveis, de modo que, mesmo quando justificável pela relevância da incidência penal, essa interferência do Estado deve atender a adequação entre os meios e fins buscados (fomentar a proteção do bem jurídico), a necessidade da medida (mandamento menos gravoso) e a proporcionalidade estrita da restrição imposta, que consiste na ponderação de interesses em conflito, resultando em um Direito Penal comprometido com os objetivos constitucionais.

Afinal, se a mínima intervenção do Direito Penal mostra-se em harmonia com Estado Democrático de Direito, que veda a ação estatal arbitrária, compreendida como aquela que impõe limitações desnecessárias ou excessivas às esferas de liberdade consagradas na Constituição, o exame da proporcionalidade permite melhor aferir uma intervenção legislativa ilegítima(129) diante da finalidade proposta que, nesse estudo, entende-se como a proteção dos bens jurídicos relevantes.

---

(129) Luciano Feldens (2012, n.p) afirma como desproporcional quando da análise houver a percepção de que "(i) não se revela apta à finalidade (de proteção) para a qual instituída (adequação), (ii) representa um sacrifício desnecessário ao direito afetado, considerando que o bem ou interesse protegido (finalidade da norma restritiva) poderia assim estar com a imposição de uma restrição de caráter extrapenal; (iii) a intensidade da restrição imposta ao direito afetado não corresponde, em proporção, e no caso concreto, à importância do fim objetivado pela norma, ou, de outro modo, quando as vantagens causadas pela promoção do fim não são proporcionais às desvantagens causadas pela adoção do meio".

Por outro lado, para que se tenha como legítima, a medida deve passar pelo exame das três sub-regras parciais apresentadas, sendo que a constatação acerca da ausência de atendimento de uma dispensa os passos seguintes. Dessa forma, se a medida for considerada inadequada aos fins propostos, sequer será averiguada a sua necessidade. Da mesma forma, caso seja entendida como idônea a adequação e se, ao se averiguar o segundo nível, a medida for considerada desnecessária, poderá ser afirmada a ausência de proporcionalidade sem que seja analisado o terceiro nível.

Neste estudo, é abordada, ainda, a flexibilização e a precarização dos Direitos laborais, diante das exigências de competitividade e de adaptação ao mundo globalizado e a eventual influência na tutela penal, especialmente face à reforma trabalhista operada pela Lei n. 13.467/2017 como forma de se estabelecer os próprios acidentes no âmbito laboral e a violação de direitos, cada vez mais passíveis de monetizações, seriam aceitáveis na estrutura produtiva atual, quando o discurso do capital(130) e da desburocratização das relações trabalhistas colocam a tutela penal-laboral em aparente contradição(131). Afinal, seria incoerente a proteção de direitos laborais mediante aplicação de penas mais graves quando tais direitos são flexibilizados ou esfacelados.

As questões investigadas nesse capítulo, aliadas às considerações anteriormente realizadas, servem de base para o quarto capítulo do presente trabalho, no qual os tipos penais vinculados com o trabalho e com a dignidade do trabalhador no Brasil são objeto de análise.

### 3.1.1. A adequação na incidência penal para o fomento na tutela dos direitos laborais

Virgílio Afonso da Silva (2014, p. 169-170), esclarece que, quando uma medida estatal implica intervenção no âmbito de proteção de um direito fundamental, necessariamente essa medida deve ter como objetivo um fim constitucionalmente legítimo que, em geral, é a realização de outro direito fundamental.

---

(130) Jorge Luiz Souto Maior (1999, p. 2) apresenta que, no Brasil, o embate entre o Direito do Trabalho e Economia ocorre há, pelo menos, quatro décadas e evidencia que, em 1957, Hélio de Miranda Guimarães escreveu o artigo "Morre o Direito do Trabalho?" que já questionava o futuro desse ramo do Direito frente ao capital que "se cansou de ser pressionado pelo inchaço da legislação trabalhista, que passou a consumir grande parte de seu lucro, e, então, iniciou a substituição da mão de obra pelo robot, de modo que o Direito do Trabalho estaria fadado a desaparecer por sua própria culpa".

(131) No que concerne à tutela do direito à vida e à saúde do trabalhador, de acordo com Luís Augusto Sanzo Brodt e Pedro Paulo da Cunha Ferreira (2017, n.p.), a atribuição demasiada de crédito na carga preventiva dos mecanismos de ressarcimento do dano decorre do esquecimento do "extenso rol de interesses humanos que não são passíveis de compensação mediante uma correspondente prestação econômica". Acrescentam os autores que desse panorama individualista e patrimonialista exsurge "uma substituição paulatina dos direitos fundamentais dos trabalhadores por deveres empresariais de indenização".

A "adequação" é apresentada como uma relação de causa e efeito. O autor analisa se a norma restritiva do direito constitucional alcança os objetivos pelos quais ela foi estabelecida. Trata-se de uma análise linear se a lei restritiva fomenta ou promove os objetivos traçados[132]. Em outras palavras, trata-se do controle da viabilidade, da idoneidade técnica de que seja, em princípio, possível alcançar o fim almejado pelo meio que está sendo objeto de análise. Assim, uma medida somente pode será considerada inadequada se sua utilização não contribuir em nada para fomentar a realização do fim pretendido.

Para Robert Alexy (2008, p. 590) a "otimização presente na máxima da adequação não aponta para um ponto máximo. Essa máxima tem, na verdade, a natureza de um critério negativo. Ela elimina meios não adequados. Um tal critério negativo não determina tudo, mas exclui algumas coisas". Nesse sentido, ele ajusta-se à ideia de uma ordem-moldura e exclui aquilo que não é adequado.

Para Luciano Feldens (2012, n.p.),é preciso identificar, em primeira análise, os fins da proteção da norma "o que passa pela identificação do bem jurídico que busca proteger. Essa constatação constitui um *prius lógico* para a determinação sobre se o legislador incorreu, desde logo, em excesso na atividade criminalizadora".

O autor ressalta que a norma é considerada como inadequada à medida que se propõe a restrição de comportamentos imorais e àqueles que não revelem ameaça a um bem jurídico de terceiro, exemplificando com as condutas que sejam ultrajantes ao pudor (arts. 233 e 234, CP).

Dessa forma, a adequação na intervenção penal pode ser afirmada diante do reforço na tutela dos direitos decorrentes da relação trabalhista e da dignidade do trabalhador, sendo indiscutível que a criminalização de condutas apresenta como finalidade a prevenção da sua prática face ao caráter intimidatório do Direito Penal.

### 3.1.2. A necessidade e a natureza subsidiária da tutela penal

Para Robert Alexy (2008, p. 590), a necessidade da tutela penal é consubstanciada na escolha, dentre os meios aproximadamente adequados, daquele que seja o menos invasivo:

> O que se diz é apenas que, se o legislador quiser perseguir o objetivo escolhido, ele pode adotar apenas o meio mais suave, ou um meio igualmente suave ou um meio ainda mais suave. Isso não é nenhuma otimização em direção a algum ponto máximo, mas apenas a vedação de sacrifícios desnecessários a direitos fundamentais.

(132) Virgílio Afonso da Silva (2014, p. 170) ressalta que a análise da adequação no sentido de "exigência de realização completa do fim perseguido é contraproducente, já que dificilmente é possível saber, com certeza, de antemão, se uma medida realizará, de fato, o objetivo a que se propõe".

Citando o Tribunal Constitucional Federal da Alemanha, Luciano Feldens (2012, n.p.) afirma que a medida seria considerada necessária e exigível "quando o legislador não poderia ter optado por um meio distinto, igualmente eficaz, que não limitasse, ou que o fizesse em menor grau, o direito fundamental".

Ingo Wolfgang Sarlet (2019, 499) apresenta a necessidade como a opção pelo meio restritivo menos gravoso ao direito que será objeto da restrição, sendo que o exame envolve duas etapas de investigação:

> o exame da igualdade de adequação dos meios (a fim de verificar se os meios alternativos promovem igualmente o fim) e, em segundo lugar, o exame do meio menos restritivo (com vista a verificar se os meios alternativos restringem em menor medida os direitos fundamentais afetados).

Sobre o tema, Virgílio Afonso da Silva (2014, p. 172) realiza uma ressalva imprescindível ao apresentar que, a necessidade somente pode ser compreendida como busca do meio menos gravoso quando ambas as medidas em análise sejam igualmente eficientes na realização do objetivo. Contudo, ao se deparar com uma análise na qual a medida mais eficiente seja também a mais gravosa, será decisiva, no exame da necessidade, a eficiência da medida. O autor (SILVA, 2014, p. 172-173) afirma que entender de forma contrária seria o mesmo que sempre defender a omissão do Estado, "pois, embora a omissão seja ineficiente para realizar objetivos que necessitem de uma ação estatal, ela será também, em geral, menos gravosa", além disso, optar pela medida mais eficiente não significa optar pela desproteção ao direito restringido em favor de uma eficiência a todo custo, uma vez que essa proteção é deslocada para a terceira etapa do exame da proporcionalidade.

É importante ressaltar, entretanto que, nas hipóteses para as quais a Constituição estabelece mandados de criminalização, como na tutela ao meio ambiente e na retenção dolosa do salário (art. 225, § 3º e art. 7º, X, CF), a necessidade de tutela jurídico-penal é predeterminada constitucionalmente. Porém, diante do raro caráter universal, essa análise fica dependente de um juízo que envolva a realidade social em suas coordenadas locais e temporais (FELDENS, 2012, n.p.)[133].

O postulado da necessidade evidencia a proximidade com o princípio da mínima intervenção, em especial, com o caráter subsidiário do Direito Penal, que deve ser o último recurso a ser utilizado a tutelar bens jurídicos.

---

(133) Apesar de não reconhecer a obrigatoriedade nos mandados de criminalização, Janaína Paschoal (2003, p. 132-135), afirma que a tipificação de uma conduta pode se dar em **proteção dos direitos sociais**, **desde que haja absoluta e concreta necessidade da medida.** E, para evitar que haja um aumento real dos tipos penais, que acarreta o enfraquecimento do Direito Penal, os direitos penais devem ir até onde, e possam ser exercidos **na medida em que, contribuam para manutenção ou fortalecimento do sistema democrático** (2003, p. 145-146, (grifo nosso).

Assim, ainda que o bem jurídico seja relevante, se outros ramos do Direito puderem, com eficiência, tutelá-lo, não haverá que se falar em intervenção penal a qual se mostraria excessiva e desnecessária, devendo ser a *ultima ratio* e somente incidir diante da falha ou insuficiência dos demais meios de tutela.

Santiago Mir Puig (1982, p. 39-40) afirma que o princípio da subsidiariedade do Direito Penal, o caráter fragmentário e a proteção exclusiva dos bens jurídicos necessários para a sociedade impõem limites ao *ius puniendi*, sendo princípios que "giram em torno da ideia de que não é cabível recorrer a pena quando não é socialmente essencial nem preciso, portanto, [a] prevenção do Direito Penal", tendo em vista que, em um modelo de Estado Social e Democrático de Direito, a pena só é legítima para cumprir uma missão política de regulação ativa da vida social que garante seu funcionamento satisfatório por meio do proteção dos bens dos cidadãos.

Para Winfried Hassemer (1989, p. 71), o Direito Penal somente deve ser utilizado diante de uma conduta digna de punição, considerada como aquela que afeta os interesses fundamentais do indivíduo ou da sociedade, quando outros remédios não forem suficientes. O autor apresenta que o princípio da proporcionalidade complementa o princípio da subsidiariedade diante dos critérios individualizadores no emprego das consequências jurídico-penais, garantindo que não haja desproporcionalidade face à conduta a ser criminalizada. Ele (1989, p. 72) acrescenta, ainda, que a liberdade ou o "princípio *in dubio pro libertate*" a ser aplicado "em caso de dúvida na imposição de punição a uma conduta, [o princípio] inclina a balança em favor da impunidade ou descriminalização"(134), estando intimamente relacionado com as normas da subsidiariedade e proporcionalidade.

Rogério Greco (2009, p. 24-25) afirma que o princípio da intervenção mínima consiste no "coração do Direito Penal mínimo", sendo necessária uma concepção equilibrada e coerente com a realidade social, que apregoa como sendo "a finalidade do Direito Penal a proteção tão somente dos bens necessários(135) e vitais ao convívio em sociedade. Aqueles bens que, em decorrência de sua importância, não poderão ser somente protegidos pelos demais ramos do ordenamento jurídico".

A mínima intervenção é apresentada por Luiz Regis Prado (2019, p. 103) como uma orientação político-criminal que "deriva da própria natureza do Direito Penal e da concepção material de Estado democrático de Direito", inclusive considerando que o

(134) O autor reconhece, porém, que a delimitação da *ultima ratio* se faz problemática diante da baixa confiabilidade e da extraordinária vagueza dos dados existentes sobre a extensão e a importância do crime, razão pela qual ele defende que esta medida deva ser aceita como uma diretriz geral na determinação político-criminal.

(135) Nesse sentido, tal princípio pode ser explicado por meio da missão que possui: a proteção dos bens juridicamente relevantes que estejam no topo da escala de importância. A intervenção mínima da via penal se traduz na atuação desta apenas quando se tratar situações com comprovada necessidade (Gomes, 2003, p. 85).

uso excessivo da sanção criminal (inflação penal) condena o sistema penal a uma função meramente simbólica negativa, reduzindo a proteção dos bens jurídicos, diante do descrédito gerado no próprio ordenamento, que deixa de ser aplicado de forma efetiva, análise compartilhada por autores como Cezar Roberto Bitencourt (2012, p. 97-98) e Guilherme de Souza Nucci (2012, p. 192).

Segundo Guilherme de Souza Nucci (2012, p. 192),

> às condutas infratoras mais graves reserva-se a lei penal, enaltecendo-se o fragmento punitivo máximo do conjunto normativo. Desrespeitar o sentido e a base de sustentação da intervenção mínima somente fomenta o descrédito no Direito Penal, na exata medida em que as autoridades e agentes estatais não aplicam, na prática, as medidas punitivas criminais contra lesões ínfimas, mesmo que previstas, em tese, no ordenamento, como infrações penais.

Para Guilherme de Souza Nucci (2012, p. 191), "a intervenção do Estado é desejável na medida que se acate a liberdade como bem supremo, preservando-se a dignidade da pessoa humana na exata demanda do Estado Democrático de Direito", motivo pelo qual deve ser buscada a intervenção mínima, tendo em vista o poder máximo da esfera penal. Assim, para que não sejam acolhidos abusos ou exageros para imposição e respeito às leis, em especial as penais, devem ser utilizados mecanismos de quantificação da demanda punitiva que consistem na proporcionalidade e razoabilidade[(136)].

Inicialmente, é importante lembrar que o Direito Penal é o ramo que encontra, nos meios de prevenção e repressão, as interferências que, da mesma forma em que são as mais gravosas, mostram-se como as mais intimidadoras, sendo utilizadas em complemento a outros ramos. Assim, a previsão e o resguardo constitucional e civil da propriedade tornam possível a existência dos crimes contra o patrimônio, como acontece também com a conduta de se conduzir embriagado (art. 306, CTB). Isso posto, o caráter subsidiário tem como referência um instituto não penal, de modo que a tutela penal não está a criar uma "proteção nova", mas a complementar aquela existente nos demais ramos, somente quando "esgotadas as medidas punitivas extrapenais permanecendo a reiteração do ato lesivo, capaz de gerar rupturas indesejáveis na paz social, lança-se mão do tipo penal incriminador, viabilizando-se a intervenção penal" (NUCCI, 2012, p. 191).

---

(136) É importante ressaltar que, ao se falar em princípio da razoabilidade, o mesmo não pode ser concebido como sinônimo da proporcionalidade, pois expressa construções jurídicas diversas ainda que detenha objetivos jurídicos semelhantes. Karina Roberto e Nelson Finotti Silva (2012, p. 1.579-1.580) apontam a divisão do princípio da razoabilidade em razoabilidade interna e externa no controle da produção normativa, sendo que a primeira é a aferida dentro da lei, diante de uma relação racional entre seus motivos, meios e fins, enquanto a segunda consiste na adequação dos meios utilizados aos fins admitidos e preconizados pelo texto da Constituição, de maneira que se a lei contrariar valores constitucionais, será ela ilegítima e desarrazoada.

Por outro lado, se não houvesse a proteção extrapenal do ordenamento garantida, não seria possível sequer a existência dos tipos penais, de modo que sempre deve haver intervenções de outras vias jurídicas para que, se estas não se mostrarem como suficientes para a proteção do bem, venha a ser utilizado o Direito Penal. Como justifica Sidnei Agostinho Beneti,

> Porque o Direito Penal é um conjunto de normas jurídicas de nível superior ao das demais normas, porque é um conjunto e normas que vêm em reforço das demais, para o caso de estas falharem, de serem insuficientes a impor o respeito à ordem jurídica. É na Constituição que o Estado condensa o poder de submissão, pela disciplina do próprio poder (BENETI, 1994, p. 296).

Assim, ao que parece, na análise do critério da necessidade, o Direito Penal somente deve intervir se a(s) tutela(s) existente(s) não se mostrar(em) efetiva(s) na proteção do bem jurídico, o que faz retomar, nessa investigação, a vertente da proibição de proteção deficiente apresentada no tópico 2.3.2. Afinal, a incidência penal deve ocorrer de forma subsidiária, diante do reconhecimento da relevância do bem jurídico que não esteja sendo efetivamente protegido, para cumprir com os objetivos constitucionalmente propostos e evitar a violação do princípio da proteção insuficiente.

Ingo Wolfgang Sarlet (2006, p. 339) ressalta que a distinção principal entre as vertentes da proporcionalidade reside na

> intensidade de vinculação do poder público aos respectivos parâmetros, até mesmo por força da diversa vinculação à função defensiva e prestacional dos direitos fundamentais, considerando que é esta última que diz com os deveres de proteção, de tal sorte que no âmbito da proibição de insuficiência é assegurada uma margem significativamente maior aos órgãos estatais, de modo especial ao legislador, a quem incumbe, em primeira linha, eleger e definir as medidas protetivas.[137]

Há, portanto, ao menos, um elo comum inquestionável entre as categorias da proibição de excesso e de insuficiência, que é o critério da necessidade (isto é, da exigibilidade) da restrição ou do imperativo de tutela que incumbe ao poder público.

(137) É afirmada, por outro lado, a existência de "uma substancial congruência (pelo menos no tocante aos resultados) entre a proibição de excesso e a proibição de insuficiência, notadamente pelo fato de que esta encontra-se abrangida pela proibição de excesso, no sentido de que aquilo que corresponde ao máximo exigível em termos de aplicação do critério da necessidade no plano da proibição de excesso, equivale ao mínimo exigível reclamado pela proibição de insuficiência" (SARLET, 2006, p. 338).

Considera-se, então, que, ao atender o critério da necessidade ou exigibilidade, está-se também abordando o princípio da subsidiariedade penal, tendo em vista que, nesse último, a incidência penal legítima deve ser imprescindível para se atingir o interesse perseguido que consiste na eficaz proteção do direito fundamental.

Para a melhor análise dessa exigibilidade, são apresentados dados relacionados à violação de direitos decorrentes da relação laboral que encontram amparo na legislação trabalhista e, por vezes, até mesmo na legislação penal. Entretanto, a (in)efetividade da atual legislação penal-laboral ou do Direito Penal do Trabalho é objeto de análise no próximo capítulo, enquanto, neste, a análise se faz da tutela extrapenal existente em detrimento dos dados empíricos.

Marcos da Silva Pôrto (2016, p. 26) ressalta que, em 2016, o capital e as representações políticas que lhe davam suporte conseguiram sepultar a estruturação dogmática do Direito do Trabalho e sua aplicabilidade prática às relações de trabalho, sendo que

> ganhou corpo na sociedade brasileira um discurso 'modernizante', de clara inspiração liberal, segundo o qual a legislação trabalhista brasileira é anacrônica, confusa, retrógrada, ultrapassada e excessivamente rígida, o que obsta o crescimento das empresas

No mesmo ano, um fato singular retratou esse estado de coisas: a subscrição, por vinte dos vinte e sete ministros do Tribunal Superior do Trabalho, de um manifesto intitulado "Documento em defesa do Direito do Trabalho e da Justiça do Trabalho no Brasil" (2016, p. 1-2), realçando o retrocesso diante do processo de desestruturação do Direito do Trabalho, as marcas da escravidão profundamente arraigadas, evidenciadas tanto pelas denúncias diárias de trabalho forçado quanto pela demora do País em assegurar a efetividade dos direitos elementares.

Para Ingo Wolfgang Sarlet (2006, p. 312), o aumento da opressão socioeconômica, vinculado a menor ou maior intensidade do fascismo societal em um determinado Estado, tem gerado reflexos imediatos no âmbito dos direitos fundamentais, inclusive nos países desenvolvidos, com a "redução e até mesmo supressão de direitos sociais prestacionais básicos (saúde, educação, previdência e assistência social), assim como o corte ou, pelo menos, a 'flexibilização' dos direitos dos trabalhadores", o que agrava não apenas o incremento da criminalidade em geral, mas especialmente o crescimento e a expansão do crime organizado e remete as funções do Direito Penal na sociedade contemporânea[138].

(138) De acordo com Ingo Wolfgang Sarlet (2006, p. 314), "a crise de efetividade que atinge os direitos sociais, diretamente vinculada à exclusão social e falta de capacidade por parte dos Estados em atender as demandas nesta esfera, acaba contribuindo como elemento impulsionador e como agravante da crise dos demais direitos, do que dão conta — e bastariam tais exemplos para comprovar a assertiva — os crescentes níveis de violência social, acarretando um incremento assustador dos atos de agressão a bens fundamentais (como

O Observatório da Erradicação do Trabalho Escravo e do Tráfico de Pessoas(139) relata que, no Brasil, 45.028 trabalhadores foram resgatados em situação de trabalho forçado, entre os anos de 2003 e de 2018, sendo, em sua maioria, migrantes internos ou externos que deixaram suas casas para a região de expansão agropecuária ou para grandes centros urbanos em busca de novas oportunidades ou atraídos por falsas promessas, sendo que 73% das vítimas passaram a exercer a atividade no setor agropecuário.

No âmbito da reflexão da servidão contemporânea, o tomador dos serviços vale-se da pouca instrução e do elevado senso de honra pessoal dos trabalhadores, pessoas humildes e sem escolaridade, para submetê-los a elevadas dívidas, constituídas fraudulentamente com o fito de impossibilitar o seu desligamento voluntário do trabalho. Destarte, voluntariamente, o trabalhador só pode renunciar ao que possui, sua dignidade.

Ainda quando resgatados, os trabalhadores se tornam tão habituados com as condições nocivas e com a servidão que acabam por se submeterem a outro tirano, ou seja, a um contexto de trabalho semelhante ao anterior. Por essa razão, 60% das vítimas resgatadas tornam-se novamente submissas ao trabalho escravo porque a situação de vulnerabilidade socioeconômica permanece, fazendo-os aceitar nova proposta de trabalho precário (SUZUKI, 2017, p. 123)(140).

Contudo, ainda mais surpreendente é a estimativa dos lucros gerados pela prática criminosa que apontam, de acordo com informações da OIT, para US$ 150 bilhões no mundo, em 2014. Por outro lado, estudos realizados em 2005 e em 2009 demonstraram que as vítimas de trabalho forçado deixaram de receber pelo menos US$ 21 bilhões a cada ano em salários não pagos e taxas de recrutamento ilegais(141).

Marcos da Silva Pôrto (2016, p. 1) relata, que "o Brasil é o quarto país do mundo em acidentes fatais de trabalho e, todos os anos, mais de 700 mil acidentes vitimam nossos trabalhadores, criando uma legião de mutilados que têm na Justiça do Trabalho

---

tais assegurados pelo direito positivo), como é o caso da vida, integridade física, liberdade sexual, patrimônio, apenas para citar as hipóteses onde se registram maior número de violações, isto sem falar nas violações de bens fundamentais de caráter transindividual como é o caso do meio ambiente, o patrimônio histórico, artístico, cultural, tudo a ensejar uma constante releitura do papel do Estado democrático de Direito e das suas instituições, também no tocante às respostas para a criminalidade num mundo em constante transformação".

(139) O Observatório Digital, fruto de uma parceria entre o Ministério Público do Trabalho, a Organização Internacional do Trabalho (OIT) e a Universidade de São Paulo (USP), disponibiliza informações e dados sobre trabalho decente, trabalho escravo, segurança e saúde do trabalhador, trabalho infantil e diversidade no trabalho. Os dados estão disponíveis em: Dados disponíveis em: https://smartlabbr.org/trabalhoescravo/localidade/0?dimensao=prevalencia. Acesso em: 19 out. 2020.

(140) De acordo com La Boétie (2017, p. 53), os homens acostumam-se a servir, tendo sido ensinados e criados dessa forma. Porém, se tais indivíduos tivessem "provado a liberdade, era impossível tolerar a servidão".

(141) Informações da OIT disponíveis em: https://www.ilo.org/brasilia/temas/trabalho-escravo/WCMS_393077/lang--pt/index.htm. Acesso em: 08 jan. 2020.

o único caminho para o reconhecimento de seus direitos". Esclarece, ainda, que a vulnerabilidade de trabalhadores, durante as crises, é utilizada como forma de desconstituir direitos e desregulamentar a legislação trabalhista, sendo que a Justiça do Trabalho, neste cenário, torna-se uma espécie de "última" (e, na maioria dos casos, "única") fronteira para o resguardo e para a concretização da fundamentalidade dos direitos trabalhistas. Mas, apesar do seu notório e reconhecido esforço de produtividade, a Justiça do Trabalho acaba por chancelar um sistema altamente vantajoso para as grandes empresas violadoras da ordem constitucional, haja vista sua cultura "conciliacionista" e de excessiva timidez na aplicação de medidas de repressão (2016, p. 313).

No Brasil, em 2018, a Previdência Social registrou 576.951 acidentes de trabalho, sendo que, a cada minuto, um trabalhador sofreu um acidente, e essa marca abrangeu apenas os empregados com carteira assinada. Entretanto, estima-se(142) que, se considerados os trabalhadores informais e os autônomos, esse número poderia ser até sete vezes maior, se aproximando de 4 milhões de acidentados todos os anos. De acordo com o noticiado pelo Tribunal Regional do Trabalho da 4ª região (TRT4), naquele ano, o total gasto pelo país, incluindo auxílios e benefícios, foi de aproximadamente R$ 12 bilhões.

Segundo José Pastore (2011, n.p.), além de atingir a integridade do trabalhador, tais acidentes geram gastos para a Previdência Social com o pagamento de benefícios acidentários e aposentadorias especiais, sendo o valor subestimado porque se refere apenas ao setor formal do mercado de trabalho, não estando integrados os gastos com a acomodação no domicílio, a redução de renda e a interrupção do emprego de familiares. O autor acrescenta que:

> os trabalhadores e os familiares de acidentados e doentes "bancam" uma grande parte dos custos dos acidentes e doenças profissionais. Se elevarmos a relação de 1:4 para 1:6 (que é bastante conservadora), isso daria um aumento de custo de aproximadamente R$ 16 bilhões por ano, passando o subtotal para R$ 71 bilhões [somados ao custo das empresas].
>
> Conclusão: A sociedade brasileira paga cerca de R$ 800 bilhões de salários (dados da RAIS) e gasta R$ 71 bilhões com acidentes e doenças do trabalho — quase 9%. É uma cifra ainda mais estratosférica e que mais do que justifica um esforço adicional de prevenção.

Apesar de não abordar, de forma específica, a tutela e a repressão penal, o pesquisador afirma que a punição isolada "constitui um empreendimento caro, complexo e ineficaz, pois exige um policiamento crescente e permanente", de modo que a percepção dos benefícios

(142) A pesquisa foi realizada pela Fundacentro – Fundação ligada ao Ministério da Economia especializada na pesquisa sobre questões de segurança do trabalho e divulgada pelo TRT4, disponível em: https://www.trt4.jus.br/portais/trt4/modulos/noticias/305976. Acesso em: 13 out. 2020.

da prevenção depende do processo educativo associado à lógica econômica, que define como a apresentação de informações adequadas na equação de custo/benefício praticada pelas empresas, sendo que, no caso do Brasil, o mais urgente consiste na compreensão, por parte dos empresários e dos trabalhadores que a "condição de segurança é parte de um trabalho de boa qualidade de vida o que, por sua vez, é essencial para competir e vencer. No passado, era essencial tornar-se competitivo. Para tanto, não se pode admitir nenhum desperdício — em especial de vidas humanas" (PASTORE, 2011, n.p.).

Sob uma outra perspectiva, mas no mesmo sentido, Janaina Paschoal (2003, p. 120) afirma que a partir do momento em que o Estado passa a ser tomado como devedor de prestações sociais, toma-se esse argumento para o "alargamento do Direito Penal", ganhando cariz de obrigatoriedade diante dos valores sociais constitucionalmente previstos, criando, com isso, um "Direito Penal do terror" marcado pela demagogia e pela ausência de critérios, enquanto a responsabilidade de concretização dos direitos sociais é jogada ao legislador penal. Apesar da autora (2003, p.122) reconhecer a função educativa do Direito Penal, esta não deve ser fundamento isolado para criminalização, "a qual deve sempre ter por base a dignidade e a carência de tutela".

Ao abordar a necessidade da intervenção penal nas relações produtivas, Ney Fayet Júnior e Ricardo Carvalho Fraga (2011, p. 303) salientam que:

> deve-se repelir essa tendência expansionista do direito penal como única e mágica forma de intervenção sobre as questões penais (e sociais), pois estamos, por vias transversas, incorrendo em um neorretributivismo, em vários aspectos, inaceitável neste momento histórico do desenvolvimento da ciência criminológica.

Esses autores (2011, p. 303) afirmam que, previamente, deve-se estabelecer se as medidas de caráter punitivo-criminal têm significado real protetor. Como correspondência, deveria se estabelecer também a avaliação no que tange à existência de outras formas mediante as quais o conflito poderia ocorrer de modo menos traumático, equacionado, defendendo que deve haver, na instância administrativa, a prevenção; e, na cível, a retribuição.

É evidente que as normas penais, por si só, não irão solucionar os problemas relativos a acidentes de trabalho. Entretanto, a proteção atualmente concedida por outras esferas não se demonstra suficiente, inclusive porque a prática de ilícitos, por vezes, parece se mostrar financeiramente vantajosa à empresa.

Para Cameriere e Tula ([19-], p. 172), as normas penais "podem ser comportamentos motivadores de condutas que inibam a transgressão dos regulamentos de higiene e segurança industrial". Destacam a experiência espanhola na qual há uma política criminal em prol da vida, da saúde e da integridade física dos trabalhadores por meio de instrumentos jurídico-criminais eficazes, com pena de prisão e de inabilitação para o exercício de atividade empresarial ou profissional a fim de evitar a repetição de comportamentos negligentes relacionados às medidas de segurança e de higiene no trabalho.

Sobre a ineficiência de outros ramos na tutela, Raimundo Simão Melo (2008, p. 27) afirma que,

> não obstante existam normas legais a respeito do assunto — em alguns aspectos até em demasia —, na prática, tais normas não são efetivamente cumpridas, como mostram as estatísticas de acidentes, porque, se, de um lado, existe a cultura atrasada e perversa de parte do empresariado, de outro, as multas aplicadas administrativamente pelos órgãos fiscalizadores são insuficientes para forçar os responsáveis a manter ambientes de trabalho seguros e salubres. Isto se agrava mais ainda quando as soluções dependem da implementação de medidas coletivas, que são mais caras do que o simples fornecimento de equipamentos individuais, embora mais eficientes na prevenção dos riscos ambientais.

Previstos não somente na Constituição Federal mas também como cláusulas máximas em direitos humanos, a proteção da saúde e da segurança do trabalhador precisa estar garantida por esforços no campo penal, imprescindibilidade evidenciada diante do número de mortes, de acidentes de trabalho e de doenças ocupacionais, de fraudes contratuais, de trabalho em condições análogas à de escravo, demonstrando que a incidência penal é necessária, exatamente pelo caráter incisivo da mesma, que a torna mais efetiva.

A face inibitória pode aparecer como custo da prática criminosa diante da violação das normas que impliquem a perda de renda e bem-estar para o infrator, principalmente considerando que, em decorrência de sua condenação, pode haver repercussões que vão muito além das fronteiras da pessoa jurídica, alterando a alocação de riscos, os ganhos e perdas de empregados, de acionistas, de fornecedores e de consumidores. Nesse sentido, Saad Diniz (2015, p. 163) advoga não somente pela existência da tutela penal, mas também pela necessidade de proteção das relações laborais,

> Quando a proteção dos Direitos Humanos falha e as normativas ancilares — sobretudo a trabalhista — expõem sua fragilidade, surge uma política de natureza criminal como alternativa ao problema. A intimidação própria das normas penais acaba operando aqui um papel de reconciliação e pela extensão de seus efeitos até poderia ser identificada como técnica de 'reforço', dado o insucesso de outras medidas que combatem a submissão de uma pessoa a outra.

Para o autor (2015, p. 169), "o critério que diferencia o âmbito normativo penal do trabalhista segue sendo a intensidade da violação e não sua qualidade de tutela penal das liberdades constitucionais e reforço da proteção dos direitos humanos". Ele propõe, ainda, a compreensão do Direito Penal menos em sua função de garantia e mais em sua função regulatória de superação de fragilidade de Direitos Humanos (2015, p. 170).

De acordo com Javier Arévalo Vela (2012-2013, p. 40), a tendência criminalizadora considera que a sanção penal possibilita reforçar a tutela dos direitos trabalhistas, sendo mais efetiva do que medidas extrapenais. Pontua ainda a seletividade do Direito Penal Laboral no que condiz aos bens jurídicos, para garantir uma proteção mínima de direitos decorrentes da relação trabalhista que transcenderam o Direito do Trabalho, sendo reconhecidos como direitos fundamentais no âmbito interno e externo.

Luis Gracia Martín (2010, p. 31, tradução nossa) apresenta como integrante do "atual Direito Penal moderno, uma pluralidade de novos tipos penais que ampliam a intervenção penal para áreas que, como a atividade econômica, permaneciam em maior ou menor grau fora de alcance"(143) havendo um fenômeno quantitativo que se desenvolve, principalmente, na Parte Especial, a gerar um discurso de resistência. Neste, o Direito Penal é apontado como ilimitado diante da ruptura massiva das garantias que derivam dos princípios de proteção exclusiva dos bens jurídicos, de subsidiariedade e *ultima ratio*, restando um caráter meramente simbólico, o que pode ser evitado se a caracterização ilícita de tais condutas for realizada somente perante outros setores jurídicos (2010, p. 35-36).

É possível afirmar a existência de certo expansionismo penal(144) tendo em vista que novas condutas, com a dinâmica social, passam a exigir uma tutela maior. O reconhecimento de novas demandas por parte do Direito Penal, em especial vinculadas aos grupos historicamente vulneráveis, vai ao encontro dos objetivos propostos na Constituição Federal de 1988 e dos compromissos assumidos pelo Estado brasileiro na promoção de um Estado Democrático de Direito pleno e igualitário, ao traçar o caminho para a construção de um futuro orientado pelos valores de uma sociedade solidária, em busca da paz e do respeito aos direitos humanos fundamentais.

Assim, o mencionado discurso de resistência não se sustenta e, ainda que seja inevitável a expansão do Direito Penal, ela não acarreta, necessariamente, na inflação legislativa, tendo em vista que, da mesma forma como novos bens jurídicos reclamam tutela, outras condutas podem e devem ser descriminalizadas, não necessitando da manutenção da

---

(143) No original: "La doctrina incluye en el actual "Derecho penal moderno», a una pluralidad de *nuevos* tipos penales que amplían la intervención penal a ámbitos que, como por ejemplo la actividad económica, habían permanecido antes en mayor o menor medida fuera de su alcance".

(144) A referência a "expansão penal" é utilizada no sentido de criação de novos crimes. Entretanto, é importante salientar que, não necessariamente se dará mediante a tutela de novos bens jurídicos.

proteção diante da dinâmica social. Luiz Luisi (1987, p. 131) advoga por um novo Direito Penal como resultado de um Brasil democrático. Para tanto, se faz necessária

> [a] demolição de certos mitos, residuais de uma sociedade escravagista, patriarcal, machista e beata. Para completar o novo direito penal brasileiro, cumpre-nos, portanto, elaborar, um elenco de delitos que reflitam a nova estrutura social democrática e principalmente humanitária, que estamos tentando construir neste momento da história brasileira, vencendo arcaísmo, sob os auspícios da ordem e paz.

De acordo com Rogério Greco (2017, p. 127), o princípio da intervenção mínima se presta, também, a fazer com que ocorra a chamada descriminalização:

> Se é com base neste princípio que os bens são selecionados para permanecer sob a tutela do Direito Penal, porque considerados como os de maior importância, também será com fundamento nele que o legislador, atento às mutações da sociedade, que com a sua evolução deixa de dar importância a bens que, no passado, eram da maior relevância, fará retirar do nosso ordenamento jurídico-penal certos tipos incriminadores.

Essa visão minimalista deve ser orientadora ao legislador, na criação e na revogação dos tipos penais que não são mais coerentes com o contexto atual, razão pela qual eles não podem ser confundidos com a inflação (ou hiperinflação) legislativa(145) que é referente ao excessivo número de leis.

### 3.1.3. A proporcionalidade em sentido estrito e a proteção fragmentária do trabalho e da dignidade do trabalhador

Fazendo a correlação entre a teoria do bem jurídico e a intervenção penal mínima, a tutela penal deve se dar somente em prol de um bem jurídico relevante o suficiente para o convívio e a paz social, sendo um bem individualmente considerado, um interesse coletivo ou social.

Porém, é preciso que haja um sopesamento dos direitos envolvidos, para que seja possível evitar, com isso, que medidas estatais restrinjam direitos fundamentais além do que a realização do objetivo visado seja capaz de justificar.

(145) A hiperinflação legislativa e a hipercriminalização (previsão de punição a um expressivo número de condutas), levaria à ineficácia das normas e à insegurança jurídica, uma vez que, dessa maneira, resta evidente que o Estado somente faz uso do castigo como um instrumento de controle e poder, atendendo a interesses conjunturais ou de grupos de pressão. Cezar Roberto Bitencourt (2012, p. 97-98) aponta que "os legisladores contemporâneos, nas mais diversas partes do mundo, têm abusado da criminalização e da penalização", o que afeta não apenas o Direito Penal, mas a sanção criminal, que acaba perdendo sua força intimidativa.

Robert Alexy (2008, p. 117) esclarece que a proporcionalidade em sentido estrito decorre da relativização em face das possibilidades jurídicas. Quando uma norma de direito fundamental com caráter de princípio colide com um princípio antagônico, a possibilidade jurídica para a realização dessa norma depende do princípio antagônico e expressa o que significa a otimização em relação aos princípios colidentes, sendo que uma intervenção intensa somente é justificada se estiver fundamentada com base em razões relevantes. Assim, "quanto maior for o grau de não satisfação ou de afetação de um princípio, tanto maior terá que ser a importância da satisfação do outro" (ALEXY, 2008, p. 593)[(146)].

Ingo Wolfgang Sarlet (2019, p. 499-500) ressalta que a aferição da proporcionalidade de uma medida restritiva há de partir do pressuposto de que a compressão de um direito encontra sua razão de ser na tutela de outro bem jurídico constitucionalmente relevante, de modo que haja uma finalidade constitucionalmente legítima. Trata-se de uma análise comparativa entre os meios utilizados e os fins colimados,

> no sentido do que por muitos têm sido também chamado de razoabilidade ou justa medida, já que mesmo uma medida adequada e necessária poderá ser desproporcional. É neste plano que se realiza a comparação entre a importância da realização do fim e a intensidade da restrição dos direitos fundamentais, pois o que se busca é responder à pergunta sobre se as vantagens causadas pela promoção de determinado fim (ou fins) são proporcionais às desvantagens causadas pela adoção do meio, ou seja, as restrições impostas aos direitos fundamentais.

Luciano Feldens (2012, n.p.) apresenta o "princípio da justa medida" e esclarece que devem ser pesadas as desvantagens dos meios em relação às vantagens dos fins, de modo que o meio utilizado não pode se demonstrar desproporcional (em concreto) em relação ao fim perseguido. Ao final, a intervenção penal será considerada como proporcional se, a partir da constatação de que a gravidade da intervenção e suas razões justificadoras estiverem em adequada proporção, as vantagens da promoção do fim superarem as desvantagens da intrusão no âmbito do direito fundamental restringido.

Salienta o autor (FELDENS, 2012, n.p) que, é pelas lentes da proporcionalidade em sentido estrito, que o juiz deve aferir se a "incidência da norma, a despeito de abstratamente adequada e necessária, não implica, na situação concreta, uma patente desproporção entre o fato praticado, em princípio situado nos domínios do tipo, e a sanção penal prevista no preceito secundário da norma".

---

(146) Para Robert Alexy (2008, p. 118) "a máxima da proporcionalidade em sentido estrito decorre do fato de princípios serem mandamentos de otimização em face das possibilidades jurídicas. Já as máximas da necessidade e da adequação decorrem da natureza dos princípios como mandamentos de otimização em face das possibilidades *fáticas*".

Apesar do trabalho encontrar a fundamentalidade constitucional e relevância no contexto social atual, a criminalização de toda e qualquer prática, mesmo que já considerada como ilícito trabalhista, mostra-se como uma intervenção incisiva (e excessiva) na liberdade dos indivíduos, demostrando inadequação. E, ainda que assim não fosse compreendido, não atenderia os critérios da proporcionalidade em sentido estrito, resultando em uma intervenção excessiva na liberdade dos cidadãos, sendo que algumas violações laborais poderiam perfeitamente serem tuteladas mediante mecanismos extrapenais, quando suficientes para alcançar a efetividade desejada.

Entretanto, se a proporcionalidade na intervenção legislativa é analisada em conjunto com o caráter fragmentário do ordenamento criminal, esse sopesamento entre a intensidade da restrição ao direito fundamental atingido e a importância da realização do direito fundamental que, com ele, colide e que fundamenta a adoção da medida restritiva, passa a assumir lógica diversa.

Diante do postulado da fragmentariedade, há, segundo Luiz Regis Prado (2019, p. 104), uma "tutela seletiva do bem jurídico, limitada àquela tipologia agressiva que se revela dotada de indiscutível relevância quanto à gravidade e intensidade da ofensa [...] quer dizer que o Direito Penal só se refere a uma pequena parte do sancionado pelo ordenamento", de modo que somente serão objeto de criminalização as agressões consideradas socialmente intoleráveis.

De acordo com José Luis Díez Ripollés (2016, p. 136), a fragmentariedade do Direito Penal é compreendida como a "especialização [do Direito Penal] na tutela de pressupostos essenciais para a conveniência externa e a limitação de suas intervenções aos ataques intoleráveis a convivência social". Nesse sentido:

> Se a intervenção penal deve ser mínima, segundo uma valoração racional quanto à importância e à necessidade de tutela penal de determinados bens jurídicos, é preciso, então, que o universo das incriminações somente incida de modo fragmentário, isto é, sobre apenas alguns daqueles bens (jurídicos). E não só. Que incida apenas quando se tratar de danos de maior gravidade, na medida em que a própria intervenção penal é também, por ela mesma, igualmente grave. O que nem de longe implicará qualquer recusa à sua necessidade, quando destinada à proteção de bens jurídicos essenciais à coexistência — tutela penal dos direitos fundamentais — contra ações e condutas tendentes à produção de danos mais graves e relevantes (PACELLI; CALLEGARI, 2016, p. 88).

Defende José Luis Díez Ripollés (2016, p. 136-137) que há na concepção limitadora da fragmentariedade penal uma inversão do raciocínio. Para o autor, "é a gravidade dos ataques o que legitima as duras intervenções do Direito Penal, e não estas que exigem uma limitação do âmbito de tutela". Dessa forma,

> Diante da constatação de que se produzem ataques especialmente graves à convivência, parece razoável que a sociedade, em primeiro lugar, especialize um de seus subsistemas de controle social para afrontar essas agressões; não faz sentido que utilizemos nesses casos os mesmos meios de intervenção que empregamos para as afecções sociais de menor importância. Em segundo lugar, também parece sensato que através desse mecanismo especializado de controle social a sociedade esteja disposta a chegar aonde seja necessário para prevenir esses ataques, a apurar mecanismos de responsabilidade e de sanção socialmente disponíveis.

Seja como princípio limitador (a intervenção penal as lesões mais graves) ou como princípio expansivo, vinculado as afecções sociais mais intoleráveis, a fragmentariedade é apresentada como critério de legitimação da incidência penal. Como decorrente do termo "fragmentário", entende-se o fragmento do todo, seção menor que faz parte de um todo, pedaço ou fração. Trata-se de corolário natural da intervenção mínima, uma vez que o Direito Penal não passa de um fragmento do ordenamento jurídico, feito "um pedaço do todo, apto às funções mais relevantes de interferência na liberdade individual" (NUCCI, 2012, p. 192).

Dessa forma, ao se defender a fragmentariedade do sistema penal, é possível afirmar que o mesmo não encerra um sistema exaustivo de proteção de bens jurídicos, mas um sistema descontínuo de ilícitos decorrentes da necessidade de criminalizá-los diante da imprescindibilidade na tutela jurídica, sendo que o Direito Penal limita-se somente a uma parte dos bens jurídicos protegidos pela ordem jurídica.

Cezar Roberto Bitencourt (2012, p. 101) destaca que "o princípio de fragmentariedade repercute de maneira decisiva tanto na determinação da função que deve cumprir a norma penal como na delimitação de seu conteúdo específico". Tal princípio atua em abstrato, no momento em que o legislador formula a lei, de modo que somente devem ser criminalizadas condutas naqueles fragmentos estritamente necessários.

O autor ressalta, entretanto, que a fragmentariedade não significa lacuna na tutela de certos bens e valores nem na busca de certos fins, mas, sim, limite necessário a um totalitarismo de tutela, de modo pernicioso para a liberdade.

Dessa forma, entende-se que somente as ofensas mais graves devem encontrar criminalização e penalização, sendo necessário atender a limitação imposta de acordo com o grau de lesão ou ameaça de lesão a determinado bem.

A apresentação e análise das infrações penais, juntamente a descrição de seus elementos, é realizada no tópico 4.3. No entanto, é importante ressaltar que o Direito Penal do Trabalho visa reforçar a eficácia das normas trabalhistas, estabelecer padrões mínimos de civilidade nas relações entre o capital e o trabalho, assegurando a regular fruição dos direitos sociais fundamentais em equilíbrio com o exercício regular da vida privada (FELICIANO, 2009, p. 370).

Javier Arévalo Vela (2012-2013, p. 35, tradução nossa) destaca que não seria possível ou conveniente que todos os direitos derivados da relação de emprego fossem abrangidos pela tutela penal. Para o autor, "um indicador objetivo para identificar os bens jurídicos a serem objeto da proteção do penal, consiste nos Tratados sobre Direitos Humanos, as Convenções da Organização Internacional Trabalho (OIT) ou textos constitucionais"(147).

Essa tutela, conforme já é possível perceber, abrange a vida, a integridade (física e psíquica), o patrimônio, ainda que não integralizado, e a liberdade (em sentido amplo) do trabalhador, bens jurídicos que, fora do contexto do trabalho, pouco são objetos de questionamentos.

Inclusive, fora do contexto laboral, se diante da prática de um delito patrimonial, sem violência ou grave ameaça, o autor da conduta restituir o objeto ou reparar o dano causado será beneficiado com uma redução da pena, mas, a condenação, no âmbito criminal, é mantida(148).

Entretanto, quando vinculada ao exercício laboral, a fraude praticada pelo empresário ou empregador em detrimento do trabalhador não recebe o mesmo tratamento. De acordo com Marcos da Silva Pôrto (2016, p. 229), grandes empresas utilizam a violação planejada das normas trabalhistas "como mecanismo de administração de passivos e fragmentação dos direitos sociais historicamente conquistados" sem qualquer responsabilização, pela prática criminosa, no âmbito criminal, ainda que a conduta tenha afetado, financeiramente, o empregado. Luís Augusto Sanzo Brodt e Pedro Paulo da Cunha Ferreira (2017, n.p.) afirmam a vantagem institucional encontrada por empresários que optam até mesmo por não empregar somas significativas de capital em arranjos de segurança e higiene laborais,

> posto que as indenizações e ressarcimento aos quais possam ser condenados a pagar — face a concretização de danos ao trabalhador são exponencialmente

(147) No original: "Creemos que un indicador objetivo para identificar los bienes jurídicos laborales que deben ser objeto de protección penal, lo constituyen los Tratados sobre Derechos Humanos, los Convenios de la Organización Internacional del Trabajo (OIT) y los textos constitucionales, aunque en este último caso no debe olvidarse que no es requisito indispensable que los bienes jurídicos se encuentren consagrados en la Constitución para ser objeto de tutela penal".

(148) O arrependimento posterior encontra previsão no art. 16, CP: "Nos crimes cometidos sem violência ou grave ameaça à pessoa, reparado o dano ou restituída a coisa, até o recebimento da denúncia ou da queixa, por ato voluntário do agente, a pena será reduzida de um a dois terços".

menores em termos quantitativos se comparados aos gastos operacionais que teriam para a instalação e conservação de um sistema permanente de prevenção de riscos.

Tal situação aparenta retomar aos primórdios da aplicação penal quando, mediante composição, os indivíduos com maior poder aquisitivo não recebiam qualquer sanção criminal, enquanto aqueles que não tinham condições de pagar pela prática criminosa suportavam as penas corporais(149).

Trata-se de uma aplicação do Direito Penal não só desproporcional, na comparação da tutela ofertada para bens jurídicos externos à relação de trabalho, mas também em desequilíbrio com a igualdade material. E sequer seria possível justificar a distinção diante da existência do âmbito trabalhista a tutelar as relações entre empregado e empregador, pois, no primeiro caso, há o âmbito civil que ampara a vítima diante da prática de conduta danosa e, ainda assim, a atuação penal é apresentada como necessária à tutela do patrimônio.

Sobre essa tutela seletiva, Rubens Casara (2015, p. 108) ressalta que o sistema de justiça criminal funciona como uma das principais estruturas de contenção da população indesejada à sociedade de consumo, a incidir como forma de controle daqueles que não interessam à produção de mercadorias, não dispõem de poder de consumo ou, ainda, resistem e lutam contra esse estado de coisas. Nessa perspectiva, Lenio Luiz Streck ([20-], p. 225), elucida a predominância de uma persecução penal liberal-individualista,

> as classes mais abastadas da sociedade brasileira mantiveram-se em uma situação extremamente confortável em relação aos estratos sociais economicamente mais carentes, pois praticamente apenas as condutas das parcelas mais pobres e exploradas da população, que não tinham função alguma na reprodução e manutenção de uma determinada ordem sócio-econômica, eram, e ainda em grande parte continuam sendo, destinatárias da aplicação de alguma norma penal incriminadora. De todo modo, é possível dizer, sem maiores rodeios, que o direito penal brasileiro, por ainda guardar característica liberal-individualista na proteção dos bens jurídicos em um país com distâncias sociais tão significativas, continua com forte cheiro de direito penal de classe, ou seja, suas baterias continuam apontadas na direção dos setores mais desfavorecidos da sociedade.

As características específicas dos ilícitos praticados no contexto laboral derivam da assimetria de poder entre o autor e a vítima e encontram suas bases no legado escravista e em um aculturamento da própria legislação penal na tutela de bens patrimoniais,

(149) Cf. tópicos 1.2.1. e 2.2.

de modo que a supressão dessas convicções não se mostra possível por meio de um processo meramente educativo. Ressalta-se que, ao menos no contexto atual, não se mostra possível renunciar a tutela penal que é necessária à proteção dos bens jurídicos como reforço à legislação trabalhista e em reconhecimento aos objetivos constitucionais.

Defende-se, nesse trabalho, que os mencionados bens jurídicos e a dignidade humana não admitem mera quantificação econômica. Imagina-se que, se a vida, a sexualidade e o patrimônio, a título de exemplos, não constituíssem objeto de proteção penal, haveria a incidência da sociedade no estado de natureza tal como apresentado por Thomas Hobbes (1651, p. 59-60), não sendo possível, atualmente, que tais bens sejam objeto de simples indenização. Mesmo porque o Direito Civil e o Direito Administrativo não possuem ferramentas suficientes para conter a produção de risco, sendo que o primeiro se presta a reparar o dano já ocorrido e o segundo não é capaz de gerar a intimidação suficiente para prevenir as atividades de risco, sendo característica do Direito Penal o poder intimidatório para a tutela de condutas de danosidade social e da vulnerabilidade do trabalhador, o qual que dedica toda sua energia física e mental em prol do seu sustento.

Para Ivan Marcelo Melek (2014, p. 59), a existência de um Direito Penal do Trabalho "oferece a possibilidade constitucional de criminalização de ilícitos trabalhistas e afins, pois, como sustenta a doutrina universal moderna, o trabalho humano é projeção da própria personalidade do trabalhador, a ponto de ser confundido com sua própria vida". O autor ressalta, entretanto, a necessidade de compreensão do Direito do Trabalho, de suas premissas principiológicas, de seu histórico e de norma do mesmo modo que as relações laborais devem se encaixar na norma penal, com o respeito à mínima intervenção, sob pena de não ser atingido o objetivo da norma penal no contexto prático.

## 3.2. A Flexibilização do Direito do Trabalho e a (in)coerência no reforço da tutela-penal

Ao utilizar o termo "flexibilização", é importante distinguir a transformação da legislação diante da constante dinâmica social, que necessariamente irá refletir na mudança das instituições e das relações entre os indivíduos em todos os âmbitos — cível, trabalhista ou criminal, da transformação/flexibilização que gera a precarização, justificada por mudanças nos mercados, mecanismos de produção e globalização, para fundamentar a redução substancial da tutela trabalhista, sob alegação de que esta não pode estar rígida, transvestindo a precarização ao desregulamentar a legislação, ao estimular contratações e rescisões sem ônus, atacando o princípio da proteção trabalhista.

Marcos da Silva Pôrto (2016, p. 113) ressalta que a expressão "flexibilização" do Direito do Trabalho, no Brasil, "transformou-se com o passar do tempo num sinônimo de 'modernização' das relações de trabalho, especialmente voltada a assegurar ao capital maior liberdade contratual e, com isso, a redução do custo do trabalho", a impulsionar um movimento reformista que, direta e indiretamente, contribui para a inoperância das normas tutelares no atual cenário das relações de trabalho no Brasil, reduzindo o prestigio da norma trabalhista e, por conseguinte, sua autoeficácia. Sendo a norma trabalhista acusada reiteradamente que é a obsolescência e a obstrução do desenvolvimento econômico.

O Direito Trabalhista não pode ter suas bases violadas, de modo que, a transformação da legislação é possível, necessária e inevitável, porém, para tanto, devem ser respeitadas as conquistas realizadas e a proteção ofertada enquanto houver partes economicamente hipossuficientes, visando coibir exploração excessiva, até porque, à medida que as crises se acentuam, inevitavelmente, os regimes capitalistas buscam a supressão ou a redução dos direitos da classe trabalhadora sob o pretexto de enfrentamento da situação que se apresenta[(150)].

Para Romita (2008, p. 25), a crise econômica dos anos de 1980 levou os empregados, nos países de capitalismo avançado, a exigirem uma maior flexibilidade do mercado do emprego e da organização do trabalho, gerando o questionamento dos direitos laborais. As grandes capitais internacionais buscam investir em países emergentes com potencialidade mercadológica futura e mão de obra mais barata do que nos desenvolvidos, preferindo países nos quais a legislação estatal de proteção ao trabalho não trouxesse embaraços a seus interesses, tanto que tange aos salários quanto aos encargos sociais, além da existência de contratos precários com desligamento sem ônus ao empregador.

Ainda que as investidas do capital contra as garantias laborais podem ser consideradas como "naturais", numa visão mercantilista, na qual o capital busca otimizar seus objetivos lucrativos por meio da exploração do trabalho, isso não significa que tais investidas não devam ser limitadas. Conforme destacam Silveira *et al.* (2019, p. 300-301):

> Não é normal, entretanto, que o Estado se apaixone pelo discurso do capital e crie mecanismos para que o capital consiga seus objetivos, de forma legalmente constituída, mesmo que em prejuízo de toda uma construção cultural de conquistas mínimas dos direitos dos trabalhadores.

---

(150) Ainda que se entenda pela existência de duplo aspecto da flexibilização, denominada como (a) flexibilização *in mellius*, nos casos nos quais as partes têm liberdade para promover os próprios interesses e dispor sobre condições de trabalho mais benéficas aos trabalhadores e, (b) a flexibilização *in pejus*, quando as partes reduzem direitos assegurados legalmente aos trabalhadores, admitida dentro dos limites legais, este tópico se refere a última. Ainda assim, é imprescindível reconhecer que, na prática, o limite jurídico entre tais espécies, torna-se indefinido. Héctor-Hugo Barbagelata (1996, p. 127) afirma confusão entre as distinções principalmente quando "se dá como justificativa de algumas flexibilizações, ou mesmo de desregulamentações, a necessidade de proteger o direito ao trabalho, também tutelado pelas constituições e pelos instrumentos internacionais, ou quando se argumenta, por exemplo, a respeito dos contratos atípicos de trabalho, que é melhor uma flexibilidade controlada do que uma flexibilidade de fato".

Para Ingo Wolfgang Sarlet (2006, p. 310), os interesses privados dos agentes econômicos, entrincheirados no próprio Estado e, por vezes confundidos com os interesses do governo, estão capitaneando o processo de flexibilização, chegando, quase, no aniquilamento de boa parte das conquistas sociais, o que coloca em risco a democracia e enfraquece o papel do Estado na sua condição de promover e assegurar os direitos fundamentais e as instituições democráticas.

Héctor-Hugo Barbagelata (1996, p. 121) afirma que os limites dos "impulsos sociais a favor da flexibilidade" são encontrados diante da evidência de que a insegurança e precariedade do emprego não geram maiores oportunidades, de modo que as opiniões favoráveis são esfaceladas pela constatação de que, ao desaparecerem as garantias tradicionais, a liberdade não passa de uma ilusão[(151)] e acrescenta ser pouco provável que, em sociedades democráticas, a flexibilização seja levada às últimas consequências. O risco, contudo, está na supressão parcial e gradual dessas garantias.

Quanto ao argumento de que a desregulação é o efeito da concorrência provocada pela globalização, Jorge Luiz Souto Maior (1999, p. 15) evidencia que "o capital, que antes patrocinava o bem-estar social, agora suga as reservas dos Estados que poderiam ser destinadas àquele fim. E, concretamente, é difícil lutar contra o avanço dessa situação [...] a própria democracia tende a ruir e é essa a grande armadilha" [(152)]. É exatamente nas condições em que o capital encontra suas fontes de lucro na exploração de mão de obra operária que a tutela dos direitos laborais deve ser fortalecida como forma de não se aproximar à situação anterior à regulamentação.

Ao proferir decisão na Ação Direta de Inconstitucionalidade (ADI 6363- MC-ED DF, p. 5), o Ministro do STF, Ricardo Lewandowski, salientou que, precisamente, nos momentos de crises e adversidade, é essencial que seja conferida a máxima efetividade às normas constitucionais, sob pena de graves e irrecuperáveis retrocessos. De acordo com o ministro (BRASIL, 2020, p. 5), "surge a tentação de suprimir — antes mesmo

---

(151) No mesmo sentido, Jorge Luiz Souto Maior (1999, p. 4) explana que a desregulamentação acaba provocando mais desemprego, em que pese ser defendido como um instrumento de oxigenação, empresas têm aproveitado para racionalizar produção e emprego: "a grande empresa, racionalizando sua produção, reduz o número de empregos protegidos pela legislação trabalhista. Essa mão de obra passa a se voltar para a pequena e média empresa e mesmo para o mercado informal, onde o trabalho não é protegido. Com isso, o nível de desemprego tende a aumentar (...) ainda mais quando se tenha em vista que empregos precarizados e de curta duração, em verdade, equivalem a desemprego".

(152) O tema remete a obra "Como as democracias morrem", na qual os autores advertem que uma das grandes ironias é que a defesa da democracia é muitas vezes usada como pretexto para a sua subversão. As crises econômicas, desastres naturais e, sobretudo, ameaças à segurança facilitam a concentração e o abuso de poder, razão pela qual são utilizadas para justificar medidas antidemocráticas (LEVITSKY; ZIBLATT, 2018, p. 108-109): "A erosão da democracia acontece de maneira gradativa, muitas vezes em pequeníssimos passos. Tomado individualmente, cada passo parece insignificante – nenhum deles aparenta de fato ameaçar a democracia. Com efeito, as iniciativas governamentais para subverter a democracia costumam ter um verniz de legalidade. Elas são aprovadas pelo Parlamento ou julgadas constitucionais por supremas cortes. Muitas são adotadas sob o pretexto de diligenciar algum objetivo público legítimo – e mesmo elogiável"

de quaisquer outras providências – direitos arduamente conquistados ao longo de lutas multisseculares. Primeiro, direitos coletivos, depois sociais e, por fim, individuais. Na sequência, mergulhasse no caos!". O jurista afirma, ainda, que a Constituição não foi pensada para vigorar apenas em momentos de bonança, mostrando-se imprescindível o seu cumprimento em situações de crise.

Mesmo sob a perspectiva econômica, a flexibilização trabalhista não se sustenta, até porque, "com vistas a atenderem às exigências de mercado, além de romperem com a diretriz protetiva do Direito do Trabalho, também fragilizam o sentido de dignidade que deve ser inerente a qualquer tipo de trabalho, eis que é valor nuclear para a humanidade" (DELGADO, 2015, p. 210). Nas palavras de Jorge Luiz Souto Maior (1999, p. 19), a flexibilização do Direito do Trabalho se baseia em um absurdo, ou seja, no fato de que "a pobreza do trabalhador seria essencial para o desenvolvimento".

A crise do emprego submete suas vítimas e os setores mais frágeis à mercantilização precária da força de trabalho para sobreviver, sob maiores riscos e menores ganhos, de modo que as garantias dos direitos laborais se desvanecem, situação em que resta, ainda, mais urgente a necessidade de amparo do Direito Penal em tutela do mínimo necessário à efetivação dos direitos e da dignidade dos trabalhadores, em coerência com a fragmentariedade e de forma proporcional à gravidade compatível com a que se vislumbra em outro tipos delitivos.

Dessa forma, ainda que diante dessa flexibilização, não é afastada a necessidade de proteção penal-laboral. Trata-se exatamente do contrário, ou seja, ilustra-se a necessidade, ainda maior, da proteção que deve ser ofertada pelo Direito Penal do Trabalho ao trabalhador, a reforçar sua defesa. Se, ao Estado, cabe a regulamentação das relações entre os indivíduos, principalmente nesse período de precarização, torna-se necessária e proporcional a intervenção quando tais direitos são violados mediante fraude, violência, ameaça ou desequilíbrio ambiental-laboral.

# Capítulo 4

# Do Direito Penal ao Direito Penal do Trabalho: A (In)Efetividade na Tutela de Direitos Laborais

Analisadas as teorias do bem jurídico, a relevância dos interesses vinculados aos direitos laborais e à dignidade do trabalhador, bem como o caráter subsidiário e fragmentário do Direito Penal no Estado Democrático de Direito como fatores limitantes da abrangência da tutela penal, neste capítulo, será realizada a análise do Direito Penal do Trabalho e do bem por ele tutelado por intermédio dos tipos dispostos na legislação com o fito de possibilitar a reflexão sobre a atual (in)efetividade da intervenção estatal no âmbito dessa especialização tão criticada.

O Código Penal brasileiro (Decreto-lei n. 2.848, de 07 de dezembro de 1940) sofreu diversas modificações em especial na parte na qual se encontram os crimes em espécie. Desde a sua vigência, diversos tipos penais foram alterados e revogados e condutas, que à época eram penalmente irrelevantes ou inimaginadas, passaram a ser criminalizadas.

Nesse diapasão, é interessante estabelecer uma comparação entre as condutas que encontraram tipificação no Código Penal dos Estados Unidos do Brazil (1890) e no Código Penal de 1940 e verificar a atual irrelevância das mesmas(153), assim como observar a diferença da ordem na qual os delitos eram dispostos, demonstrando a importância concedida à época a determinadas condutas(154). Enquanto, no Código Penal de 1890, os crimes em espécie iniciavam no art. 87, com a previsão de delitos contra a existência política da República, seguidos pelos crimes contra a segurança interna e tranquilidade

---

(153) Exemplo interessante consiste no delito previsto no art. 157 do CP/1890, que caracterizava crime contra a saúde pública, na grafia da época, a conduta de "Praticar o espiritismo, a magia e seus sortilegios, usar de talismans e cartomancias para despertar sentimentos de odio ou amor, inculcar cura de molestias curaveis ou incuraveis, emfim, para fascinar e subjugar a credulidade publica: Penas – de prisão cellular por um a seis mezes e multa de 100$ a 500$000".

(154) Nesse sentido, Sérgio de Oliveira Médici (2004, p. 154), apresenta o critério de classificação conforme a importância dos delitos. Como nas legislações mais antigas, o direito se confundia com preceitos religiosos, as ofensas às divindades eram as primeiras, seguidas das infrações pessoais e morais.

pública, o atual Código Penal se inicia com os delitos em face da pessoa (art. 121s, CP) e contra o patrimônio (art. 155s, CP). Dessa forma, é evidenciada a relevância dos direitos individuais, uma vez que, no código anterior, eles eram narrados a partir do art. 165 e o crime de homicídio encontrava previsão no art. 264[(155)].

Tal situação demonstra a evolução da sociedade que se depara com novas realidades, modificando também o direito, pautado na dinâmica social, "afinal, *hominum causa omne ius constitutum est*; a criação jurídica é feita pelo homem e para o homem, e não o homem para uma construção social não condizente aos reclamos sociais" (SILVEIRA *et al*, 2019, p. 305)[(156)].

Conforme já mencionado, postula Ana Elisa Bechara (2014, p. 32) que o Direito Penal reflete a orientação filosófico-jurídica e a ideologia política vigentes em dado momento histórico, relacionadas com a forma de Estado, bem como, com a relação antinômica entre o indivíduo e o Estado detentor do *ius puniendi*. Assim, a intervenção penal remete, necessariamente, ao estudo do Estado de Direito e dos direitos fundamentais, entre os quais reconhece um estreito vínculo de interdependência funcional[(157)].

A opção legislativa pela proteção penal reflete a importância concedida a determinado bem jurídico para a consecução dos projetos e para a autoafirmação do Estado, assim como revela uma opção de caráter ideológico de modo que, para compreender a tutela (ou o abandono) penal de determinados bens, se faz necessária a análise tanto do momento histórico quanto dos interesses do(s) protagonista(s) que intercederam para a sua positivação, tornando o valor de um grupo como valor representativo de toda a sociedade[(158)].

---

(155) Sérgio de Oliveira Médici (2004, p. 36) afirma que a estrutura dos Códigos de 1830 e 1890 era semelhante, com maior relevo para as infrações contra o Estado, ficando em segundo plano a pessoa humana. Ressalta ainda que o Código Republicano (1890) antecedeu a Constituição de 1891 "subvertendo assim a ordem hierárquica natural das normas (...) [de modo que], não obstante o estabelecimento de uma nova ordem constitucional, subsistiu o sistema penal anterior".

(156) Sobre a modificação da sociedade e influência nas diversas áreas do âmbito jurídico, sugerimos a leitura de: SILVEIRA *et al*. Dinâmicas Sociais e Exegeses Jurídicas: o direito fundamental como suporte ao novo projeto jurídico. *Revista Húmus:* relações possíveis em perspectivas jurídicas, filosóficas e literárias: sua mente é a verdadeira 'Caixa de Pandora', v. 9. n. 27, 2019, p. 290-308.

(157) A respeito desse vínculo, a autora (2014, p. 33-36) afirma que o Estado de Direito não teria surgido sem a luta pelos direitos humanos e por seu reconhecimento nas declarações dos séculos XVII e XVIII. No entanto, tais direitos não teriam passado de meras entidades metafísicas se o ordenamento jurídico do Estado não os reconhecesse. Afirma-se, então, que o modelo de Estado de Direito evoluiu na medida em que se reconheceram novas categorias de direitos, concluindo-se que a transformação de um tipo a outro de Estado atende a uma mudança de suas próprias funções e obrigações.

(158) Da mesma forma que a criminalização de uma conduta demonstra a relevância na proteção de determinados bens, a proporção da pena envolve a ponderação dos elementos sociais, axiológicos e políticos, o que evidencia, por um lado, a importância na proteção do bem jurídico e, de outro, a gravidade considerada diante da violação desse interesse.

Além da relação entre Direito Penal e Estado, diante da sanção penal a ser imposta aos indivíduos que pratiquem uma conduta tipificada, há também, uma relação entre o Direito Penal e a sociedade. Se, por um lado, a tutela penal confere proteção aos direitos fundamentais, por outro, impõe punição ao ofensor, gerando uma relação ambígua, um movimento de afirmação positiva de valores e uma atribuição de sentido delitivo à sua transgressão, com o fim de resguardar a segurança da convivência social.

Entre os bens jurídicos fundamentais atualmente amparados, o ordenamento tutela também a organização do trabalho, criminalizando condutas que caracterizem atentado contra a liberdade de trabalho e de associação, a paralisação de trabalho, seguida de violência ou perturbação de ordem; invasão de estabelecimento industrial, comercial ou agrícola; sabotagem; a frustração de direito assegurado por lei trabalhista e sobre a nacionalização do trabalho; exercício de atividade com infração de decisão administrativa e o aliciamento de trabalhadores. Tais bens encontram respaldo na Carta Magna mediante o reconhecimento dos valores sociais do trabalho e da livre iniciativa (art. 1º, IV)[(159)], fundamentos do Estado Democrático de Direito, além do livre exercício de trabalho, ofício ou profissão (art. 5º, XIII).

São 11 tipos penais, previstos no título IV, que não são os únicos que interagem diretamente com o Direito do Trabalho, havendo outros que encontram previsão em capítulos diversos, uma vez que atingem também a liberdade e a saúde da vítima. Dentre eles, destacam-se o crime de redução à condição análoga a de escravo (art. 149 CP) e o perigo para a vida ou a saúde de outrem na modalidade de transporte de pessoas para prestação de serviço (art. 132, parágrafo único, CP).

Este capítulo foi organizado e dividido de forma a contemplar desde a análise do contexto histórico-evolutivo da tutela penal concedida ao trabalho no pós-escravismo até o ordenamento atual, percorrendo preceitos constitucionais e legais diretamente relacionados ao tema, sendo realizadas a apresentação do Direito Penal do Trabalho, de seu conceito e de papel na contemporaneidade. Por fim, são analisados os tipos penais previstos no ordenamento jurídico brasileiro diretamente relacionados com o Direito Laboral. A análise irá refletir o bem jurídico tutelado, sua criação e alteração e o cabimento de benefícios legais, como transação e suspensão condicional do processo, que possibilitam a extinção da punibilidade sem que seja julgado o mérito da conduta.

## 4.1. Síntese histórica: Do trabalho como penalização à adoção como bem-jurídico penalmente tutelado

Nesse capítulo, a concepção histórica é direcionada somente à proteção penal-laboral com a finalidade de reflexão e de diálogo entre o contexto no qual condutas vinculadas com as relações de trabalho passaram a ser tuteladas até o momento atual.

---

(159) Art. 1º, CF: "A República Federativa do Brasil, formada pela união indissolúvel dos Estados e Municípios e do Distrito Federal, constitui-se em Estado Democrático de Direito e tem como fundamentos: I – a soberania; II – a cidadania; III – a dignidade da pessoa humana; IV – os valores sociais do trabalho e da livre iniciativa";

Antes de 13 de maio de 1888, não havia que se falar em proteção ao trabalho, o qual era realizado pelos que eram considerados tais quais *res*. Assim, os crimes relativos à liberdade ou à organização do trabalho não foram e sequer podiam ter sido conhecidos das antigas legislações penais, pelo menos segundo um critério sistemático (HUNGRIA, 1956, p. 16; BITENCOURT, 2011, p. 397). A única previsão relativa ao trabalho na legislação penal consistia em ser uma das sanções penais impostas pela prática delitiva, de modo que o condenado poderia ser punido com a privação da liberdade, cumulada ou alternada com a obrigatoriedade do trabalho, sendo, então, uma maneira de tornar a pena mais árdua e sendo uma forma de a vítima obter a reparação dos danos causados pelo delito[(160)].

O Código de 1830 incorporou o repertório de penas que, além do caráter retributivo, tendiam para a reforma moral dos indivíduos. Dentre as penas, destacam-se: a previsão da pena capital, que se daria na forca; de galés, que sujeitava o réu, calçado com correntes de ferro, a empregar-se nos trabalhos públicos da província do local do crime; penas de prisão com trabalho, degredo, desterro e banimento; a prisão simples; a perda dos direitos políticos; e a perda pecuniária.

A punição com trabalho forçado era utilizada em substituição ou em cumulação a outra pena. No primeiro caso, era previsto o trabalho aos menores de vinte e um anos e aos maiores de sessenta anos pelo período da condenação[(161)]; já, no segundo, que se diferenciava da pena de prisão simples, o detento não era obrigado a exercer atividade laboral[(162)].

Dessa forma, a prisão com trabalho gerava a obrigação aos réus de ocuparem-se diariamente, mas, principalmente, aliava-se o trabalho como complemento da pena, a fim de torná-la mais árdua e dolorosa, mais aflitiva e dura de suportar. Dessarte, a imposição do trabalho era uma maneira de intensificar a pena. Inclusive, enquanto não fossem estabelecidos os arranjos necessários para o trabalho nas prisões, elas seriam substituídas pela prisão simples, mais a sexta parte do tempo sentenciado.

---

(160) Art. 32 do Código Criminal (1830): "não tendo o delinquente meios para a satisfação [do dano], dentro em oito dias, que lhe serão assignados, será condemnado a prisão com trabalho pelo tempo necessario para ganhar a quantia da satisfação. Esta condemnação porém, ficará sem effeito, logo que o delinquente, ou alguem por elle satisfizer, ou prestar fiança idonea ao pagamento em tempo razoavel, ou o offendido se der por satisfeito" (na grafia da época).

(161) Art. 45 do Código Criminal (1830), na grafia da época: "A pena de galés nunca será imposta: (...) 2º Aos menores de vinte e um annos, e maiores de sessenta, aos quaes se substituirá esta pena pela de prisão com trabalho pelo mesmo tempo".

(162) Art. 46 do Código Criminal (1830), na grafia da época: "A pena de prisão com trabalho, obrigará aos réos a occuparem-se diariamente no trabalho, que lhes fôr destinado dentro do recinto das prisões, na conformidade das sentenças, e dos regulamentos policiaes das mesmas prisões". Art. 47: "A pena de prisão simples obrigará aos réos a estarem reclusos nas prisões publicas pelo tempo marcado nas sentenças".

Em paralelo, é importante observar que a Constituição de 1824 se refere, vagamente, ao exercício laboral e, somente, para dispor que ele não era proibido se estivesse de acordo com os costumes públicos[(163)] e diante da proteção da liberdade, da segurança e da propriedade, garantidas pela Constituição Política do Império do Brazil. Ainda assim, no âmbito criminal, somente em 1890, o Código Penal passou a prever condutas que atentassem contra a liberdade do trabalho, sendo tipificadas três práticas que atentassem contra o livre gozo e exercício dos direitos individuais. Eram punidas as práticas de constranger ou de impedir o trabalhador de realizar seu ofício[(164)], de induzir operários a abandonarem o trabalho, seja diante de recompensa ou de ameaça, enquanto o último delito era caracterizado pela paralisação do trabalho[(165)] com a finalidade de obter redução do serviço (por parte dos funcionários) ou do salário (prática realizada por empregadores)[(166)].

Para Nelson Hungria (1956, p. 21), a criminalização de tais condutas tinha como finalidade a proteção dos direitos mínimos reconhecidos e a liberdade do indivíduo no exercício do trabalho. O autor pontua que os delitos previstos eram "subespécie dos crimes contra a liberdade ('contra o livre gôzo e exercício dos direitos individuais')", enquanto o Código atual (1940) preferiu destacá-los em título autônomo.

A Constituição da República dos Estados Unidos do Brasil (1891) não inseriu os direitos sociais em suas disposições por não se constituir uma demanda consolidada que se configurasse em representação política. Havia, na verdade, o peso de um sistema social que refletia os efeitos da herança colonial escravista. Porém, passou a ser assegurada a inviolabilidade do direito à liberdade e, mediante Emenda Constitucional de 1926, passou a ser garantido o exercício laboral, seja moral, intelectual ou industrial. Tais avanços foram consideráveis na medida em que foram estendidas as garantias constitucionais a toda a população[(167)]. Tratava-se, ao que aparenta, de uma vertente da liberdade assegurada

(163) Art. 179, XXIV, CF 1824 (na grafia da época): "Nenhum genero de trabalho, de cultura, industria, ou commercio póde ser prohibido, uma vez que não se opponha aos costumes publicos, á segurança, e saude dos Cidadãos".

(164) Art. 204, CP 1890, na grafia da época: "Constranger, ou impedir alguem de exercer a sua industria, commercio ou officio; de abrir ou fechar os seus estabelecimentos e officinas de trabalho ou negocio; de trabalhar ou deixar de trabalhar em certos e determinados dias: Pena – de prisão cellular por um a três mezes".

(165) Tratava-se da atuação do legislador buscando, com o tipo penal, a repressão a greve. De acordo com João Florêncio de Salles Gomes Jr., tais tipos penais encontraram inspiração no Código Penal Italiano de 1889, no denominado Código Zanardelli (SALVADOR NETTO *et al.*, 2017, p. 593).

(166) Dentre os tipos penais, o art. 206, previa duas qualificadoras. Lia-se na grafia da época: "§ 1º Si para esse fim se colligarem os interessados: Pena – aos chefes ou cabeças da colligação, de prisão cellular por dous a seis mezes". E no parágrafo seguinte: "§ 2º Si usarem de violencia: Pena – de prisão cellular por seis mezes a um anno, além das mais em que incorrerem pela violencia".

(167) De acordo com o art. 72 (na grafia da época): "A Constituição assegura a brasileiros e a estrangeiros residentes no paiz a inviolabilidade dos direitos concernentes á liberdade, á segurança individual e á propriedade, nos termos seguintes: § 24. É garantido o livre exercicio de qualquer profissão moral, intellectual e industrial. (Redação dada pela Emenda Constitucional de 3 de setembro de 1926)".

ao cidadão da mesma maneira como já havia sido disposto no Código Penal de 1890. Assim, a proteção à liberdade se estendeu, especificamente, à liberdade do trabalho, sendo a greve, todavia, proibida e punida (FRANÇA; CABRAL, 2016, p. 637).

Beatriz Corrêa Camargo e Catharina Lopes Scodro (2020, p. 30) ressaltam, contudo, que, o Código Penal de 1890, estabeleceu o título "dos crimes contra a liberdade do trabalho", inserido na lógica liberal econômica da época. As autoras afirmam que havia uma grande desigualdade dos interesses, uma vez que os dispositivos "tutelavam, quase que exclusivamente a liberdade de trabalho dos donos de negócios. A proteção dos trabalhadores verificava-se tão somente no que se refere a proibição do *lockout*, praticado pelo empregador com o fim de impor a diminuição de salários aos operários".

Conforme mencionado, a Constituição de 1934 passou a prever direitos de segunda dimensão, dentre eles, os direitos trabalhistas, como a liberdade de associação e de exercício de qualquer profissão, sendo também disciplinada a matéria sindical com a finalidade de proporcionar, ao trabalhador, maior proteção diante do poder econômico do empregador.

No âmbito da outorgada Constituição de 1937, denominada "Polaca", passou-se a prever a liberdade de escolha de profissão dentre os direitos e garantias individuais, momento em que, também, foi instituída a Justiça do Trabalho(168), sendo o trabalho amparado pelo Estado e disposto como dever social(169). Sob sua égide, foi promulgado o Código Penal de 1940, o qual entrou em vigor em 1942, concedendo proteção jurídica penal à organização do trabalho para além dos interesses individuais.

O trabalho como forma de subsistência, reconhecido como direito dos indivíduos, recebeu amparo estatal mais amplo do que aquele previsto no Código Penal 1890, sendo incriminadas ações perturbadoras da ordem jurídica no que concerne ao trabalho, podendo acarretar em sanção penal, além da ordem administrativa que, até então, era a única prevista. Segundo Nelson Hungria (1956, p. 26-27), o legislador de 1940 concluiu pela coexistência de liberdade política e intervencionismo temperado:

> ao cuidar dos fatos lesivos da organização do trabalho [o Código] não atendeu a radicalismos doutrinários ou políticos. Não se afeiçoou incondicionalmente ao *laissez faire, laissez passer* da economia liberal, nem ao intervencionismo

(168) Previsto no art. 122, 8º (CF/1937), a liberdade de escolha de profissão ou do gênero de trabalho, indústria ou comércio, observadas as condições de capacidade e as restrições impostas pelo bem público nos termos da lei. Norma suspensa, posteriormente, pelo Decreto n. 10.358, de 1942, que declarou o estado de guerra no território nacional.

(169) De acordo com o art. 136 (CF/1937), "O trabalho é um dever social. O trabalho intelectual, técnico e manual tem direito a proteção e solicitude especiais do Estado. A todos é garantido o direito de subsistir mediante o seu trabalho honesto e este, como meio de subsistência do indivíduo, constitui um bem que é dever do Estado proteger, assegurando-lhe condições favoráveis e meios de defesa".

> irrestrito da economia dirigida ou planificada. Ficou em ponto de equidistância. De acordo, aliás, com o preceito constitucional, preferiu o que **Ansiaux** denomina 'intervencionismo conservador', não excluindo a iniciativa individual e assegurando o quadro sindical livre. Aceitou a intervenção do Estado na vida econômica, mas tão somente para impedir o êxito da vis ou da *fraus* ou como medida indeclinável de defesa do interesse coletivo ou da ordem jurídica (HUNGRIA, 1956, p. 26-27, grifo do autor).

Entretanto, ao ser disposto o trabalho como "dever-social", de acordo como Irany Ferrari (2011, p. 56), diante da influência do Estado Novo, adotou-se a concepção de um "dever-direito", sinalizando idealizações com um mundo igualitário, inclusive quanto às obrigações de cada indivíduo, o que refletiu no ordenamento penal que criminalizava uma conduta denominada como "vadiagem"(170). Além disso, sob a justificativa de que o Estado, sob suas instituições existentes, não dispunha de meios para a preservação da paz, da segurança e do bem-estar da população, havia, ainda, a proibição da greve, que se mostrava nociva à produção, em outras palavras, "antissocial" (FERRARI, 2011, p. 55-57).

Sobre a criminalização da "vadiagem", relata Antonio Luigi Negro (2019, p. 145), o trabalho "tinha de ser um dever do brasileiro, mas nem todo brasileiro precisava de fato ser obrigado a esse dever... E isso se definia pela coincidência entre as supremacias de raça e de classe". Para o autor (2019, p. 142),

> por constituírem uma "classe perigosa", libertos e proletários flagrados sem patrão tinham de ser obrigados ao trabalho pela lei e pelo poder público. Forçá-los à lavoura significava alugar e descartar a sua força de trabalho conforme as conveniências patronais. Para tal, era necessário imobilizar a mão de obra (contratualmente, por dívida financeira ou de lealdade). Nas mãos da parte contratante, a lei podia confiar não só o acordo privado entre as partes, por escrito, mas também prerrogativas de arbitragem, tais como punição, castigo e encarceramento.

Ao mesmo tempo em que o Código Penal passou a reconhecer condutas que violassem a organização do trabalho, como delitos, também criminalizou ausência do trabalho com a mesma justificativa(171). A inspiração italiana (Código Rocco de 1930)

---

(170) Assim, o trabalho, que fora considerado como forma de punição com o fito de tornar a pena mais árdua, passou a ser reconhecido como direito do indivíduo e obrigatório com a sua ausência tipificada. A conduta denominada de "vadiagem" ou "mendicância" encontrava previsão desde o Código Criminal do Império, sendo que, no Código Penal de 1890, foram dedicados dois capítulos aos crimes imputados àqueles que não tinham trabalho, com os títulos "dos vadios e capoeiras" e "dos mendigos e ébrios", permanecendo vigente até 2009. Ainda assim, o dispositivo que trata da ociosidade como contravenção (art. 59) não teve a mesma sorte e se encontra formalmente em vigor.

(171) Cf. tópico 2.2.

fez com que condutas que atentassem contra a organização política e social, a atividade industrial, comercial e agrícola encontrassem tipificação penal, sendo que boa parte delas se tratava de inovação legislativa derivada da aplicação dos princípios fascistas(172). Moraes Filho (1970, p. 148) afirma que a inspiração da denominação do Título IV do Código Penal (crimes contra a organização do trabalho) se deu em razão do "mesmo clima corporativo da organização da economia" o qual vivíamos à época, que visava mais o conjunto de interesse estatal do que a figura isolada dos indivíduos.

Na Itália, a previsão penal tinha como finalidade a conservação dos bens econômicos de acordo com o interesse estatal, com a proteção da normalidade das trocas de produção e com o resguardo do desenvolvimento regular das relações coletivas de trabalho, de modo que a regulamentação penal sobre o trabalho encontrava fundamento nos princípios do interesse geral da produção e da subordinação dos interesses individuais em favor dos interesses gerais da economia e da nação. Tratava-se de uma forma do Estado se proteger dos atentados contra o domínio que exercia sobre a força de trabalho e sobre os meios de produção (CAMARGO; SCODRO, 2020, p. 35).

Apesar da *novatio legis* incriminadora no Brasil ter abrangido condutas imbuídas de fraude ou violência que se mostravam contrárias à organização do trabalho e, excepcionalmente, práticas que atentavam contra o interesse público ou ocasionavam grave perturbação da ordem econômica, tais tipos penais refletiam o viés totalitário da Era Vargas (DOTTI, 2014, p. 17; CAMARGO; SCODRO, 2020, p. 35-37).

Essa é a razão pela qual não era tutelado o direito ou a liberdade do trabalhador e, sim, a "organização do trabalho" como forma de proteção do "bem comum", definido "pela intervenção do Estado na economia no que tange à prestação de serviços, reproduzindo a concepção de que os crimes contra a organização do trabalho afetavam não só aos indivíduos envolvidos, mas sim toda a nação, cujo desenvolvimento econômico e social dependeria das diretrizes definidas pelo governo" (CAMARGO; SCODRO, 2020, p. 30).

Entretanto, ainda que tais dispositivos não tenham sido elaborados de forma neutra, ainda que tivessem como fito o enfrentamento da organização operária nos grandes centros industriais, disfarçado de tutela criminal, entende-se, conforme será demonstrado, que devem ser realizadas a leitura e a aplicação das normas em coerência com o Estado Social adotado na Constituição Federal de 1988, como reforço à tutela do trabalho e dos direitos laborais.

---

(172) Quanto ao aspecto controlador de inspiração supostamente fascista da legislação laboral brasileira é relevante ressaltar o contraponto de que, dos 11 títulos que compõe a CLT, somente um deles era correspondente ao sistema então vigente na Itália, sendo que a legislação brasileira foi inspirada nas convenções internacionais da OIT e na Encíclica *Rerum Novarum* (CARDOSO, 2013, p. 51-52).

Para Janaína Paschoal (GOMES JR., 2017, p. 596 *apud* PASCHOAL, 2012, p. 159), a proteção penal dos bens jurídicos relativos à organização do trabalho não se justifica, tendo em vista que evidencia a tendência legislativa de fazer infração administrativa como ilícito penal, mostrando-se como "recente fenômeno de criminalização da não observância das leis trabalhistas".

Outra crítica consiste na alegada ineficácia do meio, de modo que, mesmo diante da necessidade de tutela de bens coletivos e difusos (como os direitos dos trabalhadores e a segurança no trabalho) como forma de coibir atos que impedem a realização dos objetivos constitucionais, o Direito Penal seria incapaz de diminuir diferenças, resolver problemas e conflitos sociais e a atuação retributiva amplificaria a problemática e o contencioso, obtendo, como resultado final, a reprodução de violências (FAYET JUNIOR; FRAGA, 2011, p. 303).

A legitimidade na intervenção penal bem como a necessidade dessa tutela, foram demonstradas nos capítulos anteriores. Nesse capítulo, será tangenciada a segunda crítica, ao abordar a (in)efetividade da atual tutela para consecução dos direitos fundamentais.

Ora, conforme Jair Aparecido Cardoso e Rogério Alessandre de Oliveira Castro (2012, p. 139), o trabalho é um traço específico da espécie humana, atividade em que melhor se evidencia a relação social de subordinação. Tal afirmação auxilia na compreensão da proteção penal às relações de trabalho, que consiste no reconhecimento da importância das relações laborais para a ordem econômica e social. Mais do que isso, postula Jair Aparecido Cardoso (2015, p. 265) que:

> O trabalho, em uma visão antropológica, pertence à condição originária do homem [...] desprendendo-se de sua origem etimológica e em sua ação libertadora, mostra-se como ferramenta eficaz contra a pobreza e torna o homem que dele se ocupa digno de seu resultado e, por isso, deve ser sempre honrado.

A afirmação do homem como fim em si mesmo e não mais como objeto consiste em uma conquista de gerações; os indivíduos estão vinculados a uma lei moral com a finalidade de impedir a "coisificação" do ser humano, que não deve ser utilizado como meio (KANT, 1980, p. 135-136).

Não só forma de subsistência, o trabalho é, também, o principal meio de realização e de integração do indivíduo. Não sendo mais rotulado como punição ou castigo, passou a ser tutelado, pelo ordenamento jurídico, o que evidencia a relevância do bem para a construção da sociedade, do sujeito e, também, do seu próprio patrimônio. Para além da tipificação de condutas contra a organização do trabalho, a legitimação da tutela penal do trabalho encontra respaldo na Constituição Federal de 1988, em seu art. 1º que apresenta os valores sociais do trabalho e da livre iniciativa como fundamentos da República Federativa do Brasil(173).

Conforme analisado, o trabalho é constitucionalizado em seu valor humano e, sobretudo, em seu valor social(174), encontrando centralidade jurídica sendo que, dentro do âmbito penal, pode-se falar no denominado Direito Penal do Trabalho ao qual se mostra imprescindível alusão.

## 4.2. O Direito Penal do Trabalho: Concepção e abrangência

Antes de se abordar o conceito do Direito Penal do Trabalho, é imprescindível mencionar que ele não se confunde com sanção administrativa. Em sentido objetivo, o Direito Penal do Trabalho consiste no "segmento do Direito Penal especial predisposto à tutela jurídica fragmentária (*ultima ratio*) da dignidade humana da pessoa trabalhadora e da organização geral do trabalho" (FELICIANO, 2009, p. 341).

Trata-se de uma especialização do Direito Penal diante da imersão das normas penais em outros ramos da ciência jurídica, como o Direito Penal Ambiental, Econômico, Tributário e Financeiro, do Consumidor, de acordo com os bens jurídicos tutelados e, diante da natureza interseccional. Segundo Ivan Marcelo Melek (2014, p. 57-58), há a aplicação de princípios inerentes ao ordenamento criminal (como taxatividade(175) e fragmentariedade), bem como os princípios próprios do Direito Trabalhista, como primazia da realidade e irrenunciabilidade. No mesmo sentido, René Ariel Dotti (2014, p. 20) argumenta que essa especialização do Direito Penal é estimulada pela expansão de microssistemas e acrescenta que o Direito Penal do Trabalho é capaz de traduzir a necessidade de adequação entre os operadores (Polícia, Ministério Público, Poder Judiciário e Advocacia) para as peculiaridades das relações jurídicas que se estabelecem a essa jurisdição especializada.

---

(173) Art. 1º, CF "A República Federativa do Brasil, formada pela união indissolúvel dos Estados e Municípios e do Distrito Federal, constitui-se em Estado Democrático de Direito e tem como fundamentos: I – a soberania; II – a cidadania; III – a dignidade da pessoa humana; IV – os valores sociais do trabalho e da livre iniciativa; V – o pluralismo político".

(174) Art. 170, CF "A ordem econômica, fundada na valorização do trabalho humano e na livre iniciativa, tem por fim assegurar a todos existência digna, conforme os ditames da justiça social, observados os seguintes princípios" e ainda, de acordo com o art. 193, CF "A ordem social tem como base o primado do trabalho, e como objetivo o bem-estar e a justiça sociais".

(175) A taxatividade é um dos desdobramentos do princípio da legalidade. É necessário que a norma penal seja certa, clara, dotada de conteúdo determinado, com a finalidade de garantir a segurança jurídica a respeito da configuração do comportamento criminoso.

Na Espanha[176], o Direito Penal do Trabalho surgiu centrado no trabalho, como bem jurídico autônomo:

> Com a instauração do regime político que emergiu da insurreição armada de julho de 1936, e seguindo esta mesma tendência, teorizou-se a existência de um direito do trabalho de amplas dimensões e presidido por uma concepção totalitária das relações entre Estado, empresa e trabalhador. Isso se explicava, em primeiro lugar, a partir da necessária relação entre o Estado e a empresa, em que esta tinha o dever de manter as condições mínimas de trabalho estabelecidas. Esse imperativo legitimou a intervenção sancionatória do Estado frente ao descumprimento da legislação trabalhista, a chamada legislação trabalhista penal-administrativa (BAYLOS; TERRADILLOS, 1997, p. 21, tradução nossa).[177]

No Brasil, diante da proteção jurídica das relações laborais, em especial, concedida pelo âmbito penal, desde o Código Penal dos Estados Unidos do Brazil (1890), o amparo legal foi amplificado, sendo possível abordar a intervenção penal no Direito do Trabalho. Cássio Mesquita Barros (2015, p. 130) reconhece tanto a existência dessa intersecção como sua amplitude:

> fraudes trabalhistas e o Direito Penal, os aspectos pessoais do assédio moral no trabalho, a criminalização e as possibilidades de expansão da tutela 'labor penal', no tempo do 'neoliberalismo positivo', a crise da redução do trabalho à condição análoga de escravo e as relações entre a globalização e desenvolvimento urbano, a apropriação indébita na Previdência social, a inexigibilidade de conduta de força da precariedade da situação financeira da empresa, aplicação do princípio de não auto incriminalização frente a Súmula n. 357 do Tribunal Superior do Trabalho.

De acordo com Guilherme Guimarães Feliciano (2009, p. 370), o papel contemporâneo do Direito Penal do Trabalho no marco do capitalismo pós-industrial traduz-se

(176) A escolha do ordenamento jurídico espanhol para a apresentação de elementos do Direito Penal do Trabalho se dá em razão de encontrar, no mencionado ordenamento, tipos penais específicos que consistem no objeto desse trabalho, desde a proteção do trabalhador quanto do meio ambiente do trabalho (art. 311 ao art. 318).

(177) Na versão original: "Con la instauración del régimen político surgido de la insurrección armada de julio de 1936, y siguiendo esta misma corriente, se teorizó la existencia de un Derecho penal del trabajo de amplias dimensiones y presidido por una concepción totalitaria de las relaciones entre Estado, empresa y trabajador. Ello se explicaba, en primer lugar, partiendo de la relación, necesaria, entre Estado y empresa, en a que ésta tenía el deber de mantener las condiciones mínimas de trabajo fijadas por aquél. Esta imperatividad legitimaba la intervención sancionadora del Estado frente al incumplimiento de las leyes del trabajo, el llamado Derecho penal-administrativo del trabajo".

no estabelecimento de padrões mínimos de civilidade nas relações entre o capital e o trabalho, assegurando a regular fruição dos direitos sociais fundamentais em equilíbrio com o exercício regular da vida privada na tutela do trabalho como atividade produtiva, compreendido, ainda, como meio de garantir direitos mínimos essenciais ao trabalhador e ao livre exercício do trabalho. Para Beatriz Corrêa Camargo e Catharina Lopes Scodro (2020, p. 31), trata-se de uma proteção que se apresenta "como um sistema de proibições penais que visa reforçar a eficácia das normas trabalhistas, caracterizadas pelo teor de indisponibilidade perante a dependência econômica do trabalhador e a situação de desigualdade negocial em que se encontra".

Antonio Baylos e Juan Terradillos (2008, p. 5), ressaltam que o Direito Penal do Trabalho exige do legislador maior atenção aos bens jurídicos relevantes que são colocados em risco no âmbito do laboral, implicando na obrigação de decidir sobre as técnicas mais adequadas para combater crimes contra condições básicas de trabalho, discriminação no ambiente laboral, contra a vida e a saúde dos trabalhadores, a liberdade sexual ou contra o exercício dos direitos sindicais. Os autores (2008, p. 10, tradução nossa) evidenciam que a especialização busca a tuetela de bens jurídicos de relevância constitucional, de interesses "amplamente aceitos no direito internacional e comparado, com tradição no direito penal interno, dentro do qual não podem perder importância pelo fato de seu titular, individual ou coletivo, ser contemplado em sua faceta específica de trabalhador"(178).

O Direito Penal do Trabalho cuida da prática de ilícitos vinculados ao Direito Laboral, mantendo-se distante das punições administrativas por descumprimento de cláusulas contratuais trabalhistas ou, ainda, diante do poder disciplinar do empregador, havendo, porém, que se mencionar o posicionamento a respeito da tutela exclusivamente em caso de afronta à coletividade dos trabalhadores, que poderiam ensejar a intervenção penal, tendo em vista que a propriedade privada e os interesses empresariais já estariam dentre os assegurados pela legislação penal clássica (GUARAGNI, 2010, p. 141-142).

Em posicionamento semelhante, ao julgar o Agravo Regimental em Embargos de Declaração no Conflito de Competência, o Ministro Relator, aparentemente, se manifestou sobre o mérito e a (des)caracterização do crime, ao menos no que condiz ao que denominou de "conceito clássico". Nas palavras do Ministro relator:

> Conclui-se que, para a caracterização do crime contra a organização do trabalho, é necessário que o delito, na forma como praticado, atinja a liberdade individual dos trabalhadores, a Organização do Trabalho e a Previdência; que fira a própria dignidade da pessoa humana; e que coloque em risco a manutenção da Previdência Social e as

---

(178) No original: "[O derecho penal del trabajo] se lanza a la búsqueda (...) a intentar la tutela de bienes jurídicos de relevancia constitucional, ampliamente acogidos en derecho internacional y comparado, con tradición en el derecho penal interno, dentro del que no pueden perder importancia por el hecho de que su titular, individual o colectivo, sea contemplado en su específica faceta de trabajador".

Instituições Trabalhistas, evidenciando a ocorrência de prejuízo a bens, serviços ou interesses da União, conforme as hipóteses previstas no art. 109 da CF, o que não se verifica no caso vertente. Uma vez que não se reconheça que o fato configura crime contra a organização do trabalho, em seu conceito clássico, afastada está a competência da Justiça Federal para o exame do feito. (BRASIL, STJ. AgRg no conflito de competência n. 62.875 – SP. Rel. Ministro Og Fernandes. *DJE*: 13.05.2009)

Assim como Beatriz Corrêa Camargo e Catharina Lopes Scodro (2020, p. 33-34), neste trabalho, defende-se a tutela penal das relações laborais no que condiz com o âmbito dos bens jurídicos pessoais dos trabalhadores, abrangendo o trabalho decente, a liberdade de locomoção, a integridade física e psíquica do trabalhador, bem como a verificação da proteção penal, de forma difusa, por meio da tutela das instituições trabalhistas fundamentais e dos pilares do sistema de seguridade social(179). Ainda que a tutela penal tenha tido por finalidade preservar, também, o desenvolvimento econômico do país com a função de punir condutas que atentassem contra o interesse coletivo, a leitura dos delitos deve ser realizada respeitando a taxatividade, delimitando o número de agentes para que seja caracterizado o delito (nos termos da redação do tipo penal), mas também considerando os fins propostos pela Constituição Federal de 1988.

Como mencionado, a organização do trabalho encontra previsão legal em Título autônomo no Código Penal (nos arts. 197/203), mas os delitos não se restringem a esse rol. Apesar da discussão sobre a topologia do delito de redução à condição análoga à de escravo, a prática consiste em uma transgressão diretamente vinculada à tutela laboral, assim como algumas contravenções e delitos nos quais a relação de trabalho caracteriza uma qualificadora ou causa de aumento de pena, conforme exposto adiante.

## 4.3. Análise dos tipos penais vinculados ao Direito Laboral

Não seria razoável apresentar este trabalho sem a análise dos tipos penais vigentes com os elementos que os distinguem como forma de possibilitar a reflexão sobre a legitimidade da tutela penal no que condiz a relevância e compatibilidade da proteção com a Constituição Federal de 1988 e (in)efetividade das normas perante a tutela dos direitos fundamentais.

Antes de se iniciar a discussão, entretanto, é importante salientar que apesar dos tipos penais estarem separados em subcapítulos em ordem numérica de acordo com os

(179) No primeiro, a tutela pode ser exemplificada por crimes que sancionam a exploração da força de trabalho e o descumprimento de *standards* estabelecidos para segurança e salubridade das condições de trabalho, não devendo serem limitadas a ilícitos administrativos quando as condutas lesionam ou colocam os trabalhadores em maior risco na atuação concreta, como a proibição de exploração do trabalhador em condições de degradação humana, além de vedação de assédio no trabalho, enquanto na segunda, a lei penal deve sancionar condutas que afetem a garantia das liberdades laborais, como àquelas que atentam contra a independência dos órgãos sindicais, fraudes no recolhimento das contribuições e na hipótese de contratação de mão de obra clandestina (CAMARGO; SCODRO, 2020, p. 33-34).

bens jurídicos dispostos no Código Penal brasileiro ou na legislação extravagante[(180)], sendo abordados os crimes de periclitação da vida e da saúde do trabalhador (tópico 4.3.1), contra a liberdade (tópico 4.3.2) e as infrações penais contra a organização do trabalho (tópico 4.3.3). Os tipos penais analisados compõem a tutela jurídica dos direitos fundamentais dos trabalhadores e da organização geral do trabalho no âmbito criminal e contemplam ao menos a parte das condutas vinculadas ao âmbito laboral que carecem de reconhecimento.

A abordagem envolve aspectos que, acredita-se, serem essenciais à discussão proposta. No início de cada aspecto, são apresentados a redação do tipo penal, os comentários introdutórios e algumas observações relevantes como seu contexto histórico. Na sequência, são elencados os seus elementos, que são subdivididos em: (1) sujeitos do delito; (2) objeto do direito; (3) elemento objetivo; (4) elemento subjetivo; (5) consumação e tentativa; (6) ação penal; (7) classificação doutrinária; e (8) benefícios da Lei n. 9.099/95.

A seguir, são explicados cada elemento distintivo do tipo penal em análise.

1. **Sujeitos do delito:** dividido entre sujeito ativo (1.1), que consiste no autor da conduta delitiva e sujeito passivo (1.2), que consiste na vítima, atingida direta ou indiretamente pela prática criminosa. Ao abordar os sujeitos, os crimes podem ser classificados como delitos comuns, que são aqueles que prescindem de um sujeito com qualidade especial e, crime próprio (ou especial), quando se faz necessária a qualidade do indivíduo para a sua caracterização.

2. **Objeto jurídico:** consiste no bem jurídico, no objetivo da proteção do tipo penal. Conforme apresentado por Paulo José da Costa Jr. (2012, p. 355), o bem jurídico "se assenta a elaboração dos modelos legais que, em última análise, revelam-se como técnica penal de proteção aos mais elevados valores, indispensável ao bom convívio social". É essencial, entretanto, distinguir o bem jurídico tutelado (objeto jurídico do delito) em face do objeto da conduta: enquanto este é objeto material sobre o qual a ação incide, o bem jurídico consiste no objeto jurídico ou no bem que o direito protege, podendo ser a propriedade, a integridade corporal ou a honra, por exemplo[(181)], tendo sido as teorias a respeito do bem jurídico apresentadas no primeiro capítulo.

3. **Elemento Objetivo:** refere-se à descrição dos elementos que, ao serem praticados no plano fático que caracterizam a conduta típica, correspondem, então, ao

(180) De acordo com Damásio de Jesus (2020, p. 46), a forma como foi realizada a separação dos tipos penais no Código Penal se dá em razão da natureza e da importância do objeto jurídico, considerando a relevância da objetividade jurídica contida em cada definição legal.

(181) Wessels (1976, p. 3) apresenta que os bens jurídicos são valores sociais ideais, como a vida, propriedade e a posse, enquanto, em contrapartida, o objeto da ação é a coisa concreta sobre a qual é executada a ação, como, por exemplo, o homem (do qual é retirada a vida) e a coisa alheia móvel, para refletir o exemplo acima.

comportamento humano (externo) que condizem com a narrativa apresentada no preceito primário.

4. **Elemento Subjetivo:** trata-se da análise da vontade do agente, distinguindo-se o dolo e a culpa. Ressalta-se que o dolo consiste na vontade livre e consciente da prática da conduta delitiva, enquanto a modalidade culposa ocorre mediante negligência, imprudência ou imperícia do agente. Em regra, o tipo penal somente é punido a título doloso, razão pela qual, para que haja a caracterização e punição de uma conduta na modalidade culposa, deve existir previsão expressa.(182)

5. **Consumação e Tentativa:** o crime é tido como consumado quando, nele, se reúnem todos os elementos de sua definição legal (art. 14, I, CP). Por outro lado, a tentativa é averiguada quando, iniciada a execução, ela não se consuma por circunstâncias alheias à vontade do agente (art. 14, II, CP).

6. **Ação Penal:** é classificada de acordo com a competência para que ela seja promovida. Desde já, adianta-se que todos os tipos penais vinculados à relação laboral são de ação penal de iniciativa pública incondicionada, de modo que compete ao Ministério Público a sua promoção, não dependendo de representação do ofendido ou de requisição do Ministro da Justiça (art. 100, CP).

7. **Classificação doutrinária:** é apresentada a classificação que a doutrina realizar do tipo penal, com seus respectivos elementos.

8. **Benefícios da Lei n. 9.099/95:** os benefícios, aqui, analisados consistem na transação (art. 76, Lei n. 9.099/95) e na suspensão condicional do processo (art. 89, Lei n. 9.099/95) que, se cabíveis, aceitos e cumpridos pelo sujeito ativo, resultam na extinção do processo sem que haja análise do mérito(183).

Por fim, antes de se passar à análise dos tipos penais, é importante que sejam feitas duas ressalvas: algumas decisões relativas aos delitos em tela são apresentadas com

(182) Art. 18, CP "Diz-se o crime: I – doloso, quando o agente quis o resultado ou assumiu o risco de produzi-lo; II – culposo, quando o agente deu causa ao resultado por imprudência, negligência ou imperícia. Parágrafo único – Salvo os casos expressos em lei, ninguém pode ser punido por fato previsto como crime, senão quando o pratica dolosamente".

(183) De acordo com art. 76, Lei n. 9.099/95: "Havendo representação ou tratando-se de crime de ação penal pública incondicionada, não sendo caso de arquivamento, o Ministério Público poderá propor a aplicação imediata de pena restritiva de direitos ou multas, a ser especificada na proposta. (...) § 4º Acolhendo a proposta do Ministério Público aceita pelo autor da infração, o **Juiz aplicará a pena restritiva de direitos ou multa, que não importará em reincidência, sendo registrada apenas para impedir novamente o mesmo benefício no prazo de cinco anos**". Já o art. 89, da mesma Lei dispõe que "Nos crimes em que a pena mínima cominada for igual ou inferior a um ano, abrangidas ou não por esta Lei, o Ministério Público, ao oferecer a denúncia, poderá propor a suspensão do processo, por dois a quatro anos, desde que o acusado não esteja sendo processado ou não tenha sido condenado por outro crime, presentes os demais requisitos que autorizariam a suspensão condicional da pena (...) § 5º **Expirado o prazo sem revogação, o Juiz declarará extinta a punibilidade**" (grifo nosso).

a finalidade de uma melhor compreensão sobre a caracterização do crime em casos concretos, não havendo pretensão em realizar análise documental, no sentido metodológico, nesse trabalho. Além disso, à míngua de decisões disponíveis dos Tribunais, em alguns delitos são utilizadas decisões que constam de Códigos Comentados com interpretação jurisprudencial, que atendem o objetivo de tornar mais palpáveis condutas que podem caracterizar os delitos em estudo[(184)].

### 4.3.1. *Da periclitação da vida e da saúde do trabalhador*

No Capítulo III do Código Penal, estão dispostos os crimes que podem atingir a vida ou saúde da vítima, dentre eles, o crime de perigo de contágio venéreo ou de moléstia grave, de abandono de incapaz, de omissão de socorro e, o que dispõe especificamente do trabalhador, o delito de perigo para a vida ou a saúde de outrem. Tais tipos penais são denominados como delitos de perigo e prescindem do efetivo dano, sendo suficiente, para a sua caracterização, a prática de uma conduta típica que produza risco ao bem juridicamente protegido, de modo que o perigo é, nas palavras de Rogério Greco (2017, p. 239), "entendido como *probabilidade de lesão a um bem jurídico-penal*. Dessa forma, quando o legislador cria uma figura típica de perigo, o que procura, na verdade, é proibir ou impor comportamentos que tenham probabilidade de causar danos aos bens jurídico-penais", ainda que estes não tenham sido efetivamente atingidos.

Nesse tópico, são analisadas as infrações: perigo para a vida ou saúde de outrem (art. 132, CP), de deixar de promover as medidas necessárias de proteção à saúde dos empregados (art. 16, Lei n. 7.802/1989) e as contravenções relativas à omissão da empresa em cumprir as normas de saúde e higiene do trabalho (art. 19, Lei n. 8.213/1991 e art. 343 do Decreto n. 3.048/1999).

#### 4.3.1.1. Do crime de perigo para a vida ou saúde de outrem

O art. 132 do Código Penal traz os seguintes dizeres:

> **Art. 132.** Expor a vida ou a saúde de outrem a perigo direto e iminente: Pena – detenção, de três meses a um ano, se o fato não constitui crime mais grave.
>
> Parágrafo único. A pena é aumentada de um sexto a um terço se a exposição da vida ou da saúde de outrem a perigo decorre do transporte de pessoas para a prestação de serviços em estabelecimentos de qualquer natureza, em desacordo com as normas legais.

Além do respaldo mencionado na introdução desse capítulo, a tutela de tal interesse também encontra fundamentalidade no art. 7º, XXII, que dispõe como direito dos trabalhadores, a redução dos riscos inerentes ao trabalho, por meio de normas de saúde,

---

(184) Em especial, foram utilizadas as obras de Alberto Silva Franco *et al.* (1995) e Celso Delmanto et al. (2016).

higiene e segurança, no art. 7º, XXIII, relativo ao trabalho perverso, a periculosidade, insalubridade e penosidade, como também no art. 7º, XXVIII, que dispõe sobre acidentes de trabalho, todos da Constituição Federal.

De acordo com a exposição de motivos, a intenção do legislador de 1940 estava voltada à prevenção dos acidentes de trabalho diante da imprudência evidenciada dos empregadores(185). Porém, o fundamento aparenta ter sido esquecido e, com a finalidade de resgatar as origens históricas e, por consequência, o objetivo do tipo penal, a Lei n. 9.777/98(186)(187)acrescentou o parágrafo único, voltando a atenção aos trabalhadores.

Trata-se de crime comum, de modo que tanto o **sujeito ativo** (1.1) quanto o **passivo** (1.2) podem ser qualquer pessoa, não sendo necessária relação de subordinação, dependência ou assistência. É indiferente a inexistência de uma especial relação jurídica entre um e outro, de modo que a conduta pode ser praticada por qualquer pessoa e qualquer um que tiver a vida ou saúde colocada em risco pode ser vítima do delito. Entretanto, é importante salientar que a(s) vítima(s) deve(m) ser individualizável(is), pois não se cuida na espécie de crime de perigo comum, que atinge um número indeterminado de pessoas. Além disso, quando a vítima estiver prestando serviço, nos termos do parágrafo único, haverá uma causa especial de aumento de pena, elemento que remete a tutela do meio ambiente laboral.

---

(185) O que consta do item 46 da Exposição de Motivos a Parte Especial do Código Penal, grifo nosso: "(...) O perigo concreto, que constitui o seu elemento objetivo, é limitado a determinada pessoa, não se confundindo, portanto, o crime em questão com os de perigo comum ou contra a incolumidade pública. **O exemplo frequente e típico dessa espécie criminal é o caso do empreiteiro que, para poupar-se ao dispêndio com medidas técnicas de prudência, na execução da obra, expõe o operário ao risco de grave acidente.** Vem daí que Zurcher, ao defender, na espécie, quando da elaboração do Código Penal suíço, um dispositivo incriminador, dizia que este seria um complemento da legislação trabalhista (*"Wir haben geglaubt, dieser Artikel werde einen Teil der Arbeite rschutzgesetzgebung bilden"*). Este pensamento muito contribuiu para que se formulasse o art. 132; mas este não visa somente proteger a indenidade do operário, quando em trabalho, senão também a de qualquer outra pessoa".

(186) O art. 4º, do Projeto de Lei n. 929/95, do qual a alteração foi originada, apresentava a tipificação para condutas em caso de descumprimentos de normas sanitárias, de segurança ou duração do trabalho, com a redação seguinte: "Deixar o tomador de serviços ou seus prepostos de cumprir as normas sanitárias, de segurança ou de duração do trabalho, estabelecidas pela lei ou pelas autoridades competentes, expondo a perigo a vida ou a saúde dos trabalhadores: Pena detenção, de 01 (um) a 03 (três) anos, e multa. Parágrafo Único: A pena é aumentada de metade, se da omissão resulta lesão corporal de natureza grave, e triplicada, se resulta morte", evidenciando a preocupação com a tutela da saúde e segurança do trabalhador à época. Diário do Congresso Nacional – Seção I. 23 set. 1995, p. 23.326-23.327. Disponível em: http://imagem.camara.gov.br/Imagem/d/pdf/DCD23SET1995.pdf#page=14. Acesso em: 18 out. 2020.

(187) É importante ressaltar que o dispositivo foi deixado de lado, inclusive com o fundamento de que a proteção existente à época já se mostrava excessiva e prejudicial tanto aos empregadores quanto aos empregados rurais, chegando o momento de que não seria possível aos interessados obterem emprego diante do "engessamento" e "inviabilização" no contratar de mão de obra, discussão que perdurou 4 anos e resultou na negociação e minimização do projeto original, conforme consta no PL 229-A/95 – Diário do Congresso Nacional. 10/dez/97, p. 41.045-41.050. Disponível em: http://imagem.camara.gov.br/Imagem/d/pdf/DCD10DEZ1997.pdf#page=363. Acesso em: 18 out. 2020.

O **objeto jurídico** (2) consiste na vida, na integridade corporal e na saúde de outrem, o que é denominado como incolumidade pessoal. Trata-se de um crime de subsidiariedade expressa que consta do preceito secundário. Assim, somente restará caracterizado quando a conduta não estiver prevista em outro crime.

Quanto ao **elemento objetivo** do tipo (3), consiste em expor a vítima a perigo direto e iminente, colocando em risco sua vida ou saúde. É indiferente, para a configuração do crime, o eventual consentimento da vítima, em razão da indisponibilidade dos bens jurídicos protegidos[(188)], e igualmente irrelevante é o motivo impulsionador da ação. Rogério Sanches Cunha (2016, p. 142) e Cezar Roberto Bitencourt (2012, p. 615) observam que o crime pode apresentar-se sob a forma omissiva[(189)], sendo exemplificado com a situação na qual o patrão não fornece o material de proteção necessário aos seus funcionários e resulte uma situação concreta de perigo, já que o mero descumprimento das normas de segurança acarretaria, somente, a contravenção penal.

Com relação à figura majorada, será aplicado o aumento de pena na terceira fase nos casos em que a vítima estiver sendo transportada para prestar serviços em estabelecimento comercial, industrial, agrícola ou similar e, ainda, público ou privado. Para Rogério Greco (2017, p. 274), o legislador buscou "coibir comportamentos muito comuns, principalmente nas zonas rurais, de transporte clandestino e perigoso de trabalhadores, a exemplo do que ocorre, inclusive, em propriedades privadas, com os chamados 'boias-frias'". Ademais, na aplicação do aumento da pena, deve ser considerado o quão arriscado foi o transporte ilegal e o quanto ele se aproximou da probabilidade de dano. Porém destaca Cezar Roberto Bitencourt (2012, p. 627) que, se o "transporte de pessoas" destinar-se à prestação for externo aos "estabelecimentos", como em propriedades rurais, sítios, lavouras, tecnicamente não haverá a caracterização do crime, diante da taxatividade.

Quanto ao **elemento subjetivo** (4), tem-se o dolo de perigo e não há forma culposa. É importante ressaltar que, se a intenção do agente for causar dano à vítima (dolo de

(188) O tema será abordado ao final do capítulo. Não poderia deixar de mencionar, entretanto, o entendimento diverso apresentado por Rogério Greco (2017, p. 275), especificamente no que condiz a esse delito: "No que diz respeito ao consentimento do ofendido, como esclarecemos, se o bem jurídico que sofre perigo de lesão for a integridade corporal ou a saúde da vítima, entendemos que o seu consentimento terá o condão de afastar a ilicitude da conduta levada a efeito pelo agente. Contudo, como também afirmamos, se o comportamento perigoso trouxer em si a probabilidade de ocorrência de lesão corporal de natureza grave ou gravíssima, nesse caso entendemos que o consentimento não terá a força suficiente para afastar o delito de perigo". Por outro lado, Celso Delmanto et al. (2016, p. 482) afirma como indiferente o consentimento, em qualquer situação, diante da indisponibilidade dos bens jurídicos.

(189) Rogério Greco (2017, p. 273), ao defender a modalidade omissiva, ressalta que somente restará caracterizada quando o sujeito ativo estiver na posição de garantidor, exemplificando: "o guia turístico permite que alguém, que estava sob seus cuidados, leve a efeito, sem qualquer ajuda, a travessia de uma ponte de cordas, que estava prestes a se romper, querendo, com isso, trazer perigo para a vida daquela pessoa".

dano), nesse caso, responderá por tentativa de lesão corporal ou de homicídio. Assim, se ao colocar em risco os trabalhadores, o agente tinha a intenção de lhes causar lesão, responderá por ela na modalidade tentada caso não tenha obtido êxito por circunstâncias alheias a sua vontade. Em julgamento proferido sobre o tema, o TAPR, PJ 44/299 entendeu pela ausência de caracterização do "delito do art. 132, quando o agente transporta na carroceria de seu caminhão diversas pessoas, que ali embarcaram espontaneamente, sem autorização do motorista, após a realização de um comício, eis que o tipo penal não prevê a modalidade culposa" (DELMANTO *et al*, 2016, p. 483).

No que tange à **consumação e tentativa, consuma-se** (5) o crime com o surgimento efetivo do perigo e, embora seja de difícil configuração, admite-se a tentativa.

No tocante à **ação penal** (6), ela é configurada como sendo de iniciativa pública incondicionada.

Já a **classificação doutrinária** (7) é disposta como crime de perigo concreto, comum quanto aos sujeitos, doloso, de forma livre, comissivo e omissivo, subsidiário e instantâneo.

Por fim, quanto aos **benefícios da Lei n. 9.099/95** (8), são cabíveis a transação e a suspensão condicional do processo, podendo serem aplicadas tanto no *caput* quanto diante da incidência do parágrafo único.

Ainda sobre esse tipo penal, é importante ressaltar que, levando-se em consideração a subsidiariedade do crime, no que condiz ao resultado mais gravoso, o delito objeto de análise não será caracterizado se, diante do risco em que o trabalhador foi colocado(190), o mesmo sofrer um acidente e for a óbito, sendo afastada a incidência do art. 132, CP e aplicado o homicídio culposo (art. 121, p. 3º, CP)(191).

#### 4.3.1.2. Do crime de omissão às medidas necessárias de proteção à saúde

A Lei n. 7.802, de 11 de julho de 1989, dispõe, dentre outras coisas, sobre a pesquisa, a experimentação, a produção, a embalagem e a rotulagem, o transporte, o armazenamento, a comercialização, a utilização e o destino final dos resíduos e embalagens, o controle, a

(190) Tangerino *et al* (2020, n.p.) apresentam a reflexão sobre a obrigatoriedade imposta ao empregado em trabalhar quando outro funcionário da empresa foi diagnosticado com Covid-19 ou mesmo, quando o próprio funcionário está com sintomas (mas sem realizar o exame). Nesses casos, os autores apresentam o art. 132 do CP como tipificação subsidiária, tendo em vista que "aquele que está infectado expõe a saúde, e potencialmente a vida, de terceiros, sem sombra de dúvidas". Assim, não sendo caracterizado um dos crimes contra a organização do trabalho ou, contra a saúde pública, subsiste o delito em análise a ser imputado ao autor, que poderia ser tanto o empregador, que, ciente dos sintomas exigiu que o empregado continuasse a trabalhar, quanto o próprio funcionário.

(191) Contudo, Cezar Roberto Bitencourt (2012, p. 619) ressalta que se a vítima "chegar a sofrer lesão corporal de natureza culposa (art.129, § 6º, CP), o crime continuará sendo o do art. 132, cuja pena é mais grave do que a daquela, aplicando-se, nesse caso, o princípio da *subsunção*".

inspeção e a fiscalização de agrotóxicos, de seus componentes e afins e prevê o delito de deixar de promover as medidas necessárias de proteção à saúde dos empregados:

> **Art. 16.** O empregador, profissional responsável ou o prestador de serviço, que deixar de promover as medidas necessárias de proteção à saúde e ao meio ambiente, estará sujeito à pena de reclusão de 2 (dois) a 4 (quatro) anos, além de multa de 100 (cem) a 1.000 (mil) MVR. Em caso de culpa, será punido com pena de reclusão de 1 (um) a 3 (três) anos, além de multa de 50 (cinqüenta) a 500 (quinhentos) MVR(192).

O crime é caracterizado diante da omissão do agente ao deixar de promover as medidas necessárias de proteção à saúde e ao meio ambiente, inclusive no tocante à exposição de trabalhadores a produtos agrotóxicos sem o fornecimento de equipamentos de proteção.

Trata-se de crime próprio, de modo que o **sujeito ativo** (1.1) será o empregador, profissional responsável ou o prestador de serviço, especificamente mencionados no início do dispositivo. Já o **sujeito passivo** (1.2) será qualquer pessoa atingida pela prática, podendo ser o empregado ou prestador de serviços que fizerem o uso dos agrotóxicos sem que tenham recebido os equipamentos de proteção, bem como a saúde pública.

O **objeto jurídico** (2) consiste na saúde e incolumidade física do trabalhador, bem como no meio ambiente, colocados em risco diante da prática delitiva. Busca-se evitar formas de degradação e de poluição do meio ambiente laboral pelo manuseio de agrotóxicos de maneira inadequada.

Quanto ao **elemento objetivo** do tipo (3), consiste em expor a vítima a perigo direto e iminente, colocando em risco sua vida, saúde e meio ambiente. A discussão sobre o eventual consentimento da vítima interferir na configuração do crime, mostra-se vinculada a possibilidade da monetização do risco prevalecer sobre a saúde do trabalhador, conforme será objeto de análise ao final do capítulo(193).

Quanto ao **elemento Subjetivo** (4), tem-se o dolo ou a culpa, diante da previsão em ambas as modalidades, sendo a última com imputação de pena menor.

**Consuma-se** (5) com o surgimento efetivo do perigo. Sendo de cunho formal, não é necessária, para a consumação do crime, a ocorrência de resultado naturalístico, ou seja, o efetivo dano a saúde pública. A prática não admite tentativa.

A **ação penal** (6) é de iniciativa pública incondicionada.

A **classificação doutrinária** (7): crime de perigo, próprio quanto ao sujeito ativo, doloso ou culposo, omissivo, formal.

---

(192) O índice "Maior Valor de Referência" (MVR) foi extinto pela Lei n. 8.177/91, sendo substituído pela "Unidade Fiscal de Referência" (UFIR). A UFIR, por sua vez, foi revogada pela Lei n. 10.522/2002, sendo convertida em real.

(193) Cf. tópico 4.4.

Quanto ao **cabimento dos benefícios da Lei n. 9.099/95** (8): nenhum dos benefícios são cabíveis se caracterizada a modalidade dolosa. Na modalidade culposa, é cabível a suspensão condicional do processo.

O impacto do uso dos agrotóxicos à saúde envolve diferentes grupos populacionais e atinge extensos territórios. Afetam desde a saúde humana dos trabalhadores rurais, que lidam diretamente com essas substâncias, até a saúde dos consumidores. As consequências agudas e crônicas englobam: alergias, distúrbios gastrintestinais, respiratórios, endócrinos, reprodutivos e neurológicos, neoplasias, mortes acidentais e suicídios.

A Lei n. 7.802/1989 prevê ainda a responsabilidade penal pelos danos causados "à saúde das pessoas e ao meio ambiente, quando a produção, comercialização, utilização, transporte e destinação de embalagens vazias de agrotóxicos, seus componentes e afins, não cumprirem o disposto na legislação pertinente", a ser imputada, nos termos do art. 14, alínea '*f*', "ao empregador, quando não fornecer e não fizer manutenção dos equipamentos adequados à proteção da saúde dos trabalhadores ou dos equipamentos na produção, distribuição e aplicação dos produtos".

A título ilustrativo, a Sexta turma do STJ entendeu pela existência de elementos suficientes (justa causa) para continuidade da ação penal diante da conduta do Engenheiro Agrônomo que, "agindo com culpa *latu sensu* no exercício de sua profissão (...), deixou de promover as medidas necessárias de proteção à saúde e ao meio ambiente ao prescrever a Receita Agronômica (...) de maneira errada, displicente e indevida", ao recomendar o uso de agrotóxicos mediante a pulverização aérea. Nos termos da narrativa fática, o acusado, em desacordo com as recomendações dos fabricantes expressas na bula, receitou uma calda 7,5 vezes superior ao máximo permitido do Agrotóxico e, "por não fazer constar as anotações de instruções específicas e obrigatórias no caso de aplicação aérea ao cliente" (BRASIL, 2020, p. 09-10).

#### 4.3.1.3. Contravenções penais relativas a omissão da empresa nas normas de segurança e higiene do trabalho

Além da lei abordada acima, outros dois dispositivos merecem menção e são comentados em conjunto: o art. 19, da Lei n. 8.213, de 24 de julho de 1991, que dispõe sobre os Planos de Benefícios da Previdência Social e o art. 343 do Decreto n. 3048 de 06 de maio 1999, que aprova o Regulamento da Previdência Social:

**Lei n. 8.213, de 24 de julho de 1991**

**Art. 19.** Acidente do trabalho é o que ocorre pelo exercício do trabalho a serviço de empresa ou de empregador doméstico ou pelo exercício do trabalho dos segurados referidos no inciso VII do art. 11 desta Lei, provocando lesão corporal ou perturbação funcional que cause a morte ou a perda ou redução, permanente ou temporária, da capacidade para o trabalho. (Redação dada pela Lei Complementar n. 150, de 2015)

> § 1º A empresa é responsável pela adoção e uso das medidas coletivas e individuais de proteção e segurança da saúde do trabalhador.
>
> **§ 2º Constitui contravenção penal, punível com multa, deixar a empresa de cumprir as normas de segurança e higiene do trabalho** (grifo nosso)
>
> **Decreto n. 3048 de 06 de maio de 1999**
>
> **Art. 343.** Constitui contravenção penal, punível com multa, deixar a empresa de cumprir as normas de segurança e saúde do trabalho.

Considerando que, em ambos os dispositivos é mencionado que a prática da conduta caracteriza contravenção penal, se torna relevante uma breve explanação sobre a distinção entre crime e contravenção.

No que condiz as infrações penais, o ordenamento jurídico brasileiro adotou o sistema bipartido, no qual as condutas puníveis dividem-se em crimes ou delitos (considerados sinônimos) e contravenções penais. Nos termos do art. 1º, LICP (Lei de Introdução ao Código Penal), enquanto é caracterizada como crime a infração penal apenada com reclusão ou detenção, a contravenção, é punida com prisão simples ou com multa, cumulativa ou isoladamente[(194)].

Diante desta distinção, as contravenções penais, consideradas como "delitos--anões", de modo geral, abrangem infrações penais que são consideradas como menos graves do que o crime. Contudo, a distinção aparenta ser política, uma vez que a contravenção pode ser transformada em crime, com alteração substancial na pena, como ocorreu com a importunação ofensiva ao pudor[(195)]. Ainda assim, outras distinções relevantes consistem na ausência de punição da contravenção penal, na modalidade tentada e a ação penal ser de natureza pública incondicionada (art. 4º e art. 17, ambos da Lei de Contravenções Penais). Superada a distinção, passa-se a análise das infrações:

No que condiz ao **sujeito ativo** (1.1), de acordo com o que consta na redação do dispositivo, trata-se da empresa (BRODT; FERREIRA, 2017, n.p.). Entretanto, conforme salienta Guilherme Guimarães Feliciano (2009, p. 360)[(196)],

---

(194) Art. 1º, LICP (Decreto-lei n. 3.914/1941): "Considera-se crime a infração penal que a lei comina pena de reclusão ou de detenção, quer isoladamente, quer alternativa ou cumulativamente com a pena de multa; contravenção, a infração penal a que a lei comina, isoladamente, pena de prisão simples ou de multa, ou ambas, alternativa ou cumulativamente".

(195) O revogado art. 61, do Decreto-lei n. 3.688/41, que previa a conduta de importunação ofensiva ao pudor, com previsão de multa como pena, foi substituído (ou transformado) em importunação sexual (art. 215-A, CP), com previsão da pena, em abstrato, de 01 a 05 anos.

(196) Sobre a responsabilidade penal da pessoa jurídica, sugerimos a leitura de: FELICIANO, Guilherme Guimarães. *Teoria da imputação objetiva no direito penal ambiental brasileiro* (tese). São Paulo: LTr, 2005. p. 568; e TEOTONIO, P. J. F. ; SILVEIRA, S. S. . Responsabilidade criminal de pessoa jurídica: efetividade da sanção penal e a dogmática jurídica. In: Jair Aparecido Cardoso; Sebastião Sérgio da Silveira. (Org.). *Pessoa Jurídica:* Hipóteses de Consideração e Desconsideração no Direito Brasileiro. 1. ed. Ribeirão Preto: Fundação de Pesquisas Tecnológicas — FUNPEC, 2014, v. 01, p. 129-146.

já se tem por adquirido, na doutrina nacional, que *empresa não é pessoa; empresa* **é exercício profissional de atividade econômica para a produção ou a circulação de bens ou de serviços (...). Logo, uma "empresa" sequer em tese pode ser sujeito ativo de infração penal".**

Ainda que, ao mencionar a empresa, o legislador estivesse fazendo referência ao proprietário e/ou ao preposto que deixa de cumprir as normas de segurança e saúde do trabalho, o descuido do legislador acaba por enfraquecer, senão matar, a aplicabilidade da norma penal, que deve ser taxativa. Como **sujeito(s) passivo(s)** (1.2) tem-se o(s) funcionário(s) prejudicado(s).

O **objeto jurídico** (2) consiste na vida e na saúde da vítima, que deve ser tutelada contra determinadas situações especiais que possam colocá-la em risco efetivo, grave e iminente. Trata-se de crime de perigo.

Já o **tipo objetivo** (3) consiste na conduta que deixa de cumprir, mediante omissão ou comissão, as normas relativas à segurança, à saúde e à higiene do trabalho, gerando risco à saúde e à segurança do trabalhador. Trata-se de uma norma penal em branco, uma vez que depende de complemento normativo ao não descrever quais são as normas de segurança, saúde e higiene.

Com relação ao elemento subjetivo (4), trata-se do dolo, ou seja, da prática mediante consciência e vontade, por parte do sujeito ativo, que deixa de cumprir as mencionadas normas.

A prática do crime somente encontra punição na modalidade **consumada** (5), já que não é punível a contravenção **tentada**[197].

Já a **ação penal** (6), como em todas as contravenções, é pública incondicionada[198].

Quanto à **classificação doutrinária** (7), trata-se de uma contravenção, sendo denominada como infração penal comum quanto aos sujeitos (ativo e passivo), bem como dolosa.

Assim, por ser contravenção penal, conforme consta da própria redação, é possível afirmar que seriam cabíveis os **benefícios da Lei n. 9.099/95** (8), tanto a transação quanto a suspensão condicional da pena.

Moraes Filho (1970, p. 155), ao comentar as alterações que seriam promovidas com o Código Penal de 1969, já apresentava a importância de um tipo penal com o fito de sancionar o descumprimento das normas de segurança e higiene diante dos acidentes e das doenças profissionais que mutilam prestadores de serviço e oneram o custo da produção.

---

(197) Art. 4º, Lei das Contravenções Penais: "Não é punível a tentativa de contravenção".

(198) Art. 17, Lei das Contravenções Penais: "A ação penal é pública, devendo a autoridade proceder de ofício"

Apesar da necessidade da tutela e relevância do tema, é imprescindível ressaltar o posicionamento, em concordância com Guilherme Guimarães Feliciano (2009, p. 359-360), que os dispositivos acima são inconstitucionais e inconvenientes, tendo em vista que são excessivamente abertos(199), o que compromete a sua função constitucional de garantia, bem como violam o princípio da taxatividade, consectário da legalidade penal, refletindo atecnia dos tipos penais. Além disso, o dispositivo realiza a menção da punição mediante aplicação de multa que, de acordo com Luís Augusto Sanzo Brodt e Pedro Paulo da Cunha Ferreira (2017, n.p.), "apenas incrementa a ineficácia de sistema reativo e pecuniário". Além disso, diferente de outros delitos, não são cominados, em abstrato, os limites mínimo e máximo dessa pena, gerando a aparência de que o legislador esqueceu de criar o tipo na Lei específica ou, ainda, que a produção era meramente simbólica, sem pretensão de gerar efetividade na tutela do direito fundamental.

Por fim, Guilherme Guimarães Feliciano (2009, p. 361) sinaliza o inconveniente na própria sanção pecuniária(200), considerando que, se a finalidade do legislador fosse alcançar apenas as condutas de menor potencial ofensivo, deixando para definir como crime as mais graves, seria melhor optar pela infração administrativa, "seguindo-se a tendência contemporânea das legislações europeias em sede contravencional (...) E para isso, aliás, teríamos já norma legal correlata, inclusive com majoração da penalidade administrativa em caso de reincidência (art. 201 da CLT)".

Duas observações são relevantes: a discussão sobre a inconstitucionalidade e a ofensa ao princípio da lesividade no que condiz com os delitos de perigo abstrato e a subsidiariedade do crime no que condiz com o resultado mais gravoso. Quanto à primeira, Rogério Greco (2017, p. 239) advoga que, de acordo com postulados garantistas, ao menos à primeira vista, devem ser rechaçados os tipos penais de perigo abstrato, pois a lei penal presume a colocação em perigo do bem juridicamente protegido pelo tipo, independente do risco que venha a sofrer, enquanto nos delitos de perigo concreto é realizada a análise se a vítima correu risco de ter o bem jurídico violado, caracterizando o delito ainda que não tenha ocorrido o efetivo dano.

---

(199) O tipo penal aberto é uma espécie de tipo penal incompleto, que depende de complemento valorativo, a ser concedido pelo magistrado. Em sua definição, são empregados termos amplos, de modo a abarcar diversos comportamentos diferentes. Entretanto, para não ofender o princípio da legalidade, é necessário que a redação típica apresente o mínimo de determinação em seu conteúdo.

(200) No mesmo sentido, Luís Augusto Sanzo Brodt e Pedro Paulo da Cunha Ferreira (2017, n.p.) defendem que "a fragilidade do sistema de prevenção de riscos laborais, em diferentes organizações empresárias se evidencia, conquanto seus custos não integrem os interesses econômicos da corporação, potencializando, sobretudo pela débil tutela jurídica oferecida — hoje — pelo direito brasileiro à questão da omissão do empregador na prestação de cuidados laborais, imprescindíveis à proteção da vida e da saúde do trabalhador" e afirmam que a ineficácia das ferramentas jurídicas dispostas no direito nacional "encontra-se baseada no sistema exclusivamente sancionador e pecuniário com o qual disciplina a matéria, de modo que os exames de risco calculado, associada a uma análise econômica do direito, desvenda ao empresário as vantagens financeiras na não manutenção de um aparato eficiente de segurança laboral".

Em julgado relativo ao tema, o Ministro Gilmar Mendes (BRASIL, 2012, p. 2-3) afirmou que a criação de crimes de perigo abstrato não representa, por si só, comportamento inconstitucional por parte do legislador penal. Para o Ministro, a tipificação de condutas que geram perigo em abstrato, muitas vezes, acaba sendo a melhor alternativa ou a medida mais eficaz para a proteção de bens jurídico-penais supraindividuais ou de caráter coletivo, como, por exemplo, o meio ambiente, a saúde etc. Portanto, pode o legislador, dentro de suas amplas margens de avaliação e de decisão, definir quais as medidas mais adequadas e necessárias para a efetiva proteção de determinado bem jurídico, o que lhe permite escolher espécies de tipificação próprias de um direito penal preventivo.

O Ministro afirmou a conexão entre o princípio da lesividade e o da proporcionalidade, tanto como limite à atividade judicial quanto à legislativa, possibilitando o exercício da fiscalização, por parte da Jurisdição Constitucional, da constitucionalidade das leis. Tendo em vista que o Estado se obriga a observar os direitos do indivíduo em face das investidas do Poder Público, mas também se obriga a garantir os direitos fundamentais contra agressão propiciada por terceiros, Gilmar Mendes (BRASIL, 2012, p. 16) salienta que "as normas constitucionais brasileiras referidas explicitam o dever de proteção identificado pelo constituinte e traduzido em mandatos de criminalização expressos dirigidos ao legislador".

Pierpaolo Cruz Bottini (2007, n.p) destaca que a atual expansão do Direito Penal, pela utilização dos crimes de perigo abstrato, se mostra como técnica de elaboração legislativa que procura enfrentar novos contextos sociais decorrentes das inovações científicas que podem desencadear danos graves e irreversíveis aos direitos jurídicos fundamentais, como a utilização de organismos geneticamente modificados e o desenvolvimento de novos medicamentos, sem os devidos cuidados quanto aos seus efeitos quanto da proteção.

Para o autor (2007, n.p), o Direito Penal é utilizado como reforço e inibição do não cumprimento das medidas organizacionais desses ambientes de interação de massa. Contudo, enfatiza a necessidade de uma construção interpretativa que considere a materialidade típica da conduta, revelada pela periculosidade (ainda que abstrata), possibilitando a identificação dos bens jurídicos protegidos subjacentes a cada tipo de crime, de modo a não afetar a segurança jurídica, a vontade do legislador e o princípio da lesividade. O que gera conformidade com as exigências da dinâmica social e com a dignidade humana, elemento fundamental do Direito Penal.

Especificamente sobre a tutela do meio ambiente do trabalho María José Cuenca García (2013, p. 55, tradução nossa) ressalta que "por se tratar de delito de perigo, o Direito Penal pode intervir antes da violação as normas de prevenção de riscos laborais produza resultados lesivos"(201). Entretanto, problemas de ordem prática acabam reduzir

(201) No original: "Así, al tratarse de un delito de peligro, el derecho penal puede intervenir antes de que la infracción de las normas de prevención de riesgos laborales produzca resultados lesivos".

a contribuição do Direito Penal. A autora afirma que os trabalhadores não exigem o cumprimento dos meios de prevenção e não noticiam as violações das normas de segurança, por receio de perderem o trabalho, acrescentando ainda a crise de representação dos sindicatos dentre as causas que reduzem a efetividade da prevenção penal.

Para Antonio Baylos e Juan Terradillos (2008, p. 22), além da passividade de vítimas e testemunhas — trabalhadores que ficam relutantes com a denúncia, por receio de perder o emprego ou as condições de trabalho, também afetam a proteção penal, a duração excessiva dos processos, o que prejudica a vítima que necessita de indenização, bem como a leniência do Ministério Público, que não inicia a acusação senão houver reclamação da vítima.

### 4.3.2. Dos crimes contra a liberdade da pessoa trabalhadora

As infrações penais apresentadas neste subcapítulo (redução a condição análoga à de escravo — art. 149, CP, tráfico de pessoas — art. 149-A, CP e vadiagem — art. 59, Decreto-lei n. 3.688/1941) são aquelas vinculadas à proteção da liberdade do indivíduo, ainda que, conforme analisado, haja a violação de uma somatória de bens jurídicos, que não são dispostos explicitamente, como os preceitos constitucionais de que ninguém será submetido à tortura nem a tratamento desumano ou degradante e de que a valorização do trabalho será tratada como fundamento da ordem econômica e social. Além disso, em que pese a proposital semelhança do título com o Capítulo VI, Seção I, do Código Penal, é realizada, ainda, a crítica no que condiz com a posição topográfica dos dispositivos que serão comentados.

#### 4.3.2.1. Redução a condição análoga à de escravo

O art. 149 do Código Penal, com redação dada pela Lei n. 10.803/2003, traz os seguintes dizeres:

> **Art. 149.** Reduzir alguém a com dição análoga à de escravo, quer submetendo-o a trabalhos forçados ou a jornada exaustiva, quer sujeitando-o a condições degradantes de trabalho, quer restringindo, por qualquer meio, sua locomoção em razão de dívida contraída com o empregador ou preposto: Pena – reclusão, de dois a oito anos, e multa, além da pena correspondente à violência.
>
> § 1º Nas mesmas penas incorre quem:
>
> I – cerceia o uso de qualquer meio de transporte por parte do trabalhador, com o fim de retê-lo no local de trabalho;
>
> II – mantém vigilância ostensiva no local de trabalho ou se apodera de documentos ou objetos pessoais do trabalhador, com o fim de retê-lo no local de trabalho.
>
> § 2º A pena é aumentada de metade, se o crime é cometido:
>
> I – contra criança ou adolescente;
>
> II – por motivo de preconceito de raça, cor, etnia, religião ou origem.

De acordo com o art. 4º, da Declaração Universal dos Direitos do Homem (1948), "ninguém será mantido em escravidão ou em servidão; a escravidão e o trato dos escravos serão proibidos em todas as suas formas". Ademais, O art. 23, I, dispõe que "todo o homem tem direito ao trabalho, à livre escolha de emprego, a condições justas e favoráveis de trabalho e à proteção contra o desemprego". Embora tenha sido formalmente abolida a escravidão em 1888, a sujeição de uma pessoa ao domínio de outra (plágio) persistiu e somente foi criminalizada em 1940. É curioso observar que a ausência de previsão da conduta no Código Penal de 1890 revela que o tratamento jurídico do escravo ainda não se mostrava compatível com a abolição.

Após tipificação no atual Código Penal, a preocupação com as diversas ocorrências foi apresentada como justificativa ao PL 929/95 pela necessidade de sanar imperfeições, tendo em vista que a redação, à época do art. 149 do CP, era genérica e com interpretação restritiva, o que deixava a desejar na punição dos responsáveis pelo "trabalho escravo".(202)

Mesmo após o país ter se comprometido a suprimir o emprego do trabalho forçado ou obrigatório em todas as formas, nos termos da Convenção n. 29, ratificada no Brasil em 1957(203), somente em 2003, foi realizada a alteração no tipo penal e, apesar de pecar por omissões senão por impropriedade, conforme apresentado por Guilherme Guimarães Feliciano (2004, p. 65-66), qualquer especialização mostrava-se bem-vinda diante da redação original que evidenciava um tipo penal aberto.

Também a fundamentar a tutela penal, a República Federativa do Brasil é signatária da Declaração Universal dos Direitos Humanos (1948), segundo a qual "ninguém será mantido em escravidão ou servidão; a escravidão e tráfico de escravos serão proibidos em todas as suas formas" e, ainda, "toda a pessoa tem direito ao trabalho, à livre escolha de emprego, a condições justas e favoráveis de trabalho"; Convenção das Nações Unidas sobre Escravatura (1926), emendada pelo Protocolo de 1953 e Convenção Suplementar sobre a Abolição da Escravatura (1956); Convenção n. 29 da Organização Internacional do Trabalho, sobre Trabalho Forçado (1930), a Convenção n. 105 da Organização Internacional do Trabalho sobre a Abolição do Trabalho Forçado (1957), a Convenção 182 da Organização Internacional do Trabalho, sobre Proibição das Piores Formas de Trabalho Infantil e Ação Imediata para sua Eliminação (1999) que, no art. 3º, *"a"*, prevê que as "piores formas de trabalho infantil" abrangem "todas as formas de escravidão ou práticas análogas à escravidão, tais como a venda e tráfico de crianças,

(202) De acordo com a justificativa do PL 929/95, a expressão não evidencia qualquer excesso de linguagem, tendo em vista o número ascendente de pessoas submetidas a degradante relação de trabalho, em diversos Estados do país, conforme reconhecido pelo próprio governo brasileiro, no relatório apresentado em 1994, ao comitê de Direitos Humanos da ONU.

(203) Importante ressaltar ainda que a proibição da escravidão e da servidão são encontradas na Convenção Americana de Direitos Humanos (Pacto de San José da Costa Rica — art. 6º) e o Pacto Internacional sobre Direitos Civis e Políticos (art. 8º), ratificados em 1992 pelo Brasil.

a servidão por dívidas e a condição de servo, e o trabalho forçado ou obrigatório". Todas estas normas internacionais foram ratificadas pelo Brasil, encontrando-se incorporadas ao nosso ordenamento jurídico.

Eduardo Saad-Diniz (2015, p. 165-166) ressalta normativa mais recente, como o Comitê contra à Escravidão Moderna (art. 4º, da Convenção Europeia de Direitos Humanos), que impõe às nações-membro o dever positivo de proteger sob a sua jurisdição contra a escravidão e a servidão, tem-se criado *standards* legislativos internacionais e padrões de monitoramento que propõe a superação do estado de vulnerabilidade da vítima submetida à escravidão moderna(204).

Para Guilherme Guimarães Feliciano (2004, p. 71-72), combater adequadamente o neo-escravismo no Brasil, inclusive mediante um competente arcabouço penal, é imperativo ético e jurídico improrrogável. Para o autor, trata-se de oferecer máxima guarida aos direitos de primeira, segunda e os de terceira dimensão, "coibindo, nos efeitos, um dos aspectos mais nefastos do capitalismo tardio na era da economia globalizada".

Passa-se, então, à análise da redação vigente.

No que condiz ao **sujeito ativo** (1.1), trata-se de crime próprio, diante da necessária relação de trabalho entre o autor e vítima. O **sujeito passivo** (1.2) pode ser quem se encontrar na condição de contratado, empregado, empreiteiro, operário, uma vez que é indispensável o vínculo trabalhista entre os sujeitos, sob pena de que não seja caracterizada essa infração penal, ainda que haja a restrição da liberdade. Se a vítima for criança, adolescente ou se a prática tiver sido motivada por preconceito de raça, cor, etnia, religião ou origem, a pena do delito será majorada em metade (§ 2°).

O **objeto jurídico** (2) consiste na liberdade individual, isto é, no *status libertatis*, assegurado pela Constituição Federal, e na dignidade do indivíduo. Apesar da posição topográfica deste delito, que se encontra entre os crimes contra a liberdade individual, defende-se que o bem jurídico deve ser tutelado no que condiz com a liberdade de locomoção da vítima sendo, nesse aspecto, pacífico na doutrina e jurisprudência (que a restrição da liberdade da vítima é elemento essencial para caracterizar o crime) mas também deve ser tutelado no que se refere à liberdade de escolha do indivíduo, de modo que o tipo penal busca a repreensão da conduta do agente que submete a vítima a condições degradantes e/ou a jornadas exaustivas de forma intensa e persistente, gerando privação da dignidade do trabalhador, violação à sua saúde ou à sua vida, independente da concessão do seu direito de ir e vir (SERVO; CARDOSO, 2019, p. 620-621).

---

(204) Como o Programa de Cooperação entre o Brasil e o Peru: OIT. Proyecto "Consolidando y Difundiendo Esfuerzos para Combatir el Trabajo Forzoso en Brasil y Perú" Derecho penal y trabajo forzoso en Perú. Módulo de orientación para operadores de justicia. Lima: Oficina de la OIT para los Países Andinos, 2015. 92 p. Disponível em: https://www.ilo.org/wcmsp5/groups/public/---americas/---ro-lima/---sro-lima/documents/publication/wcms_478274.pdf. Acesso em: 04 set. 2020.

Assim, retroceder ao entendimento que o relaciona apenas à restrição de liberdade implica uma verdadeira supressão da proteção do trabalhador, retirando da esfera da tutela estatal aquilo que sua condição de humanidade.

Quanto ao **tipo objetivo** (3), tem-se a "redução" do sujeito passivo, o que significa sujeitar a vítima à condição semelhante à de escravo, a um estado de servidão, à submissão, isto é, à condição deprimente e indigna. Entretanto, conforme postula Jair Aparecido Cardoso (2015, p. 266), é importante ressaltar que, diante da dinâmica social, a proteção penal-laboral deve ser pensada para além de uma lógica meramente dogmática, de modo que, para Mesquita (2011, p. 119), a escravidão contemporânea é sutil e pode ser imposta mediante coação econômica, moral ou física.

Conforme Guilherme Guimarães Feliciano (2004, p. 67-68), o tipo penal, então, apresenta quatro formas alternativas que vinculam a caracterização delitiva: a submissão a trabalhos forçados, a jornada exaustiva, a sujeição a condições degradantes ou, a restrição da locomoção, entendendo-se que o crime pode ser executado mediante violência, ameaça ou fraude os quais constituem meios de execução. Contudo, para que se tenha conhecimento se restou caracterizado o crime, é necessário que alguns conceitos sejam buscados em outras legislações, como a condição degradante ou a jornada exaustiva. Afinal, o dispositivo que trata da conduta não especifica o conceito de trabalho degradante ou exaustivo, estando incompleto, razão pela qual pode-se afirmar que se trata de uma norma penal em branco.

Ainda que fosse possível afirmar que a caracterização do trabalho forçado e a restrição da liberdade se mostram intuitivas para o operador do Direito Penal, o mesmo não poder ser dito sobre a jornada exaustiva ou condições degradantes. Afinal, é necessário compreender qual o limite entre as condições que possibilitam (somente) o pagamento de adicionais e àquelas que acarretam a intervenção penal (ainda que seja proposto o pagamento dos adicionais), distinção que atende e ilustra os princípios da fragmentariedade e subsidiariedade penal.

Em 1944, com a Constituição e a Declaração de Filadélfia, documentos fundadores dos princípios da OIT, a valorização do trabalho humano já era valor insculpido que, ao revés de uma mercadoria, deveria estar dotado de dignidade e respeito às normas jurídicas estabelecidas. Mauricio Godinho Delgado (2019, p. 774) pontifica que, quanto ao trabalho em condições degradantes, tem-se como parâmetro legal as limitações internacionais conferidas pela OIT que, ao definir o trabalho decente, também confere balizas proibitivas daquilo que corresponde a trabalho degradante.

A OIT conceitua trabalho decente como "um trabalho produtivo e adequadamente remunerado, exercido em condições de liberdade, equidade, e segurança, sem quaisquer formas de discriminação, e capaz de garantir uma vida digna a todas as pessoas que vivem de seu trabalho", de modo que, "cabe ao empregador ofertar a seus empregados (e aos terceirizados também, quando houver) ambiente de trabalho hígido, regular, digno" (DELGADO, 2019, p. 774).

Luciano Martinez (2019, p. 153) define o trabalho degradante, previsto na redação do tipo penal como sendo aquele que,

> diante da ausência de garantias mínimas de saúde e segurança no ambiente de trabalho, produz desgaste físico (motivado pelo contato permanente e sem a devida proteção individual com agentes físicos, químicos ou biológicos hostis à saúde ou à incolumidade física) ou degeneração moral (fundada na realização de atividades penosas ou aviltantes).

O trabalho degradante, também previsto na redação do tipo, mostra-se atentatório a dignidade humana. A Constituição Federal resguarda o direito de ninguém ser submetido à tortura nem a tratamento desumano ou degradante (art. 5º, III), de modo que, ao privar o trabalhador de dignidade, mediante limitação na alimentação e moradia, submissão do trabalhador a um cenário humilhante de trabalho, mais compatível a um escravo do que a um ser humano livre e digno, restará caracterizada a prática delitiva. Trata-se de um tipo aberto, que depende da interpretação do juiz, inclusive se valendo da legislação trabalhista, que preserva as condições mínimas apropriadas do trabalho humano.

Com relação ao termo "trabalho forçado", tem-se como referência a Convenção 29, OIT, que assim designa a "situação de violação da liberdade de trabalho, que envolve uma restrição ilícita à capacidade da pessoa de decidir se quer ou não trabalhar, para quem e em que condições", de modo que as vítimas de trabalhos forçados têm a sua dignidade afetada, não só por perderem a possibilidade de exercerem o direito fundamental à liberdade de trabalho, mas também por serem tratadas como instrumentos a serviço de terceiros (OIT, 2015, p. 17)[205]. É importante salientar que, no Brasil, o trabalho forçado é proibido inclusive aos condenados (art. 5º, XLVII, '*c*', CF).

Luciano Martinez (2019, p. 153) caracteriza a jornada exaustiva como trabalho indecente "assim compreendido aquele realizado em jornadas exaustivas, inadequadamente remunerado ou, em última análise, fora do padrão mínimo de tutela ao trabalho digno".

O conceito aparenta ainda ser vago e distante da pretensão do legislador que consiste em criminalizar a jornada que gere o exaurimento do trabalhador-vítima, independentemente de pagamento de horas extras ou qualquer outro tipo de compensação,

---

(205) Os fatores associados ao trabalho forçado abrangem efeitos deletérios, que vão desde afetar o projeto de vida da pessoa submetida à exploração até a consolidação de um ciclo de pobreza, além de afetar as empresas que cumprem a lei, sujeitas a práticas de concorrência desleal (OIT, 2015, p. 23).

tendo em vista inclusive o prejuízo gerado a saúde física e mental, além da segurança do trabalhador. Para Gustavo Garcia (2017, p. 533), "é dever do empregador fazer com que as normas de ordem pública, que limitam a jornada de trabalho e o labor extraordinário, sejam fielmente respeitadas", não podendo ser afastada a violação por argumentos no sentido de que não há mão de obra suficientemente qualificada. O autor ressalta que o risco do empreendimento é do empregador, que deve se ajustar às previsões contidas no ordenamento jurídico.

Para Guilherme de Souza Nucci (2017, p. 524), diferente do trabalho forçado, "a jornada exaustiva pode ser buscada pelo próprio trabalhador, por vezes para aumentar sua remuneração ou conseguir algum outro tipo de vantagem. Para a configuração do crime do art. 149 é preciso que o patrão *submeta* (isto é, exija, subjugue, domine [a vítima] pela força)", ressaltando que se se cuidar de vontade própria do trabalhador não se pode falar em concretização da figura típica.

Em outras palavras, a autor defende a aplicabilidade do consentimento do ofendido, como excludente do crime(206). Embora se reconheça a liberdade como bem jurídico disponível, o consentimento do ofendido, como excludente da prática delitiva, é analisado no último tópico desse capítulo(207). Porém, desde já é importante ressaltar a ausência de concordância.

O dolo é o **elemento subjetivo** (4)**,** sendo evidenciado pela vontade livre e consciente de se subjugar determinada pessoa ou lhe suprimir a liberdade.

Quanto à **consumação** (5), ela ocorre quando o agente reduz a vítima à condição semelhante à de escravo por tempo juridicamente relevante (tendo em vista a natureza de crime permanente). É admitida a forma **tentada,** quando o estado a que for reduzido o ofendido for rápido ou momentâneo.

No tocante à **ação penal** (6), ela é pública de iniciativa incondicionada.

E, quanto à **classificação doutrinária** (7)**,** trata-se de crime próprio, material, visto que o delito exige resultado naturalístico, privação da liberdade, situação degradante ou abusiva na atividade laborativa; de forma vinculada, podendo ser cometido pelos meios descritos no tipo; comissivo em que "reduzir" implica ação positiva do agente (fazer algo) e, excepcionalmente, comissivo por omissão, sendo omissivo impróprio, ou seja, é a aplicação do art. 13, § 2º, do Código Penal; permanente, cuja consumação se prolonga no tempo; de dano, em que se consuma com a efetiva lesão ao bem jurídico tutelado, que é a liberdade em sentido amplo; unissubjetivo, que pode ser praticado por um só agente; e plurissubsistente, sendo que, em regra, vários atos integram a conduta.

---

(206) Para Guilherme de Souza Nucci (2017, p. 524), o "consentimento da vítima: pode afastar a configuração do delito, desde que a situação na qual se veja envolvido o ofendido não ofenda a ética social e os bons costumes".

(207) Cf. 4.4.

Por fim, quanto ao respeito dos **benefícios da Lei n. 9.099/95** (8), não são cabíveis a transação penal e a suspensão condicional do processo.

Conforme mencionado, apesar da alteração desse dispositivo (pela Lei n. 10.803/2003) ter sido um avanço, ela não acertou na redução conceitual. O crime, ao ser modificado de delito comum para delito especial no que condiz ao sujeito passivo bem como ao ser passado de forma de execução livre para execução vinculada aos meios taxativamente previstos na redação do artigo, acabou, conforme postula Guilherme Guimarães Feliciano (2004, p. 69)[(208)], por obstar "a devida subsunção das outras condutas que, a rigor, conduzem à condição análoga à de escravo, e das demais que possam vir a ser engendradas pelo gênio criativo do capitalista delinquente", além de produzir uma *abolitio criminis* em relação a qualquer outro modo ou forma de conduta que não seja mais abrangido pela nova definição legal.

A título de exemplo, diante da alteração do tipo penal, a caracterização delitiva já não abrange a conduta na qual uma vítima é vendida a determinado harém, para a escravidão sexual (BITENCOURT, 2012, p. 1082; FELICIANO, 2004, p. 66).

Em julgamento sobre a prática criminosa, o Supremo Tribunal Federal entendeu que, apesar da posição topográfica (entre os crimes contra a liberdade), o delito sob análise é caracterizado como crime contra a organização do trabalho, tendo em vista a proteção máxima conferida pela Constituição Federal.

De acordo com Joaquim Barbosa, reforçando, inclusive, a competência da Justiça Federal, conforme o art. 109, VI, CF, o delito é tido como crime quando relacionado

> a quaisquer condutas que possam ser tidas como violadoras não somente do sistema de órgãos e instituições com atribuições para proteger os direitos e deveres dos trabalhadores, mas também dos próprios trabalhadores, atingindo-os em esferas que lhes são mais caras. (RE 398041, Relator: JOAQUIM BARBOSA, Tribunal Pleno, julgado em 30.11.2006)

Contudo, ainda há grande divergência nos Tribunais no que condiz a necessidade de restrição da liberdade da vítima para caracterização desse delito.

Em julgamento do Recurso Especial n. n. 1.843.150 – PA (2019/0306530-1), a Sexta Turma do STJ (BRASIL, 2020-a, p. 06), sob a relatoria do Ministro Nefi Cordeiro, entendeu pelo provimento do recurso do *parquet* e caracterização do crime, diante das

---

(208) O autor (2004, p. 71-72) esclarece: "em geral, os delitos de escravidão na legislação comparada realmente são descritos mediante tipos penais abertos. Assim é, p. ex., na Itália (art. 600 do regio decreto de 19.10.1930, n. 1398 — Códice Penale) e em Portugal (art. 159 do Decreto-lei n. 48/95 — Código Penal), embora com penas bem mais expressivas (cinco a quinze anos, em ambos os casos). Com isso, garante-se ao operador jurídico certa margem hermenêutica para a subsunção de condutas novas que, a seu modo, conduzam a pessoa humana à condição análoga à de escravo; mas, em contrapartida, dá-se ensejo a um grau de discricionariedade judiciária nem sempre aconselhável".

condições degradantes, independente da liberdade física da vítima, tendo em vista que os trabalhadores estavam alojados "em barracos cobertos de palha e lona, sustentados por frágeis caibros de madeira branca, no meio da mata, sem qualquer proteção lateral", bem como não eram oferecidas condições mínimas de higiene sequer para a realização das refeições, que eram realizadas no chão de terra batida ou em tronco de árvores, sendo que até mesmo os mantimentos, eram "depositados no chão, sem a menor preocupação com a presença de insetos ou outros animais peçonhentos".

Por outro lado, a Quinta Turma do mesmo Tribunal, de forma unânime, entendeu por negar provimento ao Agravo Regimental em Recurso Especial n. 1.623.697 – PA (2019/0346602-6), fundamentando que a orientação do Tribunal mostrava-se no mesmo sentido da decisão recorrida. Ocorre que, apesar da decisão recorrida apresentar no dispositivo a absolvição por insuficiência probatória, o relatório, apresentado no acórdão, evidenciava a fundamentação baseada também na atipicidade da conduta, com o argumento de que "más condições de habitabilidade, ausência de disponibilização de água potável, de instalação sanitária e de armários individuais —, são insuficientes à tipificação do crime de trabalho escravo", acrescentando que as "condutas que revelam, em tese, possíveis infringências às normas trabalhistas que podem ser reparadas no âmbito da Justiça do Trabalho, que não configuram trabalho escravo" (BRASIL, 2020-b, p. 8-9)[209].

Ainda sobre o delito, de acordo com o art. 243, CF (com redação dada pela Emenda 81/2014), as propriedades rurais e urbanas onde forem localizadas exploração de trabalho escravo serão objeto de expropriação e destinadas à reforma agrária e a programas de habitação popular, enquanto os bens de valor econômico que são apreendidos serão confiscados e revertidos a um fundo especial com destinação específica, na forma da lei, sem qualquer indenização ao proprietário e sem prejuízo de outras sanções. Deixando patente, que "apesar de o tema trabalho escravo ser reiterativo, a dignidade humana é a sua mais importante diretriz" (MARTINEZ, 2019, p. 155).

Por fim, é imprescindível ressaltar que, apesar do reconhecimento pacífico da relevância do tipo penal, há evidente desproporcionalidade na cominação da pena em abstrato,

---

(209) De forma semelhante, ao ser julgado o delito de submissão a condição análoga à de escravo, nos autos n. 2007.39.04.000388-6, que tramitaram perante a Justiça Federal (subseção de Castanhal-PA), foram absolvidos os acusados, com fundamento de que não restou comprovada a intenção do empregador em suprimir, em absoluto, os direitos humanos fundamentais dos trabalhadores. Ainda que comprovado que o ambiente de trabalho mostrava-se desprovido das condições adequadas de higiene e salubridade. Na sentença foi reconhecida a ausência de banheiros, de água potável (a água consumida pelos trabalhadores era proveniente de um córrego ou igarapé, captada a céu aberto), de equipamentos de proteção, bem como a inexistência de local apropriado para o preparo de alimentos e realização de refeições. Entretanto, os réus foram absolvidos pela ausência de provas da existência do fato e pela atipicidade, nos termos do art. 386, II e III CPP (BRASIL, 2013, p. 8-13).

quando comparada com o *caput* de outro delito que viola tanto a liberdade quanto o patrimônio da vítima, previsto no art. 159, CP[(210)].

Para Guilherme Guimarães Feliciano (2004, p. 74-74), adequando-se a pena à legislação de outros países de tradição jurídica romano-germânica (notadamente, Itália e Portugal), seria mais adequado que a pena fosse cominada entre três e quinze anos, afastando, com a mínima o benefício do sursis (art. 77, CP) e, diante do limite máximo de quinze anos seria sinalizado à sociedade que a salvaguarda jurídica da liberdade, sob tais dimensões, é mais relevante que a tutela jurídica do patrimônio, para que, então, se mostre equivalente (proporcional) àquela reservada ao art. 159, CP.

#### 4.3.2.2. Tráfico de pessoas

Com relação a esse delito, a atenção será voltada as finalidades vinculadas a relação laboral, que se dá quando é praticado com a finalidade de submeter a vítima a condições análogas à de escravo (II) ou a servidão (III), casos em que o fundamento da tutela é correspondente delito de submissão à condição análoga à de escravo.

> **Art. 149-A.** Agenciar, aliciar, recrutar, transportar, transferir, comprar, alojar ou acolher pessoa, mediante grave ameaça, violência, coação, fraude ou abuso, com a finalidade de: (Incluído pela Lei n. 13.344, de 2016)
>
> I – remover-lhe órgãos, tecidos ou partes do corpo;
>
> **II – submetê-la a trabalho em condições análogas à de escravo;**
>
> **III – submetê-la a qualquer tipo de servidão;**
>
> IV – adoção ilegal; ou
>
> V – exploração sexual.
>
> Pena – reclusão, de 4 (quatro) a 8 (oito) anos, e multa.
>
> § 1º A pena é aumentada de um terço até a metade se:
>
> I – o crime for cometido por funcionário público no exercício de suas funções ou a pretexto de exercê-las;
>
> II – o crime for cometido contra criança, adolescente ou pessoa idosa ou com deficiência;
>
> III – o agente se prevalecer de relações de parentesco, domésticas, de coabitação, de hospitalidade, de dependência econômica, de autoridade ou de superioridade hierárquica inerente ao exercício de emprego, cargo ou função; ou

---

(210) Extorsão mediante sequestro: Art. 159, CP "Sequestrar pessoa com o fim de obter, para si ou para outrem, qualquer vantagem, como condição ou preço do resgate: **Pena – reclusão, de oito a quinze anos**. § 1º Se o sequestro dura mais de 24 (vinte e quatro) horas, se o sequestrado é menor de 18 (dezoito) ou maior de 60 (sessenta) anos, ou se o crime é cometido por bando ou quadrilha. **Pena – reclusão, de doze a vinte anos**. § 2º Se do fato resulta lesão corporal de natureza grave: **Pena – reclusão, de dezesseis a vinte e quatro anos**" (grifo nosso).

IV – a vítima do tráfico de pessoas for retirada do território nacional.

§ 2º A pena é reduzida de um a dois terços se o agente for primário e não integrar organização criminosa. (grifo nosso)

Apontada como uma das atividades criminosas mais lucrativas do mundo, o tráfico de pessoas consiste em uma das formas de escravidão moderna. De acordo com o Relatório Global do Tráfico de Pessoas, apresentado pelo Escritório das Nações Unidas sobre Drogas e Crime (UNODC), a maioria das vítimas é composta por mulheres, crianças e adolescentes que são aliciadas para exploração sexual ou mão de obra escrava.

Segundo as estimativas globais da Organização das Nações Unidas (ONU), mais de 2 milhões de pessoas são vítimas do tráfico humano a cada ano, sendo a exploração sexual a forma mais detectada, seguida pela finalidade de submeter a vítima a trabalhos forçados (UNODC, 2018, p. 29)[(211)], finalidades correspondentes também na América do Sul (UNODC, 2018, p. 49).

A Pastoral dos Migrantes Latino-americanos apresentou estimativas de que a comunidade boliviana na cidade de São Paulo podia reunir até 100 mil pessoas (embora o consulado da cidade de São Paulo reconhecia a existência de aproximadamente metade) de residentes ilegais e, dentre esses números, dois terços representavam trabalhadores clandestinos (indocumentados), não ou pouco qualificados, trabalhando como costureiros em oficinas de confecções[(212)] (CACCIAMALI; AZEVEDO, 2006, p. 155-156), vítimas que são coagidas ou enganadas para que se submetam as finalidades previstas nos incisos I ao V.

A normatização legislativa específica se deu com a Lei n. 13.344, de 2016, que dispõe sobre prevenção e repressão ao tráfico interno e internacional de pessoas e sobre medidas de atenção às vítimas, seguindo as diretrizes do Protocolo Adicional à Convenção de Palermo sobre o Crime Organizado Transnacional, relativo à Prevenção, Repressão e Punição do Tráfico de Pessoas, aprovado pelo Decreto-Legislativo n. 231, de 2003 (promulgado pelo Decreto n. 5.017, de 2004).

(211) UNODC, Relatório Global sobre Tráfico de Pessoas 2018 (Publicação das Nações Unidas, n. de venda E.19.IV.2). Disponível em: https://www.unodc.org/documents/lpo-brazil/Topics_TIP/Publicacoes/TiP_PT.pdf. Acesso em: 03 set. 2020.

(212) A estimativa é apresentada por Maria Cristina Cacciamali e Flávio Antonio Gomes de Azevedo, membros do Núcleo de Estudos e Pesquisa em Política Internacional — NESPI/USP — CNPq. Os autores afirmam que no Brasil, a comunidade judia liderou a indústria do vestuário ao longo do século XX até a década de 1970, mediante contratação de mão de obra coreana clandestina. Entretanto, tais trabalhadores prosperaram e passaram a liderar essa atividade no Município de São Paulo, empregando o trabalho clandestino de seus compatriotas a partir de 1970, uma vez que empregados brasileiros refutavam a oferta de emprego ou ainda recorriam a legislação protetiva. Por essa razão, em meados da década de 1980, as confecções passaram a empregar trabalhadores bolivianos, com os quais se tornou possível pactuar um salário-hora muito abaixo da mão de obra local, no qual recebem por peças e exercem uma jornada extensa de trabalho que pode atingir até 16 ou 18 horas por dia.

O delito tem como **sujeito ativo** (1.1) qualquer pessoa, trata-se de crime comum. Entretanto, se o autor for funcionário público, no exercício de suas funções ou a pretexto de exercê-las, se prevalecer de relações de parentesco, domésticas, de coabitação, de hospitalidade, de dependência econômica, de autoridade ou de superioridade hierárquica inerente ao exercício de emprego, cargo ou função, terá a pena majorada (§ 1º). O **sujeito passivo** (1.2) pode ser qualquer pessoa. Contudo, se a vítima for menor de 18 anos, idosa ou pessoa com deficiência, incidirá o aumento da pena do parágrafo primeiro.

O **objeto jurídico** (2) consiste na liberdade individual, isto é, o *status libertatis*, assegurado pela Constituição Federal, sob o aspecto ético-social, a própria dignidade do indivíduo.

A respeito do **tipo objetivo** (3), o delito consiste em um tipo misto alternativo, uma vez que a prática de uma ou várias condutas previstas no *caput*, serão consideradas como prática de um único delito, sendo mediante a conduta de: a) agenciar: atuar como empresário ao selecionar a vítima, o destino e/ou os interessados em recebe-la; b) aliciar: manipular ou convencer o sujeito passivo a ser alvo da conduta; c) recrutar: reunir pessoas que sejam potenciais vítimas; d) transportar: levar o ofendido de um local a outro; e) transferir: viabilizar a mudança do ofendido de um lugar a outro; f) comprar: adquirir onerosamente a pessoa traficada; g) alojar: abrigar, hospedar, ainda que temporariamente; h) acolher: receber, conceder refúgio. Sendo relevante observar que nos dois últimos núcleos (alojar e acolher), o tráfico de pessoas é crime permanente, tendo em vista que a consumação prolonga-se no tempo.

Trata-se de crime de execução vinculada, uma vez que somente será caracterizado diante do emprego das formas previstas no *caput* do art. 149-A, CP, sendo: grave ameaça, violência, coação, fraude ou abuso, sendo que, nesse último há o prevalecimento da relação entre o sujeito ativo e o passivo, necessariamente voltadas as finalidades de (I) remover órgãos, tecidos ou partes do corpo da vítima; (II) submetê-la a trabalho em condições análogas à de escravo; (III) submetê-la a qualquer tipo de servidão; (IV) adoção ilegal; ou (V) exploração sexual.

Em caso de submissão a trabalho em condições análogas à de escravo, o tema já foi abordado no tópico anterior.[213]

Já no que condiz servidão[214], o conceito é apresentado no art. 7º, § 2º, da Convenção Suplementar sobre a Abolição da Escravatura, do Tráfico de Escravos e das Instituições e

(213) Cf. 4.3.2.1.

(214) O termo remete ao feudalismo, no qual os servos eram obrigados a entregar parte da produção rural e a primeira noite da esposa aos senhores feudais como contraprestação pela permanência e uso da terra, bem como a própria servidão por dívidas (*truck system*), vedado pelo ordenamento jurídico, conforme o art. 462, § 2º, da CLT: "Ao empregador é vedado efetuar qualquer desconto nos salários do empregado, salvo quando este resultar de adiantamentos, de dispositivos de lei ou de contrato coletivo. (...) § 2º É vedado à empresa que mantiver armazém para venda de mercadorias aos empregados ou serviços estimados a proporcionar-lhes prestações *"in natura"* exercer qualquer coação ou induzimento no sentido de que os empregados se utilizem do armazém ou dos serviços".

Práticas Análogas à Escravatura (promulgada pelo Decreto n. 58.563/1966), que dispõe como condição servil a submissão da vítima que resulta de alguma das instituições ou práticas: de servidão por dívidas, a viver e trabalhar numa terra pertencente a outra pessoa, fornecendo-lhe contra remuneração ou determinados serviços (sem poder mudar sua condição), quando uma mulher é prometida ou dada em casamento, mediante remuneração entregue a terceiro, quando o marido de uma mulher, a família ou clã deste têm o direito de cedê-la a um terceiro ou ser transmitida por sucessão, bem como diante da prática em virtude da qual um menor de 18 anos é entregue, por seu responsável, com o fim da exploração da pessoa ou do trabalho[(215)].

Para Rogério Greco (2017, p. 508) as hipóteses de servidão estão inseridas no âmbito da redução a condição análoga à de escravo, tendo em vista que as disposições da Convenção são destinadas também a países que contemplem a escravidão como situação de direito porém, considerando que não há no Brasil a condição de escravo, não se faz cabível a distinção.

Contudo, tendo sido escritas separadamente pelo legislador, defende-se nesse trabalho, que deve ser compreendida de forma diversa a ação que resulte em condições análogas à de escravo, sendo que a servidão se mostra mais abrangente com relação às práticas.

O dolo é o **elemento subjetivo** (4), sendo evidenciado pela vontade livre e consciente de praticar a conduta prevista no *caput*, com uma (ou mais) das finalidades previstas nos incisos I ao V. O consentimento do ofendido será apresentado oportunamente, porém, é relevante desde já ressaltar que o próprio Decreto n. 5.948/2006 que aprovou a Política Nacional de Enfrentamento ao Tráfico de Pessoas, expressamente veda a possibilidade[(216)].

Quanto a **consumação** (5) ocorre com a prática das condutas descritas no *caput*, independentemente da consecução do fim almejado. É admitida a forma **tentada** quando o agente não consumar seu intento por razões alheias à sua vontade.

A **ação penal** (6) é pública de iniciativa incondicionada.

---

(215) As mencionadas práticas encontram previsão no art. 1º da Convenção: "Cada um dos Estados Membros à presente Convenção tomará todas as medidas, legislativas e de outra natureza, que sejam viáveis e necessárias, para obter progressivamente e logo que possível a abolição completa ou o abandono das instituições e práticas seguintes, onde quer ainda subsistam, enquadrem-se ou não na definição de escravidão assinada em Genebra, em 25 de setembro de 1926".

(216) Decreto n. 5.948/2006, Art. 2º (Anexo – Política Nacional de Enfrentamento ao Tráfico de Pessoas): "Para os efeitos desta Política (...) § 7º **O consentimento dado pela vítima é irrelevante para a configuração do tráfico de pessoas**" (grifo nosso). No mesmo sentido o dispõe o Decreto n. 5.017/ 2004, que Promulga o Protocolo Adicional à Convenção das Nações Unidas contra o Crime Organizado Transnacional Relativo à Prevenção, Repressão e Punição do Tráfico de Pessoas, em Especial Mulheres e Crianças: Art. 3º "(...) b) **O consentimento dado pela vítima de tráfico de pessoas tendo em vista qualquer tipo de exploração descrito na alínea a) do presente Artigo será considerado irrelevante se tiver sido utilizado qualquer um dos meios referidos na alínea *'a'*)**" (grifo nosso).

De acordo com a **classificação doutrinária** (7), trata-se de crime comum, formal (não exige resultado naturalístico para se consumar, bastando a realização de uma das condutas alternativas), de forma livre, instantâneo (salvo nas modalidades alojar e acolher); plurissubsistente (a ação desenvolve-se em vários atos).

A respeito dos **benefícios da Lei n. 9.099/95** (8), não são cabíveis os benefícios da transação e da suspensão condicional do processo, mesmo quando incidir a causa de redução de pena prevista no segundo parágrafo do delito.

### 4.3.2.3. Do assédio sexual

O delito de assédio sexual é apresentado junto aos crimes contra a liberdade tendo em vista que o bem jurídico tutelado consiste na dignidade e liberdade sexual da vítima, sendo abordada a conduta no contexto da relação de trabalho.

> **Art. 216-A.** Constranger alguém com o intuito de obter vantagem ou favorecimento sexual, prevalecendo-se o agente da sua condição de superior hierárquico ou ascendência inerentes ao exercício de emprego, cargo ou função.
>
> Pena – detenção, de 1 (um) a 2 (dois) anos.
>
> Parágrafo único. *(VETADO) (Incluído pela Lei n. 10.224, de 15 de 2001)*
>
> § 2º A pena é aumentada em até um terço se a vítima é menor de 18 (dezoito) anos.

O tipo penal encontra fundamento é desdobramento da própria dignidade da pessoa humana e da tutela do trabalho enquanto direito fundamental social reconhecido expressamente no art. 6º da Constituição Federal. Dentre o rol de direitos previstos no art. 7º da Constituição Federal, é possível encontrar a proteção da "relação de emprego protegida contra despedida arbitrária ou sem justa causa, nos termos de lei complementar, que preverá indenização compensatória, dentre outros direitos".

Ainda assim, a existência do delito em comento é questionada por violar o princípio da mínima intervenção, tendo em vista que a necessidade, pertinência e utilidade da criminalização desse tipo de comportamento já encontra suficiente proteção em nosso ordenamento jurídico seja no âmbito criminal, nos setores civil, trabalhista e/ou administrativo (BITENCOURT, 2012-b, p. 169-171; NUCCI, 2017, p. 700-701; GRECO, 2017, p. 133), de modo que a criminalização do assédio, que trata especificamente do contexto laboral, enseja inflação legislativa. Além disso, de acordo com Cezar Roberto Bitencourt (2012-b, p. 169-171), a previsão criminal pode "vir a fundamentar muitas denunciações caluniosas, especialmente nas demissões sem justa causa".

A despeito da autoridade do autor da crítica, defende-se que a criminalização do assédio sexual decorre do garantismo integral e do reconhecimento do trabalho como direito fundamental e remanescendo a necessidade da proteção ao assédio moral, conforme defende Ney Maranhão (2014, p. 90):

> (...) estamos diante de tutela insuficiente. É que o legislador, para atingir um grau mínimo de proteção, ao invés de regular apenas uma das espécies — *assédio sexual* —, deveria ter partido desde logo para a regulação de todo o gênero — *assédio moral* —, haja vista que, no contexto trabalhista, uma gama enorme de circunstâncias assediadoras acaba por não se enquadrar na estrita perspectiva sexual. Noutras palavras, hodiernamente, continua inexistindo, no Código Penal brasileiro, qualquer figura delitiva perfeitamente adequada à prática que configura o assédio moral no ambiente de trabalho.

Além disso, eventual ocorrência de denunciação caluniosa, na qual o autor da conduta busca beneficiar-se da tutela penal do assédio, deverá ser apurada e punida nos termos da lei, não podendo ser afastada a tutela a liberdade e as regulares relações laborais diante de tal justificativa.

Passa-se então a análise dos elementos do delito que tem como **sujeito ativo** (1.1) pessoa que seja superior ou tenha ascendência, em relação de trabalho com a vítima. Dessa forma, o **sujeito passivo** (1.2) consiste no subordinado ou empregado de menor escalão que o do sujeito ativo, nas relações laborais de direito público ou privado (ANDREUCCI, 2018, n.p.). Contudo, se a vítima for menor de 18 anos, incidirá o aumento da pena do parágrafo segundo. É importante ressaltar que a ausência do vínculo de subordinação ou da hierarquia, no âmbito profissional, entre a vítima e sujeito ativo afasta a tipificação da conduta. Além disso, pena será aumentada de quarta parte, se o crime for cometido com o concurso de duas ou mais pessoas[217]. Será majorada em dois terços se do ato sexual resultar gravidez e, de um a dois terços se for transmitida moléstia grave[218] (ESTEFAM, 2018, p. 659-660).

O **objeto jurídico** (2) consiste na dignidade e liberdade sexual da vítima, bem como, conforme ressalta Cezar Roberto Bitencourt (2012-b, p. 173), a proteção penal estende-se também à dignidade das relações trabalhistas.

(217) Nos termos do art. 226-A, CP, a pena do condenado será aumentada: "I – de quarta parte, se o crime é cometido com o concurso de 2 (duas) ou mais pessoas; II – de metade, se o agente é ascendente, padrasto ou madrasta, tio, irmão, cônjuge, companheiro, tutor, curador, preceptor ou empregador da vítima ou por qualquer outro título tiver autoridade sobre ela". Nota-se que, diante da proibição do *"bis in idem"*, não poderá ser majorada a pena do condenado que for preceptor ou empregador da vítima, tendo em vista a hierarquia / ascendência inerentes ao exercício de emprego, cargo ou função que caracterizam o próprio tipo penal.

(218) Art. 234-A, CP: "Nos crimes previstos neste Título a pena é aumentada: III – de metade a 2/3 (dois terços), se do crime resulta gravidez; IV – de 1/3 (um terço) a 2/3 (dois terços), se o agente transmite à vítima doença sexualmente transmissível de que sabe ou deveria saber ser portador, ou se a vítima é idosa ou pessoa com deficiência".

A respeito do **tipo objetivo** (3), o delito consiste em constranger, no sentido de acanhar ou importunar a vítima, com o fim especial de obter concessões sexuais para o próprio agente ou para terceiro, abusando de posição privilegiada de superioridade ou ascendência no emprego, cargo ou função em relação à vítima. É importante ressaltar que consiste em um tipo penal que pode ser praticado por qualquer meio (forma livre), sendo caracterizado mesmo diante do uso de uma conduta mais contundente do assediador (BITENCOURT, 2012-b, p. 177-180)(219). Assim, basta que o agente interfira ilicitamente na liberdade sexual da vítima, beneficiando-se do temor da vítima e, por vezes, deixando subentendida, a possibilidade da negativa resultar em prejuízo profissional para o(a) recusante.

O dolo é o **elemento subjetivo** (4), tendo o autor a finalidade de obter vantagem ou favorecimento sexual.

Quanto a **consumação** (5) ocorre com a prática do ato constrangedor por parte do sujeito ativo, independentemente da obtenção do favor sexual (consecução do fim almejado). É admitida a forma **tentada** (ANDREUCCI, 2018, n.p.) quando, por exemplo, o agente se utilize de meio escrito para realizar o assédio, os quais podem ser extraviados e não chegar ao conhecimento do destinatário.

A **ação penal** (6) é pública de iniciativa incondicionada, nos termos do art. 225, CP(220).

De acordo com a **classificação doutrinária** (7), trata-se de crime próprio (sendo necessária a condição especial de superior hierárquico ou ascendência sobre a vítima), formal (não exige resultado naturalístico para se consumar, bastando a realização do constrangimento), de forma livre, doloso, comissivo, instantâneo, unissubjetivo (pode ser cometido por uma única pessoa), unissubsistente ou plurissubsistente (a ação pode ser desenvolvida em um ou vários atos), conforme o caso (NUCCI, 2020, p. 1.177).

A respeito dos **benefícios da Lei n. 9.099/95** (8), são cabíveis os benefícios da transação e da suspensão condicional do processo, salvo quando incidir a causa de aumento de pena prevista no segundo parágrafo do tipo penal.

Apesar de não ser objeto de análise nesse trabalho, é relevante ressaltar que o assédio moral atualmente não é tutelado no âmbito criminal e o tema divide opiniões sobre a legitimidade em eventual tutela.

---

(219) O autor (BITENCOURT, 2012-b, p. 177-180) ressalta que o crime em análise não se confunde com o delito de estupro, tendo em vista que "o elemento subjetivo [do delito de estupro] é o dolo, constituído pela vontade consciente de constranger a vítima, contra a sua vontade, à prática de conjunção carnal ou outro ato libidinoso (na nova concepção); no assédio sexual, por sua vez, o elemento subjetivo é o dolo, constituído pela vontade livre e consciente de assediar sexualmente a vítima, simplesmente, e não de possuí-la à força, isto é, não de constrangê-la à prática de atos de libidinagem, que seria o estupro na versão atual".

(220) De acordo com o art. 225, CP, com redação dada pela Lei n. 13.718, de 2018: "Nos crimes definidos nos Capítulos I e II deste Título, procede-se mediante ação penal pública incondicionada".

Para Cezar Roberto Bitencourt (2012-b, p. 200), trata-se de uma "impropriedade falar em assédio moral no Brasil, especialmente quando se procuram na legislação alienígena determinadas figuras típicas, como ocorre no caso da França", sendo que eventuais comportamentos moralmente constrangedores devem encontrar apoio em outras searas do direito e, ainda que previstos pelo Direito Penal, em outros delitos como constrangimento ilegal (art. 146, CP) ameaça (art. 147, CP) ou nos crimes contra a honra (arts. 138/140, CP). Por outro lado, a tutela penal demonstra a necessidade de intervenção, de forma mais contundente, visando garantir níveis mínimos de civilidade e eticidade, sendo, para Ney Maranhão (2014, p. 93), "esplendorosa homenagem ao *trabalho humano*, valor de elevada magnitude normativa e cuja expressão social foi alcandorada constitucionalmente — itere--se —, ao invejável posto de fundamento da República Federativa do Brasil (art. 1º, IV, CF)", posição com a qual concordamos[221].

### 4.3.2.4. Da contravenção penal de vadiagem

Ainda dentro desse subcapítulo, acredita-se ser pertinente acrescentar a contravenção que encontra previsão no capítulo VII do Decreto-lei n. 3.688/1941. Apesar da contravenção estar prevista dentre as infrações penais relativas à polícia de costumes, escolheu-se apresentá-la nesse tópico, junto aos crimes contra a liberdade diante da intervenção estatal que, nesse aspecto, restringe a liberdade de escolha do indivíduo.

Denominada como vadiagem, a contravenção penal é caracterizada diante da ausência de trabalho:

> **Art. 59.** Entregar-se alguém habitualmente à ociosidade, sendo válido para o trabalho, sem ter renda que lhe assegure meios bastantes de subsistência, ou prover à própria subsistência mediante ocupação ilícita:
>
> Pena – prisão simples, de quinze dias a três meses. Parágrafo único. A aquisição superveniente de renda, que assegure ao condenado meios bastantes de subsistência, extingue a pena.

É importante ressaltar que o Decreto-lei n. 3.688/1941 (Lei de Contravenções Penais) foi fundamentado no CP/1890, e concebido durante o regime ditatorial. A infração já foi objeto de comentário na síntese histórica (tópico 4.1) entretanto, mostra-se relevante a análise mais detida do tipo penal:

O **sujeito ativo** (1.1) pode ser qualquer pessoa que, podendo trabalhar, se mantém ociosa e, necessariamente, não tem meios de prover a própria subsistência. Assim, se a pessoa possuir imóveis, pensão, aplicações financeiras ou qualquer outra forma que lhe

---

(221) Sobre o tema: ALKIMIN, Maria Aparecida. Aspectos penais relevantes do assédio moral no trabalho. In: BARACAT, Eduardo Milléo; FELICIANO, Guilherme Guimarães. *Direito Penal do Trabalho:* reflexões atuais: "Cabe a pena onde se ganha o pão?". São Paulo: LTr, 2014. p. 75-83.

assegure a subsistência, não restará caracterizada a contravenção. Também é caracterizada quando o indivíduo subsiste mediante práticas ilícitas. O **sujeito passivo** (1.2) é o Estado.

Não há muita clareza em qual **objeto jurídico** (2), é tutelado neste dispositivo, Contudo, considerando a finalidade do legislador, para aqueles que defendem a validade da infração penal, consiste na segurança pública, uma vez que a finalidade é inibir a prática de delitos contra o patrimônio.

No que condiz ao **tipo objetivo** (3), na primeira parte consiste em entregar-se ao ócio, de forma habitual, mediante uma conduta omissiva, quando capaz de exercer atividade laboral. Em outras palavras, a incapacidade de exercer atividade laboral torna atípica a conduta. Na segunda parte, consiste em prover a subsistência mediante ocupação ilícita. Entretanto, ao praticar condutas criminosas, seja com finalidade de subsistir ou qualquer outra razão, o agente responderá pela prática da conduta criminosa e não por essa contravenção penal[(222)].

Quanto ao **elemento subjetivo** (4), trata-se do dolo em permanecer ocioso, quando é capaz de trabalhar, não sendo caracterizado diante de falta de oportunidade ou ausência de propostas de emprego, o que afastaria a voluntariedade na prática da infração.

A punição somente é encontrada na modalidade **consumada** (5), uma vez que as contravenções não são punidas a título **tentado**, nos termos do art. 4º, do Decreto-lei n. 3.688/1941.

A **ação penal** (6) é pública incondicionada, assim como em todas as contravenções.

**Classificação doutrinária** (7): contravenção comum, de mera conduta (não havendo previsão de resultado), dolosa, habitual.

Os **benefícios da Lei n. 9.099/95** (8): são cabíveis tanto a transação penal quanto a suspensão condicional do processo.

Defende-se nesse trabalho que o entendimento mais adequado referente à tal conduta, consiste na ausência de recepção pela Constituição Federal de 1988, tendo em vista a ausência de violação de qualquer bem jurídico. Além disso, a infração penal somente pode ser caracterizada quando praticada por pessoas marginalizadas na sociedade, assim como se dava a caracterização da contravenção de mendicância, que foi revogada pela Lei n. 11.983/2009.

---

(222) A Quinta turma do STJ, sob relatoria do Ministro Assis Toledo, entendeu pelo trancamento da ação penal, diante da demonstração de que o acusado exercia atividade laboral, o que inviabilizava a imputação da contravenção de vadiagem (primeira ou segunda parte), ainda que o agente exercesse atividade ilícita em paralelo, tendo em vista que a eventual prática ilícita deve ser objeto de julgamento em ação penal própria (BRASIL, 1993, p. 4).

A justificativa apresentada no Projeto de Lei (PL n. 4.130/2001) que buscava a revogação da infração penal de mendicância foi que "nada poderia parecer mais surreal [do que a punição da mendicância] tendo em vista a realidade social, caracterizada por uma das piores distribuições de renda do planeta"[(223)]. Já o Projeto de Lei (PL n. 81/12) que buscava especificamente a revogação da contravenção de vadiagem, chegou a tramitar no Senado Federal, entretanto foi arquivado em 04/2019, ao final da 55ª Legislatura.

Ocorre que, a manutenção do dispositivo no ordenamento mostra-se como claro exemplo de violação à mínima intervenção, tanto em razão da ausência de bem jurídico quanto diante da utilização de leis penais quando deveria o Estado valer-se, para tanto, dos outros ramos do direito ou de outros meios (como políticas públicas) para atingir os objetivos políticos.

É importante ressaltar ainda que a prática não gera, por si só, como pretendeu o legislador, a uma condição de periculosidade presumida do sujeito ativo, como se o indivíduo ocioso tendesse a delinquência. Tal análise mostra-se discriminatória (e elitista), o que é vedado pela Constituição Federal (art. 3º, IV e 5º, XLI).

Por fim, é importante ressaltar que o STF, em Recurso Extraordinário (RE 583.523 RS), julgou inconstitucional contravenção penal semelhante[(224)], por entender que havia violação aos princípios da dignidade da pessoa humana e da isonomia (arts. 1º, III; e 5º, *caput* e inciso I, CF), sendo expressamente abordada a infração de vadiagem, na fundamentação da decisão proferida. Entendeu o Ministro Gilmar Mendes (BRASIL, 2013, p. 25-26) como "inadmissível no atual estágio da evolução dogmática do direito penal do fato permitir, como elementar constitutiva do tipo, a condição de que o agente seja 'vadio' ou 'mendigo'", uma vez que a punição deve ser aplicada diante da prática de uma conduta e não apenas pelo que é o indivíduo, sob pena de ser aplicado um Direito Penal do autor.

### 4.3.3. Dos Crimes contra a organização do trabalho

Neste subcapítulo, são analisadas as condutas que caracterizam atentado contra a liberdade de trabalho e de associação (art. 197 ao 199, CP), a paralisação de trabalho, seguida de violência ou perturbação de ordem (art. 200, CP), a paralisação de trabalho de interesse coletivo (art. 201, CP), a invasão de estabelecimento industrial, comercial ou agrícola e, sabotagem (art. 202, CP), a frustração de direito assegurado por lei trabalhista (art. 203, CP), a nacionalização do trabalho (art. 204, CP), o exercício de atividade com

---

(223) O PL n. 4.130/2001, de iniciativa do então deputado Orlando Fantazzini Neto, apresenta à fl. 09162-09163 a justificação para a revogação do art. 60, da Lei de Contravenções Penais. Disponível em: http://redir.stf.jus.br/paginadorpub/paginador.jsp?docTP=TP&docID=6997511. Acesso em: 07 set. 2020.

(224) A contravenção que foi objeto de julgamento está prevista no art. 25, do Decreto-lei n. 3.688/41: "Art. 25. Ter alguém em seu poder, depois de condenado, por crime de furto ou roubo, ou enquanto sujeito à liberdade vigiada ou quando **conhecido como vadio ou mendigo**, gazuas, chaves falsas ou alteradas ou instrumentos empregados usualmente na prática de crime de furto, desde que não prove destinação legítima: Pena – prisão simples, de dois meses a um ano, e multa de duzentos mil réis a dois contos de réis" (grifo nosso).

infração de decisão administrativa (art. 205, CP) e o aliciamento de trabalhadores (arts. 206 e 207, CP).

Entretanto, para compreender melhor o que fundamentou a manutenção de alguns delitos, que já encontravam previsão no Código anterior (1890), bem como a expansão da tutela laboral, mesmo diante do caráter de *ultima ratio* do Direito Penal, é retomada a análise da Exposição de Motivos do atual Código, na qual Francisco Campos (1940, n.p.) aponta a imprescindibilidade da reforma que gerou o Código Penal de 1940, para que fosse possível "ampliar-lhe os quadros de maneira a serem contempladas novas figuras delituosas com que os progressos industriais e técnicos enriqueceram o elenco dos fatos puníveis". Trata-se da dinâmica social já comentada e da necessária evolução do âmbito jurídico para amparar as novas relações sociais.

No item 66 da Exposição de Motivos ao Código Penal, ao se dispor sobre os fundamentos dos delitos contra a organização do trabalho, é justificada que a alteração do rótulo (crimes contra a liberdade do trabalho) e da classificação (anteriormente apresentados entre os crimes contra o livre gozo e o exercício dos direitos individuais) se fez em razão do descrédito aos postulados da economia liberal, fundamento do ordenamento anterior (item 67 da Exposição de Motivos ao Código Penal):

> A proteção jurídica já não é concedida à liberdade do trabalho, propriamente, mas à organização do trabalho, inspirada não somente na defesa e no ajustamento dos direitos e interesses individuais em jogo, mas também, e principalmente, no sentido superior do bem comum de todos. Atentatória, ou não, da liberdade individual, toda ação perturbadora da ordem jurídica, no que concerne ao trabalho, é ilícita e está sujeita a sanções repressivas, sejam de direito administrativo, sejam de direito penal. Daí, o novo critério adotado pelo projeto, isto é, a trasladação dos crimes contra o trabalho, do setor dos crimes contra a liberdade individual para uma classe autônoma, sob a já referida rubrica.

Com a Constituição de 1988, passa a ser necessário o equilíbrio entre a abstenção e a intervenção estatal, ainda que na esfera privada, sendo essa a síntese do Estado Democrático de Direito que se propõe a condensar os modelos constitucionais do Estado Liberal e do Estado Social, de modo que a adoção deste último não gera a exclusão do primeiro, mas uma nova leitura do liberalismo. Da mesma forma, a leitura dos delitos previstos no ordenamento deve ser realizada sob a ótica da Constituição Federal de 1988 e dos objetivos de efetivação dos direitos fundamentais nela propostos.

Realizada essa observação, passa-se à análise de cada tipo penal.

#### 4.3.3.1. Atentado contra a liberdade de trabalho

O art. 197 do Código Penal traz os seguintes dizeres:

> **Art. 197.** Constranger alguém, mediante violência ou grave ameaça:

I – a exercer ou não exercer arte, ofício, profissão ou indústria, ou a trabalhar ou não trabalhar durante certo período ou em determinados dias: Pena – detenção, de um mês a um ano, e multa, além da pena correspondente à violência;

II – a abrir ou fechar o seu estabelecimento de trabalho, ou a participar de parede ou paralisação de atividade econômica: Pena – detenção, de três meses a um ano, e multa, além da pena correspondente à violência.

O primeiro tipo penal está previsto dentre os crimes contra a organização do trabalho, tipificado desde o **Código Penal de 1890, tendo o legislador de 1940 inserido a conduta no título autônomo. Inicialmente, é relevante ressaltar que a segunda parte do inciso II desse artigo sofreu revogação tácita e foi substituída pelo disposto no art. 29, VII, da Lei n.4.330/64**(225).

Guilherme Guimarães Feliciano (2009, p. 353-354) observa que tal lei, instituída na aurora da Revolução de Março, foi, por sua vez, expressamente revogada pela Lei n. 7.783/89 (art. 18), que não previu crimes em espécie, dispondo, apenas que "a responsabilidade pelos atos praticados, ilícitos ou crimes cometidos, no curso da greve, será apurada, conforme o caso, segundo a legislação trabalhista, civil ou penal" (art. 15)(226). Assim, considerando a vedação à repristinação automática e a ausência de nova legislação a abordar a conduta, não há mais que se falar em sua manutenção, "instando-se o intérprete a recorrer, por subsidiariedade implícita, aos tipos dos arts. 146 e 147 do CP, o que significa desconhecer, na espécie, a lesão objetiva ao valor-trabalho".

Em que pese diretamente vinculado ao âmbito laboral, trata-se de um crime comum com relação ao **sujeito ativo** (1.1), ou seja, qualquer pessoa pode ser autora do delito, independentemente de condição ou qualidade especial. Com relação ao **sujeito passivo** (1.2), no que diz respeito ao primeiro inciso, pode ser o indivíduo que esteja na

---

(225) De acordo com o art 29, da Lei n. 4.330/1964 (revogada pela Lei n. 7.783, de 28 de junho de 1989), que regulava o direito de greve, na forma do art. 158, da Constituição Federal: "Além dos previstos no TÍTULO IV da parte Especial do Código Penal, constituem crimes contra a organização do trabalho: I – promover, participar o insuflar greve ou lock-out com desrespeito a esta lei; II – incitar desrespeito à sentença normativa da Justiça do Trabalho que puser têrmo à greve ou obstar a sua execução; III – deixar o empregador, maliciosamente, de cumprir decisões normativas da justiça do Trabalho, ou obstar a sua execução; IV – iniciar à greve ou lock-out , ou aliciar participantes quando estranho à profissão ou atividades econômicas; V – onerar a despesa com dívidas fictícias ou de qualquer modo alterar maliciosamente os lançamentos contábeis para obter majoração de tarifas ou preços; VI – adicionar aos lucros ou fazer investimentos com os rendimentos obtidos com revisão tarifárias ou aumento de preços especificamente destinados a aumentos salariais de empregados; VII – praticar coação para impedir ou exercer a greve; PENA: Reclusão de 6 (seis) meses a 1 (um) ano e multa de Cr$ 5.000,00 (cinco mil cruzeiros) a Cr$ 10.000,00 (cem mil cruzeiros). Ao reincidente aplicar-se-á a penalidade em dôbro. Parágrafo único. Os estrangeiros que infringirem as prescrições desta lei serão passíveis de expulsão do território nacional a juízo do Govêrno" (na grafia da época).

(226) Art. 15: "A responsabilidade pelos atos praticados, ilícitos ou crimes cometidos, no curso da greve, será apurada, conforme o caso, segundo a legislação trabalhista, civil ou penal. Parágrafo único. Deverá o Ministério Público, de ofício, requisitar a abertura do competente inquérito e oferecer denúncia quando houver indício da prática de delito".

condição de trabalhador, empregado ou patrão; em relação ao segundo inciso, na primeira parte, o sujeito passivo só pode ser o proprietário do estabelecimento, sendo discutível a caracterização do delito em face de pessoa jurídica. Para Nelson Hungria (1956, p. 30), o crime é modalidade especial de constrangimento ilegal. Dessa forma, a pessoa jurídica não pode figurar como vítima.

Por outro lado, mesmo ao considerar como modalidade especial do constrangimento, seria possível afirmar a caracterização delitiva em face da pessoa jurídica, mesmo ao considerar como modalidade especial do constrangimento, tendo em vista que a pessoa jurídica pode ser ofendida no delito em apreço, diante da coação para fechar o estabelecimento de trabalho, mas a ação do sujeito ativo deve recair nas pessoas físicas que a dirigem, tendo em vista que ao dispor sobre "constranger alguém", o pronome indefinido ('alguém'), pode ser utilizado tanto como equivalente a alguma pessoa, quanto a pessoa jurídica.

Na segunda parte, pode ser sujeito passivo qualquer indivíduo que tenha sido forçado, ou constrangido, a participar de parede ou da paralisação, não sendo exigida qualidade especial.

Para Damásio (2020, p. 60), o **objeto jurídico** (2) consiste na liberdade de trabalho, de escolher a arte, o ofício, a profissão ou a indústria que se pretende exercer, tanto na liberdade psíquica (a livre formação da vontade da vítima) e a física (liberdade de movimento). Trata-se de uma forma de constrangimento ilegal, quando, nesse tipo penal, a vítima é direcionada a agir conforme previsto em um dos incisos do art. 197, um tipo especial, em detrimento do constrangimento previsto no art. 146, CP[(227)].

Com relação ao **elemento objetivo** do tipo (3), trata-se do constrangimento, que é caracterizado diante da ação do sujeito ativo em compelir, coagir ou obrigar a vítima a, ao menos um, dentre os quatro objetivos previstos: a) exercer ou não exercer arte, ofício, profissão ou indústria (I, 1ª parte); b) trabalhar ou não durante certo período ou em determinados dias (I, 2ª parte); c) abrir ou fechar seu estabelecimento econômico — relativo à exploração de qualquer atividade profissional, comercial, industrial ou agrícola; d) participar de parede ou paralisação de atividade econômica. Entretanto, com relação ao último objetivo, é importante ressaltar que essa figura foi revogada pelo art. 29 da Lei n. 4.330/64, conforme mencionado nos comentários iniciais. Segundo Celso Delmanto *et al.* (2016, p. 679), no que condiz com a análise feita pelos Tribunais (RT 359-256; TACrSP, RJDTACr 25/60; TACrSP, RT 726/672), a respeito da caracterização delitiva, a conduta que não estiver revestida de violência ou ameaça é compreendida como

(227) Art. 146, CP: "Constranger alguém, mediante violência ou grave ameaça, ou depois de lhe haver reduzido, por qualquer outro meio, a capacidade de resistência, a não fazer o que a lei permite, ou a fazer o que ela não manda: Pena – detenção, de três meses a um ano, ou multa". De forma semelhante ao tipo penal em análise, no caso de violência, para a prática criminosa, além da pena prevista para o tipo penal, aplicam-se as correspondentes à violência empregada (§ 2º, art. 146, CP).

atípica. A título de exemplo, Stoco (1995, p. 2352-2353) reproduz o julgado no qual foi considerado que "constitui crime em tese, constranger com ameaças, marítimos a deixar o trabalho que realizavam a bordo de navio, sob o pretexto de nele terem embarcado à revelia do sindicato" (TACRIM – HC – Rel. Pinheiro Machado – RT 223/337).

O delito sob análise somente é punido a título de dolo, sendo esse o **elemento subjetivo** (4) necessário para a sua caracterização, não havendo a previsão da modalidade culposa. Porém, é importante ressaltar que são irrelevantes os motivos do constrangimento, sendo indiferente se o agente constranger a vítima às ações acima mencionadas como forma de reivindicação mesmo que sejam legítimas. Cezar Roberto Bitencourt (2011, p. 1001) observa que o elemento subjetivo especial do tipo é constituído pelo especial fim de agir, caracterizado no constrangimento à vítima com a finalidade de que pratique ação ou omissão pretendida pelo agente. Assim, não havendo essa finalidade, o crime não será o de atentado à liberdade de trabalho, mas somente aquele que resultar da violência ou grave ameaça, como vias de fato, ameaça ou lesões corporais, por exemplo.

Quanto à **consumação e tentativa** (5), a ação consuma-se de acordo com a incidência da conduta do agente que tenha obtido êxito de gerar a suspensão efetiva do exercício de arte, ofício, profissão ou indústria, em face da violência (inciso I) ou; com o trabalho ou suspensão do mesmo, em razão do constrangimento (inciso I, segunda parte), ou com a abertura ou fechamento do estabelecimento de trabalho (II). É admitida a tentativa (crime material) com o início da ação constrangedora, não tendo o agente obtido êxito, por circunstância alheia a sua vontade em qualquer das modalidades.

A **ação penal** (6), em todos os crimes contra a organização de trabalho, consiste em ação penal de iniciativa pública incondicionada.

A **doutrina classifica** (7) esse tipo penal em: crime comum; material que somente se consuma com a produção do resultado; doloso, não havendo previsão da modalidade culposa; e, geralmente, instantâneo, uma vez que a consumação não se alonga no tempo. Excepcionalmente, a conduta pode ocorrer de forma permanente na situação em que o ofendido, diante do constrangimento sofrido, permanecer, durante período juridicamente relevante, realizando o comportamento desejado pelo autor do fato (DAMÁSIO, 2020, p. 63).

No que condiz com a pena prevista para o tipo penal, em ambos os casos, se tem uma infração de menor potencial ofensivo, razão pela qual, no que condiz ao **cabimento dos benefícios da Lei n. 9.099/95** (8), há possibilidade de aplicação tanto da transação quanto da suspensão condicional do processo.

Como observa Cezar Roberto Bitencourt (2011, p. 997-998), diante da descrição do tipo penal, é possível perceber que somente é legítima a greve exercida pacificamente, de modo que a grave ameaça ou violência torna a ação delituosa e caracteriza razão para a incriminação. Tal tipo remete à greve dos caminhoneiros que ocorreu em todo o Brasil, em 2018, na qual alguns dos grevistas, visando evitar a passagem de caminhoneiros que não aderiram ao movimento, utilizavam de grave ameaça e de violência(228). Trata-se, exatamente, do tipo penal sob análise, tendo em vista o constrangimento exercido em face das vítimas, com a finalidade que elas aderissem ao movimento e deixassem de trabalhar. Assim, além da pena prevista para o tipo penal, deve o autor da violência responder pela pena correspondente à violência praticada, conforme previsto no preceito secundário.

### 4.3.3.2. Atentado contra a liberdade de trabalho e boicotagem violenta

Outro delito a ser analisado consiste no atentado contra a liberdade de contrato de trabalho, previsto no art. 198 do Código Penal.

> **Art. 198.** Constranger alguém, mediante violência ou grave ameaça, a celebrar contrato de trabalho, ou a não fornecer a outrem ou não adquirir de outrem matéria-prima ou produto industrial ou agrícola: Pena – detenção, de um mês a um ano, e multa, além da pena correspondente à violência.

O Código Penal de 1940 foi o primeiro diploma nacional a tutelar e a disciplinar essa matéria. O atentado contra a liberdade de contrato de trabalho é um crime que não tem antecedentes remotos. Diante da mão de obra que era, principalmente, escrava, não havia fundamento político-social para preocupar-se com o direito e com a liberdade para celebrar contrato de trabalho. Assim, somente "existiam direitos para alguns (proprietários de escravos) e deveres para outros (escravos)". O mesmo ocorreu no período medieval com o domínio dos senhores feudais, uma vez que a subserviência era a tônica do sistema feudal (BITENCOURT, 2011, p. 1.009-1.010).

Da mesma forma que o artigo anterior, esse tipo penal tutela, na primeira parte, a liberdade do trabalhador para optar pela profissão que considerar adequada às suas aptidões. Já a segunda parte busca a manutenção da normalidade das relações, que não podem ser submetidas a ações dirigidas à obtenção de proveito por parte do agente.

---

(228) Ocorrência transmitida pelos jornais noticiaram que, junto ao ato legitimamente motivado, aumentava também violência, gerando lesão e morte de algumas vítimas quando estas se negavam a participar da paralisação. Uma situação marcante foi a ação de alguns grevistas que atiraram pedras em um caminhoneiro que não aderiu ao ato, levando-o a óbito. Conforme o jornal *O Globo*: "no décimo dia de paralisação dos caminhoneiros, a crise de desabastecimento no país arrefeceu, as principais rodovias foram liberadas, mas a violência aumentou. A ação de alguns manifestantes para impedir aqueles que tentam deixar os protestos ou furar pontos de bloqueio resultou ontem em uma tragédia: o caminhoneiro José Batistela, de 70 anos, morreu depois de ser atingido por uma pedra na cabeça. Ele passava por uma manifestação na BR-364, que estava liberada para o tráfego, em Vilhena (RO). De acordo com a Polícia Rodoviária Federal, ele foi socorrido, mas não resistiu aos ferimentos. Houve relatos de agressões em vários estados". (Disponível em: https://oglobo.globo.com/economia/tragedia-na-greve-escalada-de-violencia-leva-morte-de-caminhoneiro-22735042. Acesso em: 27 nov. 2019.).

Trata-se de um crime comum com relação ao **sujeito ativo** (1.1), ou seja, qualquer pessoa pode ser autora do delito, de modo que a conduta pode ser cometida pelo empregador ou preposto, mas não se restringindo a eles. Com relação ao **sujeito passivo** (1.2), pode-se figurar como vítima qualquer pessoa que sofra a coação tipificada: comerciante, industrial ou qualquer indivíduo constrangido a não fornecer a matéria-prima, produto ou que promova boicotagem. Com relação à pessoa jurídica, a mesma discussão é aplicada do dispositivo anterior, diante do termo "alguém", que consta do *caput*, no que condiz com a pessoa jurídica ou se deve ser aplicada somente a pessoa natural.

Quanto ao **objeto jurídico** (2), trata-se de um crime pluriofensivo, uma vez que são duas figuras típicas cujos bens jurídicos protegidos são distintos: na primeira parte do tipo, o bem jurídico protegido é a liberdade de trabalho — liberdade de celebrar contrato de trabalho, enquanto, na segunda parte, a proteção penal é direcionada à normalidade das relações de trabalho.

Com relação ao **tipo objetivo** (3), três são as modalidades do delito: "constranger alguém, mediante violência ou grave ameaça, (1) a celebrar contrato de trabalho, (2) ou a não fornecer a outrem ou (3) não adquirir de outrem matéria-prima ou produto industrial ou agrícola". Além disso, o tipo penal prevê duas modalidades de atentado: (1) atentado contra a liberdade de contrato de trabalho, na primeira modalidade e; (2) boicotagem violenta na área do comércio-indústria.

**É interessante observar que o tipo penal abrange as condutas do agente que constrange a vítima a celebrar o contrato de trabalho, seja diante da celebração de um novo contrato** da alteração de um contrato já vigente ou, ainda, da renovação do contrato. Entretanto, o delito não é caracterizado na situação em que a coação ou o constrangimento é realizado com o fito da vítima não celebrar o contrato, tendo em vista a omissão legislativa e a proibição em analogia contra o réu (*in malam partem*). Por essa razão, havendo a última conduta, será caracterizado o delito de constrangimento ilegal, previsto no já mencionado art. 146, CP[(229)]. Outra observação relevante consiste na ausência de tipificação quando da boicotagem para o não fornecimento de dinheiro, uma vez que tal situação não é mencionada na enumeração taxativa do preceito primário (BITENCOURT, 2011, p. 1.015-1.016).

Nesse delito, a conduta somente é caracterizada quando o agente agir com dolo em constranger a vítima, o que consiste no **elemento subjetivo** (4), ao obrigar alguém a fazer ou deixar de fazer qualquer das atividades enunciadas. Da mesma forma que o tipo penal anterior, o elemento subjetivo especial é constituído pelo especial fim de agir, qual seja, o fim de constranger a vítima à ação ou à omissão pretendida (descrita no tipo penal). Dessa forma, inexiste modalidade culposa.

---

(229) Sobre a omissão, Cezar Roberto Bitencourt (2011, p. 1014) afirma como sendo uma grave falha do legislador, uma vez que tão grave quanto obrigar à celebração de contrato de trabalho é impedir sua celebração mediante violência ou grave ameaça.

Com relação à **consumação e tentativa** (5), na primeira figura, o delito consuma-se com a assinatura do contrato ou com o início do trabalho; na segunda, o crime consuma-se com a omissão pretendida pelo agente: não aquisição ou não fornecimento (abstenção). A tentativa é admissível.

A **ação penal** (6) é pública incondicionada.

A **doutrina classifica** (7) esse tipo penal em crime comum; material, que somente se consome com a produção do resultado; doloso, não havendo previsão da modalidade culposa; e, geralmente, instantâneo, quando a execução não se alonga no tempo e, na hipótese da segunda figura, permanente, quando o processo executório alonga-se no tempo.

Diante da pena cominada, são cabíveis os **benefícios da Lei n. 9.099/95** (8).

A respeito desse tipo penal, nenhuma decisão foi encontrada nas obras que se propõem a comentar os delitos e apresentar jurisprudência, assim como nos Tribunais Superiores.

### 4.3.3.3. Atentado contra a liberdade de associação

O art. 199 do Código Penal traz os seguintes dizeres:

> **Art. 199.** Constranger alguém, mediante violência ou grave ameaça, a participar ou deixar de participar de determinado sindicato ou associação profissional: Pena – detenção, de um mês a um ano, e multa, além da pena correspondente à violência.

Cezar Roberto Bitencourt (2011, p. 1024) destaca que as associações profissionais, institucionalizadas, surgiram no século XVIII, apesar de que, na Antiguidade, podem ter existido alguns indicativos da prática associativa, salientando, ainda, que o tratamento legal somente foi dispensado às associações a partir da Revolução Industrial, tendo em vista os conflitos que passaram a existir com a introdução da máquina, gerando a necessidade de organização para a defesa dos direitos dos trabalhadores. Assim, tendo sido a Constituição de 1934 o primeiro estatuto legal a garantir o direito de sindicalizar-se, a proteção penal foi introduzida pelo legislador do Código de 1940.

Ao analisar o tipo penal, é possível perceber que, quanto aos sujeitos do delito (1) trata-se de um crime comum, com relação ao **sujeito ativo** (1.1) podendo ser praticado por qualquer pessoa, ainda que membro ou integrante de sindicato ou associação. Quanto ao **sujeito passivo** (1.2), é necessário dividir o tipo penal em duas partes: a primeira consiste na conduta de "constranger alguém a participar de determinado sindicato ou associação", podendo figurar como sujeito passivo qualquer pessoa que seja trabalhador ou profissional que possa integrar algum sindicato ou alguma associação de classe. Já na modalidade "deixar de participar" (segunda parte), trata-se de crime próprio, tendo em vista que o sujeito passivo somente pode ser membro ou integrante de associação ou sindicato, constrangido a abandoná-lo. Há, ainda, uma ressalva, presente na obra do Damásio (2020, p. 68-69), relacionada à possibilidade de existir mais de um sujeito passivo quando a violência for realizada em face de uma terceira pessoa com o fito de constranger ou compelir a outra vítima a se associar ao sindicato ou à associação, situação em que haverá mais de um sujeito passivo.

O **objeto material** (2) consiste na liberdade de associação e de filiação sindical ou profissional, assegurada pela atual Constituição Federal (arts. 5º, XVII e XX e 8º, V)[230], pressupostos de um Estado Democrático de Direito. O tipo penal visa tutelar essa liberdade do trabalhador e prevê punição para quando a vítima for compelida a aderir à associação profissional ou ao sindicato com o qual não mantenha vínculo ideológico ou que não represente seus interesses.

Mais uma vez, o legislador restringe excessivamente a caracterização criminosa desse delito. De acordo com o disposto no art. 199 do CP, somente é criminalizada a conduta de constranger a vítima, mediante violência ou grave ameaça, a participar ou deixar de participar de sindicato ou associação profissional específica. Desse modo, por intermédio da interpretação restritiva, o constrangimento realizado para que a vítima participe ou deixe de participar de qualquer sindicato ou associação (genericamente) afasta a tipificação desse crime, restando tão somente a imputação pelo delito de constrangimento ilegal (art. 146). A título de exemplo, o tipo foi objeto de julgamento pelo TACRIM-SP, de relatoria de Manoel Pedro (RT 333/268), sendo definido que "os arts. 199 e 203 do CP pressupõem a existência legal de um sindicato ou associação profissional e que a reunião frustrada visasse, efetivamente, a pretensão de direito assegurado em lei trabalhista", sendo afastada a caracterização criminosa se, não houvesse interesse na assembleia pela "obtenção de qualquer Direito Trabalhista e, sim, [pela] constituição de uma associação profissional" (STOCO, 1995, p. 2.358-2.359; STJ, RHC 4.749, *DJU* 06.05.1996, p. 14.475).

O *tipo objetivo* (3) consiste no constrangimento, mediante violência ou grave ameaça. Assim, é punida a coação exercida, pelo sujeito ativo, para que a vítima participe ou deixe de participar de sindicato ou associação profissional específicos.

O **elemento subjetivo** (4) se dá somente diante do dolo em constranger alguém a participar ou a deixar de participar de determinado sindicato ou associação profissional, de modo que há previsão na modalidade culposa.

---

(230) Art. 5º, CF: "Todos são iguais perante a lei, sem distinção de qualquer natureza, garantindo-se aos brasileiros e aos estrangeiros residentes no País a inviolabilidade do direito à vida, à liberdade, à igualdade, à segurança e à propriedade, nos termos seguintes: (...) XVII – é plena a liberdade de associação para fins lícitos, vedada a de caráter paramilitar"; já o inciso XX, dispõe que "ninguém poderá ser compelido a associar-se ou a permanecer associado". Art. 8º, CF "É livre a associação profissional ou sindical, observado o seguinte: (...) V – ninguém será obrigado a filiar-se ou a manter-se filiado a sindicato".

O delito **consuma-se** (5) com a participação ou quando a vítima deixa de participar de sindicato ou associação profissional, em razão do constrangimento, sendo admitida a tentativa na prática criminosa.

A **ação penal** (6) é de iniciativa pública incondicionada.

A **doutrina classifica** (7) esse tipo penal como crime comum com relação ao sujeito passivo, na segunda parte do tipo penal, próprio; material, somente quando se consome com a produção do resultado; doloso; instantâneo, quando a consumação não se alonga no tempo e, eventualmente, permanente, cuja execução alonga-se no tempo.

No que condiz ao cabimento dos **benefícios da Lei n. 9.099/95** (8), diante da pena imputada, é cabível tanto a transação penal quanto a suspensão condicional do processo.

Mesmo diante das transformações ocorridas no mundo capitalista, que determinam a necessidade de mudança no movimento sindical[(231)], a liberdade de associação deve ser mantida e não somente, tal direito deve ser fortalecido em tempos nos quais a subjetividade individual sobrepõe-se à já quase inexistente consciência de classe e afasta a noção de homogeneidade profissional (ROMITA, 2008, p. 28).

Esse tipo penal reflete a garantia da liberdade de associação e visa fortalecer o direito de escolha, por parte dos trabalhadores diante do sindicato que irá representá-lo. Entretanto, mesmo que existente, a proteção mostra-se superficial, principalmente considerando que "as formas de que o empregador usualmente se serve para forçar escolhas de seus empregados são muito mais sutis" do que as do dispositivo (CAMARGO; SCODRO, 2020, p. 39).

Guilherme Guimarães Feliciano (2009, p. 355) evidencia, ainda, que, apesar do papel social do delito, o Estado não deve exigir da sociedade civil um nível de liberdade que ele próprio malfere por vias oblíquas, sendo imprescindível a reorganização de alguns subsistemas juslaborais, como o sindical, garantindo tanto a coerência no propósito universal de tutela da autonomia privada coletiva e os direitos e liberdades individuais fundamentais da pessoa trabalhadora, quanto promovendo as garantias institucionais do trabalho e/ou do trabalhador para que seja refundado o Direito Penal do Trabalho.

#### 4.3.3.4. Paralisação de trabalho, seguida de violência ou perturbação de ordem

O delito de paralisação de trabalho, mediante violência ou perturbação de ordem, pune o fato de alguém participar de suspensão ou de abandono coletivo de trabalho, praticando violência contra a pessoa ou contra coisa.

---

(231) Romita (2008, p. 28) aborda em sua obra as transformações ocorridas no mundo capitalista, que determinam a necessidade de mudança no movimento sindical e que afetam a organização do trabalho, forçando a adaptação dos sindicatos a novas realidade, para o autor "os novos tempos solapam o poder negocial dos sindicatos (*bargaining power*), que simultaneamente vêem decrescer assustadoramente o número de filiados".

**Art. 200.** Participar de suspensão ou abandono coletivo de trabalho, praticando violência contra pessoa ou contra coisa: Pena – detenção, de um mês a um ano, e multa, além da pena correspondente à violência.

Parágrafo único – Para que se considere coletivo o abandono de trabalho é indispensável o concurso de, pelo menos, três empregados.

No direito brasileiro, a criminalização do exercício da greve ocorreu, pela primeira vez com o Código Penal de 1890, na contramão do espírito filosófico econômico que animava os proclamadores da República. A Constituição de 1937 considerou toda greve e todo *lockout* condutas antissociais, incompatíveis com os interesses nacionais (art. 139), postura coerente com o período ditatorial do Estado Novo. O Código Penal de 1940, no entanto, proibiu somente a greve violenta ou aquela em que houvesse interrupção de serviço de interesse coletivo (art. 201). Assim, a suspensão ou o abandono coletivo de trabalho, prescritos no tipo penal, não reprovam a conduta do funcionário que adere à paralisação, mas ao que integra a greve com uso de violência contra pessoa ou coisa.

Posteriormente, o direito de greve foi assegurado pela Constituição Federal de 1988, competindo aos trabalhadores decidir sobre a oportunidade de exercê-lo e sobre os interesses que devam por meio dele defender, nos termos do art. 9º, CF(232).

Iniciando a análise dos elementos com os sujeitos do delito (1), trata-se de um tipo penal próprio quanto ao **sujeito ativo** (1.1), pois, para caracterizar o delito, a ação deve ser praticada pelo empregado, participante da greve violenta, ou pelo empregador que tenha promovido a suspensão do trabalho (*lockout*) mediante violência. Na hipótese da greve, o crime é plurissubjetivo, pois, além de referir-se ao abandono coletivo, reforça a exigência do concurso de no mínimo três empregados, conforme consta no parágrafo único do tipo penal. No caso do *lockout*, os sujeitos ativos são os empregadores e a multiplicidade é discutível: parte da doutrina aponta que, não tendo sido mencionada a multiplicidade com um número mínimo de agentes, não haveria que se falar nessa condição(233); por outro lado, uma segunda corrente afirma que, ao dispor o verbo "participar", naturalmente é presumida a pluralidade de pessoas.

Quanto ao **sujeito passivo** (1.2), este pode ser qualquer pessoa que sofre a violência (física ou jurídica). A pessoa jurídica pode ser sujeito passivo do crime na modalidade de abandono coletivo de trabalho, de modo que é possível a existência de dupla subjetividade passiva, quando a vítima da violência for distinta da vítima da greve ou da suspensão de trabalho.

---

(232) Art. 9º, CF "É assegurado o direito de greve, competindo aos trabalhadores decidir sobre a oportunidade de exercê-lo e sobre os interesses que devam por meio dele defender. § 1º A lei definirá os serviços ou atividades essenciais e disporá sobre o atendimento das necessidades inadiáveis da comunidade. § 2º Os abusos cometidos sujeitam os responsáveis às penas da lei".

(233) A defender essa corrente, Rogério Grecco (2017, p. 1023) e Cezar Roberto Bitencourt (2012, p. 1037) que afirma ainda "no caso do *lockout*, é desnecessária a multiplicidade de empregadores, não sendo hipótese de concurso necessário; se houver concurso, será eventual (art. 29 do CP)".

O **objeto jurídico** (2) é discutido pela doutrina. Para Damásio (2020, p. 72), o crime é praticado por pessoas que tencionam manter a paralisação do trabalho, lançando mão de meios violentos com prejuízos para a segurança do corpo social. Ressalta o autor, porém, que todos os crimes visam prevenir e/ou repreender condutas que afetem a tranquilidade e pacificação social. Assim, no que condiz ao crime de paralisação de trabalho, além da mencionada pacificação social, o objeto jurídico consiste na liberdade de trabalho(234).

Cezar Roberto Bitencourt (2012, p. 1.036), por outro lado, afirma que o objeto jurídico tutelado consiste na regularidade e na moralidade das relações trabalhistas, dado que a correção e a moralidade devem orientar os contratos de trabalho, sendo que a "greve e *lockout* não são exercício do direito de trabalhar, mas sua negação, ou seja, é seu não exercício; greve é o não trabalho".

Com relação ao **tipo objetivo** (3), a figura inclui a greve dos empregados (abandono coletivo) e o *lockout* (suspensão) realizado pelos empregadores. Diante do núcleo do crime (participação) é evidenciada a necessidade de uma pluralidade de pessoas para a caracterização criminosa, sendo necessário o concurso de, pelo menos, três indivíduos. A violência deve ser praticada contra pessoa ou coisa no decurso da greve ou *lockout*, sendo exatamente a existência desse elemento (violência) que torna criminosa a conduta.

É imprescindível realizar a distinção entre o tipo penal em comento e o dispositivo previsto no art. 197, II, do CP. Quando a violência é praticada com o fito de gerar uma pressão para inviabilizar possível tentativa de acordo, ou ainda, quando é configurada pela brutalidade natural dos participantes no curso da ação, restará caracterizada a paralisação coletiva do trabalho seguida de violência ou de perturbação (art. 200, CP). Entretanto, se a violência for exercida com a finalidade de coagir ou de obrigar outro indivíduo a participar da greve ou da suspensão de trabalho, restará tipificado o disposto no art. 197, II do CP.

Ainda quanto ao tipo objetivo, é importante salientar que, diferentemente dos tipos penais anteriores, esse dispositivo não faz referência à grave ameaça, mas, somente, à violência. Assim, se durante a greve, os agentes prometerem causar mal injusto e grave a alguém, não se configurará o crime em análise, mas somente o delito de ameaça, previsto no art. 147 do CP (COSTA JR., 2010, p. 652).

O **elemento subjetivo** (4) é o dolo de participar de suspensão ou de abandono com a prática de violência contra pessoa ou coisa, sendo irrelevante o motivo ou a legitimidade da realização da greve ou do *lockout*. Na mesma linha dos demais tipos penais previstos dentre os crimes contra a organização do trabalho, não há punição a título de culpa.

(234) Da mesma forma que Damásio, Celso Delmanto *et al* (2016, p. 681) e Guilherme de Souza Nucci (2020, p. 1127), apresentam a liberdade de trabalho como o objeto jurídico do tipo penal em comento.

A **consumação** (5) se dá com a suspensão ou com o abandono do coletivo do trabalho e a prática de violência contra pessoa ou coisa, ressaltando que somente será caracterizado o delito com a violência, de modo que, ela, mesmo que seja declarada ilegal pelos órgãos fiscalizadores, não constituirá crime. A tentativa é admitida, sendo caracterizada quando, a despeito da ação empreendida pelo agente, mesmo praticando diante da violência, o sujeito ativo não lograr êxito em conseguir que se concretize a "suspensão" ou o "abandono" coletivo do trabalho.

A **ação penal** (6) é de iniciativa pública incondicionada.

De acordo com a **classificação doutrinária** (7), trata-se de um delito comum quanto ao sujeito, doloso e material (o tipo penal descreve a conduta e o resultado, exigindo a produção deste para a consumação), de concurso necessário, instantâneo, consumando-se no momento da prática da violência contra a pessoa ou coisa, e plurissubsistente, uma vez que não se aperfeiçoa com ato único.

Com relação ao **cabimento dos benefícios da Lei n. 9.099/95** (8), são cabíveis tanto a transação penal quanto a suspensão condicional do processo.

Esse dispositivo, assim como os arts. 201/202 do CP, é objeto de crítica no sentido de que eles não tutelam o trabalhador no que se refere à sua dignidade, mas ferem a liberdade do exercício de uma profissão e vedam os meios de barganha do quais os empregados dispõem para reclamar ou negociar direitos, sendo de constitucionalidade questionável, inclusive diante da tipificação da violência ser encontrada em outros tipos (GUARAGNI, 2010, p. 148-149; CAMARGO *et al*, 2020, p. 39).

### 4.3.3.5. Paralisação de trabalho de interesse coletivo

Outro tipo penal consiste na paralisação de trabalho de interesse coletivo, previsto no art. 201 do CP, que busca tutelar o interesse comum inerente às obras públicas e aos serviços voltados ao benefício coletivo:

> **Art. 201.** Participar de suspensão ou abandono coletivo de trabalho, provocando a interrupção de obra pública ou serviço de interesse coletivo: Pena – detenção, de seis meses a dois anos, e multa.

Inicialmente, é imprescindível ressaltar que a vigência desse dispositivo é discutida, tendo em vista que, sob a Constituição ditatorial de 1937, o legislador de 1940 criminalizou a prática de greve ou de *lockout*, pacífica ou não, de atividades públicas ou de interesse social. Ocorre que, posteriormente, a Lei n. 4.330 de 1964, ao regulamentar o direito de greve, teria revogado o art. 201 do CP, admitindo-a, contudo, em atividades fundamentais[235], uma vez que a greve já era permitida em atividades essenciais (nos termos

(235) A mencionada Lei n. 4.330/1964, que regulava o direito de greve foi expressamente revogada, nos termos do art. 18, da Lei n. 7.783/1989, que passou a tratar sobre o exercício do direito de greve, definir as atividades essenciais, regular o atendimento das necessidades inadiáveis da comunidade, dentre outras providências.

do art. 15 e 16). Ulteriormente, com o advento do art. 9º, *caput* e parágrafo primeiro da Constituição Federal de 1988, o tema foi objeto da Lei n. 7.783/1989, cujos arts. 10 a 13 passaram a regular o exercício do direito de greve nas atividades essenciais. Assim, de acordo com o José Afonso da Silva (2014, p. 306), resta a lei somente dispor sobre o atendimento das necessidades inadiáveis da comunidade, sendo que a posição majoritária da doutrina tem considerado tacitamente revogado o dispositivo[(236)].

Em 2014, porém, a 5ª Turma Recursal da Justiça Federal do Rio Grande do Sul entendeu pela condenação do presidente do Sindicato dos Trabalhadores em Empresa de Transportes Metroviários e Conexas do Rio Grande do Sul (Sindimetrô) por ter descumprido a decisão do Tribunal Regional do Trabalho da 4ª Região (TRT4) ao interromper o funcionamento dos trens nos horários de pico durante greve ocorrida em 2012. Assim, sendo o transporte público considerado como essencial e, por entender pela "subsistência parcial do ilícito penal", bem como pela eficácia à própria lei, mormente o art. 15 da Lei n. 7.783/1989, que estabelece balizas ao seu exercício e confere concretude ao mandamento constitucional de punição dos abusos porventura cometidos (art. 9º, § 2º, CF/88), a decisão absolutória foi reformada para condenar o réu nos termos do art. 201 do CP, sendo aplicada a atenuante do relevante valor social, consistente na busca de melhorias das condições sociais da categoria representada[(237)].

Adota-se, nesse trabalho, o entendimento-que tem considerado tacitamente revogado o dispositivo que somente prossegue sendo reproduzido no ordenamento penal por ausência de revogação expressa. Guilherme Guimarães Feliciano (2009, p. 356) transcende esse entendimento e apresenta como sendo um exemplo de "do entulho autoritário que ainda subjaz no Título IV da Parte Especial":

> conquanto o tipo prossiga igualmente reproduzido nas publicações editoriais do Código Penal, à falta de revogação expressa —, já não é, per se, fato típico e antijurídico. Deu-se, por via reversa (i.e., pela consagração do direito de greve em atividades essenciais, que são, conceitualmente, ainda mais relevantes que as atividades meramente públicas ou de interesse coletivo), *a abolitio criminis* da figura em comento, sob os inteiros efeitos do art. 107, III, do CP (i.e., retroatividade absoluta e neutralização de todos os efeitos penais pretéritos, com alcance e extensão só equiparáveis aos da anistia).

Vale lembrar, retomando o tema analisado no primeiro capítulo, que, na medida em que a atuação do agente venha a situar-se no âmbito de proteção de um direito, seja

---

(236) Nesse sentido: Alberto Silva Franco, *Código Penal e sua interpretação jurisprudencial*, p. 2.863; Guilherme de Souza Nucci, *Código Penal comentado*, 2017. p. 669-670.

(237) BRASIL. QUINTA TURMA RECURSAL/RS.ACR 5021799-61.2012.4.04.7108. Relator ANDREI PITTEN VELLOSO, julgado em 27.06.2014. Disponível em: https://jurisprudencia.trf4.jus.br/pesquisa/inteiro_teor.php?orgao=2&documento=11239283&termosPesquisados=J3BhcmFsaXNhY2FvIGRlIHRyYWJhbGhvIGludGVyZXNzZSBjb2xldGl2bycg. Acesso em: 20 set. 2020.

individual ou coletivo, estará proscrita a intervenção do legislador penal (FELDENS, 2012, n.p).

#### 4.3.3.6. Invasão de estabelecimento industrial, comercial ou agrícola ou sabotagem

O crime previsto no art. 202 do Código Penal define dois delitos no mesmo tipo penal: a) invasão de estabelecimento industrial, comercial ou agrícola (na primeira parte); e b) sabotagem (segunda parte):

> **Art. 202.** Invadir ou ocupar estabelecimento industrial, comercial ou agrícola, com o intuito de impedir ou embaraçar o curso normal do trabalho, ou com o mesmo fim danificar o estabelecimento ou as coisas nele existentes ou delas dispor: Pena – reclusão, de um a três anos, e multa.

O termo "sabotagem" consiste na danificação de estabelecimento industrial, comercial ou agrícola, ou de coisas, nele, existentes, ou na disposição das coisas do estabelecimento, com o intuito de impedir ou embaraçar o curso normal do trabalho.

Sem precedentes nos códigos anteriores, diante da nova realidade sociocultural, o legislador, inspirado no Código Penal Italiano de 1930, criminalizou a conduta com o fito de reprimir eventuais excessos que pudessem ser cometidos por organizações, associações profissionais ou sindicatos, visando a garantir a ordem e estabilidade sociais.

No que tange aos sujeitos (1), trata-se de crime comum com relação ao **sujeito ativo** (1.1), podendo ser cometido por qualquer pessoa, sendo ou não empregado. No caso do **sujeito passivo** (1.2), serão vítimas tanto o proprietário do estabelecimento, diante do interesse na regularidade dos serviços prestados e, particularmente, na integridade de seu estabelecimento, seja ele industrial, comercial ou agrícola, quanto, também, a coletividade.

Com relação ao **objeto jurídico** (2), por ser um crime pluriofensivo, há a violação de bens jurídicos individuais que se vinculam ao funcionamento normal do estabelecimento de trabalho e a sua integridade. Desse modo, os bens jurídicos tutelados são tanto a organização do trabalho, em ambas as figuras, quanto também o patrimônio do prejudicado e da liberdade do sujeito passivo. Diante da pluriofensividade e, ao entender que o patrimônio é o centro da tutela desse tipo penal, Cezar Roberto Bitencourt (2011, p. 1059) critica a localização topográfica do tipo, que deveria ser situada junto aos delitos patrimoniais.

O **tipo objetivo** (3) tem como condutas alternativas: (a) a invasão (entrar à força, ocupando um local de forma abusiva) ou ocupação (tomar posse arbitrariamente, sem autorização) em estabelecimento industrial, comercial ou agrícola, com o intuito de impedir ou prejudicar o curso normal do trabalho e; (b) a sabotagem, caso em que o agente, com o intuito de embaraçar o curso normal do trabalho, danifica, total ou parcialmente, o estabelecimento ou as coisas, nele, existentes ou se dispõe dela por meio de vendas ou permutas.

O **elemento subjetivo** (4) consiste **no dolo** com o especial fim de impedir ou perturbar o trabalho (dolo específico). Não há previsão na modalidade da conduta culposa.

O delito **consuma-se** (5) com a invasão ou ocupação do local de trabalho, com danificação ou disposição de materiais, nas formas descritas, independentemente da obtenção dos fins pretendidos. A sabotagem, por sua vez, consuma-se no momento em que o sujeito ativo danifica o estabelecimento ou as coisas nele existentes, ou no instante em que delas dispõe (infração permanente). Tratando-se de crime formal, não se exige a produção do resultado, sendo prescindível, por isso, que o agente, efetivamente, impeça ou embarace o curso normal do trabalho. É possível a tentativa em ambos os delitos definidos, uma vez que o *iter criminis* é passível de desdobramento. A **ação penal** (6) é de iniciativa pública incondicionada.

O delito é **classificado doutrinariamente** (7) da seguinte forma: crime comum quanto aos sujeitos, pluriofensivos, pois lesam mais de um bem jurídico, doloso, formal, uma vez que é desnecessário que o sujeito obtenha o pretendido impedimento ou embaraço do trabalho e, com relação ao momento consumativo, é importante separar as formas como ele pode ser praticado, enquanto, na ocupação, o momento consumativo protrai-se no tempo, sendo um crime permanente, na sabotagem, o delito é instantâneo: consuma-se em determinado instante, sem continuidade temporal.

Com relação ao **cabimento dos benefícios da Lei n. 9.099/95** (8): não é cabível a transação penal. Entretanto, é possível a suspensão condicional do processo.

### 4.3.3.7. Frustração de direito assegurado por lei trabalhista

O art. 203 do Código Penal traz os seguintes dizeres:

> **Art. 203.** Frustrar, mediante fraude ou violência, direito assegurado pela legislação do trabalho: Pena – detenção de um ano a dois anos, e multa, além da pena correspondente à violência. (Redação dada pela Lei n. 9.777, de 29.12.1998)
>
> § 1º Na mesma pena incorre quem: (Incluído pela Lei n. 9.777, de 1998)
>
> I – obriga ou coage alguém a usar mercadorias de determinado estabelecimento, para impossibilitar o desligamento do serviço em virtude de dívida.
>
> II – impede alguém de se desligar de serviços de qualquer natureza, mediante coação ou por meio da retenção de seus documentos pessoais ou contratuais.
>
> § 2º A pena é aumentada de um sexto a um terço se a vítima é menor de dezoito anos, idosa, gestante, indígena ou portadora de deficiência física ou mental.

Com relação ao delito de frustração de lei trabalhista, o Código Penal de 1940 foi o primeiro diploma legal brasileiro a disciplinar essa matéria no âmbito criminal. Entretanto, diferentemente dos demais tipos penais analisados, esse dispositivo foi alterado em 1998, ocasionando na modificação da pena do delito e no acréscimo dos parágrafos primeiro e segundo.

Dentre as motivações das alterações promovidas pela Lei n. 9.777/1998, tanto no dispositivo em análise quanto no art. 207 e na criação do parágrafo único do art. 132, todos do CP, apresentadas no PL 929/95, estão a propagação do "trabalho não livre" que gerava graves repercussões à imagem do país no exterior, bem como a insuficiência da esfera trabalhista. Assim, diante da redação, à época, do art. 149 do CP ser genérica e ser interpretada restritivamente, a motivação do projeto era sanar imperfeições e tutelar os interesses dos trabalhadores nos termos das Convenções ratificadas[238].

Retomando a análise do tipo penal em vigor, Cezar Roberto Bitencourt (2012, p. 1.067) ressalva que a expressão "crimes contra a organização do trabalho", utilizada no art. 125, VI da CF, não abrange o crime praticado pelo empregador que, fraudulentamente, viola o direito trabalhista de determinado empregado.

No que diz respeito aos sujeitos (1), o **sujeito ativo** (1.1) pode ser qualquer pessoa, o empregador, o empregado, o preposto ou mesmo alguém estranho à relação trabalhista entre a vítima e o seu empregador, vez que esse tipo penal independe da existência da relação empregatícia embora, naturalmente, ela exista. Já o **sujeito passivo** (1.2) é dividido entre sujeito passivo direto (ou imediato), que ***é a pessoa cujo direito trabalhista é frustrado, violado ou sonegado, bem como mediato (ou indireto). De forma mediata, o Estado é o sujeito passivo, tendo em vista que os direitos assegurados por lei trabalhista são objeto da tutela penal***[239]. O parágrafo segundo traz causa de aumento de pena se a vítima for vulnerável, ou seja, se for menor de dezoito anos, idosa, gestante, indígena ou portadora de deficiência física ou mental.

O **objeto jurídico** (2) abrange o direito que é protegido pela legislação trabalhista. De acordo com Damásio (2020, p. 84) o "legislador buscou tutelar a legislação trabalhista, entendendo indispensável ao desenvolvimento harmônico da sociedade o cumprimento dos deveres impostos ao empregado e ao empregador". Para Paulo José da Costa Jr. (2010, p. 655-656), a objetividade jurídica visa impedir que sejam burlados, pela fraude,

(238) De acordo com a Justificativa do projeto, "tendo o país ratificado a Convenção Relativa à Escravidão, de 1953, a Convenção Suplementar sobre a Abolição da Escravatura, do Tráfico de Escravos e das Instituições e Práticas Análogas à Escravatura, de 1956, e as Convenções n. 29, de 1930 e n. 105 de 1957, ambas da OIT (Decretos Legislativos ns. 66/65, 24/56 e 20/65), à União deve competir a repressão ao trabalho escravo".

(239) Cezar Roberto Bitencourt (2012, p. 1068) apresenta ainda que, caso a fraude seja praticada pelo patrão ou pelo operário, ou por ambos, de comum acordo, para, por exemplo, violar direito assegurado pelas leis trabalhistas, que, sendo de ordem pública, são irrenunciáveis, o sujeito passivo direto e imediato é o Estado, e não o empregado ou operário.

os mandamentos da lei trabalhista ou da Constituição (art. 7º, CF) ou ainda, que sejam descumpridos pela violência. De forma diversa, Rogério Sanches Cunha (2016, p. 432) compreende que objetivo da norma em estudo é a manutenção da regular relação de trabalho. A lei trabalhista, por si só, não necessita de proteção penal, tendo em vista sua característica de imperatividade. A intenção do legislador, certamente, é garantir, ao trabalhador, que seu contrato de trabalho seja celebrado com a observância das regras inerentes às relações laborais.

De acordo o conteúdo já discutido, defende-se, nesse trabalho, que a proteção é concedida ao trabalhador, em sua dignidade, de modo que, se na relação de trabalho, que põe em confronto duas partes desiguais: o patrão e o trabalhador, houver a prática, mediante fraude ou violência, de conduta com o fito de frustrar direito do trabalhador, a intervenção estatal, por intermédio do Direito Penal se dá como forma de reforçar e garantir a tutela.

O **tipo objetivo** (3) consiste em frustrar, iludir, lograr, mediante fraude (manobra ardilosa, uso de artifício que leva a engano) ou violência (física, contra a pessoa — *vis corporalis*), cujo direito está assegurado pela legislação trabalhista. A ameaça (*vis compulsiva*) não é meio idôneo para praticar o crime, uma vez que não é mencionada no tipo penal. É importante ressaltar que se trata de norma penal em branco, necessitando de complementação nas leis trabalhistas, que define e disciplina os direitos assegurados aos empregados e aos empregadores.

Com a alteração e o acréscimo promovidos pela Lei n. 9.777/98, o tipo penal passou a prever duas figuras equiparadas, nos termos do parágrafo primeiro, sendo, no primeiro inciso, a prática de obrigar ou coibir trabalhadores na compra de mercadorias nos próprios estabelecimentos ou de terceiro, com o fito de gerar uma dívida que os impeça ou dificulte que eles deixem o emprego.

Assim, é imprescindível o dolo do agente "para impossibilitar o desligamento do serviço em virtude da dívida". Já o segundo inciso apresenta a tipificação na conduta de quem retém documentos pessoais ou contratuais da vítima, mediante o emprego de coação, com a finalidade de impedi-la de se desligar da empresa. Ambas as situações são previstas, também, no art. 149 do CP. Todavia, para Celso Delmanto *et al.* (2016, p. 685), a distinção está na efetiva redução a condição análoga à de escravo que, se ocorrer, mediante restrição da locomoção do trabalhador, restará caracterizado o delito específico.

De acordo com Rogério Sanches Cunha (2016, p. 433) "se as vítimas aceitaram, livre e conscientemente, a condição que lhes foi imposta pelos agentes ao serem admitidas como suas empregadas, não há falar em frustração de direito assegurado em lei trabalhista". O tema relacionado ao consentimento da vítima será abordado no último tópico deste capítulo[240]. Por fim, quanto ao parágrafo segundo, a vulnerabilidade da vítima deve ser de conhecimento do sujeito ativo para que incida a causa de aumento.

O **elemento subjetivo** (4) consiste no dolo genérico, constituído pela vontade consciente de frustrar, mediante fraude ou violência, um direito assegurado pela legislação trabalhista. Nas figuras equiparadas, há a exigência do elemento subjetivo especial do injusto: a coação para usar mercadorias de determinado estabelecimento só constituirá esse tipo penal se objetivar a impossibilidade de desligamento do serviço (inciso I) ou mediante coação ou retenção dos documentos da vítima (inciso II), com o mesmo objetivo. Não há previsão culposa.

Com relação à **consumação e tentativa** (5), o crime consuma-se no instante da frustração do direito trabalhista quando do uso efetivo da mercadoria de estabelecimento determinado; quando da retenção dos documentos do trabalhador. Admite-se a tentativa, tendo em vista que se trata de delito plurissubsistente.

A **ação penal** (6) é pública incondicionada.

De acordo com a **classificação doutrinária** (7), o tipo penal consiste em comum, simples, pois ofende uma só objetividade jurídica e material, tendo em vista que o tipo descreve a conduta e o resultado desta, exigindo a sua ocorrência.

Quanto ao **cabimento dos benefícios da Lei n. 9.099/95** (8), eles são cabíveis, desde que não haja a incidência do parágrafo segundo.

A título de ilustração, decisão extremamente relevante foi proferida pelo TRT4, sob relatoria do Desembargador Marcelo José Ferlin D'Ambroso, no qual, diante do reconhecimento da prática de "pejotização", foi determinada a expedição de ofício ao Ministério Público do Trabalho para as providências criminais cabíveis:

> o fato de o autor constituir empresa em seu nome não indica, por si só, tenha ele efetivo interesse em assumir a posição de sócio-empresário ou prestar serviços nesta condição, mas, sim, revela a modalidade de labor adotada pela ré para manter a atividade remunerada, transmudada de vínculo ao que se conhece por "pejotização", que é a nova fórmula de fraude aos direitos sociais, mediante a qual transformam-se os trabalhadores em "sócios-empresários" *pro forma* de empresas terceirizadas, implicando a sonegação da paga de FGTS, gratificação natalina, férias, vale-transporte etc., em clara evidência, em tese, do crime do art. 203, caput, do Código Penal (frustração de direito trabalhista mediante fraude), em concurso material com os delitos dos arts. 299, caput (falsidade ideológica), e 297, § 4º (sonegação dolosa de registro em CTPS), do mesmo códex. (TRT-4 – RO: 0020697-66.2016.5.04.0512. Redator: Marcelo Jose Ferlin D'Ambroso. Órgão julgador: 2ª Turma. Data: 11.10.2018, n.p)

---

(240) Cf. 4.4.

### 4.3.3.8. Frustração de lei sobre a nacionalização do trabalho

Dentre os crimes contra a organização de trabalho, é possível, ainda, encontrar o denominado crime de frustração de lei sobre a nacionalização do trabalho. Quanto a esse delito, será realizada, inicialmente, a análise crítica sobre a sua manutenção no ordenamento jurídico para que, ao serem apresentados os elementos, o tipo penal possa ser interpretado com cautela:

> **Art. 204.** Frustrar, mediante fraude ou violência, obrigação legal relativa à nacionalização do trabalho: Pena – detenção, de um mês a um ano, e multa, além da pena correspondente à violência.

O tipo mostrava-se em harmonia com a Constituição Federal de 1937, de política nacionalista, bem como com os textos constitucionais subsequentes (art. 157, XI de 1946 e de 1967) até a Emenda Constitucional n. 1 de 1969 (art. 165, XII) os quais vedavam a contratação de estrangeiros em maior número que os brasileiros em empresas nacionais com o fito de garantir a reserva de mercado, aos brasileiros, no território nacional (GOMES JR., 2017, p. 618).

Um mês após a criação do Ministério do Trabalho, o governo aprovou a primeira lei trabalhista, denominada "Lei dos Dois Terços", que determinava que dois terços dos empregos, em qualquer empresa, deveriam ser reservados a brasileiros, salvo quando os empregos exigissem qualificação profissional, técnica ou científica não encontrada nos candidatos nacionais.

De acordo com Mozart Victor Russomano (1997, p. 384), a orientação do dispositivo, presente na legislação laboral, está em evitar que seja admitido um número exagerado de migrantes nos quadros funcionais do empregador, que colocaria em risco "a segurança econômica de milhares e milhares de obreiros nascidos no Brasil e que aqui lutam no trabalho, especialmente aqueles menos dotados, que são os que de maior amparo necessitam, nós não podemos abrir nossas fronteiras, a fim de que venham, livremente, trabalhadores". O autor (1997, p. 385-386) ressalta nas empresas com menos de três funcionários ou quando a atividade estiver diretamente vinculada à terra (salvo extrativas de mineração), tal determinação não se aplicaria diante do número ínfimo de índice demográfico em tais regiões.

Todavia, com o advento da nova ordem constitucional, fundada na igualdade entre os indivíduos brasileiros e estrangeiros residentes no país, bem como no livre exercício do trabalho e da atividade profissional (art. 5º, XIII)[241], mostra-se incompatível o tipo penal com os interesses tutelados pela Constituição Federal de 1988, não havendo que

(241) O inciso XIII, art. 5º, CF: "é livre o exercício de qualquer trabalho, ofício ou profissão, atendidas as qualificações profissionais que a lei estabelecer".

se falar na recepção do artigo em comento, ainda que a nacionalização do trabalho esteja prevista como orientação presente tanto no dispositivo em análise quanto na CLT, no capítulo II, denominado "Da nacionalização do Trabalho" (arts. 352/358).

No que condiz com a manutenção dos dispositivos na CLT, para a corrente de teóricos que entende pela aplicabilidade do artigo mesmo após a Constituição Federal de 1988, o fundamento (da aplicabilidade) é encontrado na defesa da isonomia entre os trabalhadores brasileiros e estrangeiros relativa à equipara*ção* salarial, nos termos do art. 358 CLT, sendo o artigo adotado como uma discrimina*ção* positiva, porém nenhum óbice há para o trabalhador estrangeiro (DELGADO, 219, p. 970-972), o que não é abordado, nesse trabalho, diante da compreensão de que já não se aplicam as referências à proporcionalidade de estrangeiros.

Diante da ausência de revogação expressa do artigo passa a apresentação de seus elementos, ainda que de forma sucinta: o **sujeito ativo** (1.1) pode ser qualquer pessoa, ressaltando Cezar Roberto Bitencourt (2012, p. 1078) que, em regra é o empregador, podendo ainda ser o empregado ou terceiro, com conhecimento de causa. Já o **sujeito passivo** (1.2) é o Estado, tendo em vista que o delito atinge a coletividade, diante da violação de um princípio que norteia a política trabalhista do país, ainda que não encontre mais amparo constitucional (GOMES JR., 2017, p. 619).

O **objeto jurídico** (2) consiste no interesse da nacionalização do trabalho, particularmente, em garantir a reserva de mercado para os brasileiros, no seu próprio território.

Já o **tipo objetivo** (3) consiste em frustrar, no sentido de impedir ou privar, mediante violência ou fraude, direito assegurado pela legislação do trabalho. Nota-se que, para que seja aplicada a norma, é necessário buscar, na legislação trabalhista, a complementação, vez que se trata de uma norma penal em branco.

O **elemento subjetivo** (4) consiste no dolo e na vontade livre e consciente de se frustrar a obrigação legal relativa à nacionalização do trabalho.

Com relação à **consumação e tentativa** (5), conforme ressalta Cezar Roberto Bitencourt (2012, p. 1082), a primeira se dá "com a efetiva frustração de lei que disponha sobre a nacionalização do trabalho", sendo possível a tentativa diante do fracionamento de sua execução. Também para Celso Delmanto et al. (2016, p. 678), admite-se a tentativa.

A **ação penal** (6) é de iniciativa pública incondicionada.

Quanto à **classificação doutrinária** (7), o delito é apresentado como comum quanto ao sujeito, material, de forma livre, comissivo, unissubjetivo e plurissubsistente (NUCCI, 2020, p. 1.134).

Sobre os **benefícios da Lei n. 9.099/95** (8), de início, é cabível tanto a transação penal quanto a suspensão condicional do processo. Porém, os benefícios podem ser afastados pelo resultado do cúmulo material das penas, caso tenha sido utilizada violência, nos termos do preceito secundário.

Por fim, ressalta-se que, independentemente da prática de violência ou de fraude, defende-se, nesse trabalho, que a existência do tipo não se sustenta, tendo em vista que, como norma penal em branco, depende da complementação. Considerando que a redação do artigo remete à defesa do princípio nacionalista, em contradição com a própria Constituição, já não é passível de tutela penal.

### 4.3.3.9. Exercício de atividade com infração de decisão administrativa

O art. 205 do Código Penal prevê a punição para a ação do agente que atentar contra o interesse do Estado no cumprimento de decisões relativas às atividades por ele fiscalizadas:

> **Art. 205.** Exercer atividade, de que está impedido por decisão administrativa: Pena – detenção, de três meses a dois anos, ou multa.

Sem correspondente nos códigos anteriores, o dispositivo tem a finalidade assegurar a execução das decisões administrativas, emanadas do Poder Público, relativas ao exercício de atividade laboral.

Com relação aos sujeitos que compõem a conduta, o **sujeito ativo** (1.1) é a pessoa que está impedida de exercer determinada atividade administrativa. Não deixa de ser uma espécie *sui generis* de crime próprio, embora não exija qualidade ou condição especial; mas, somente quem está proibido de exercer a atividade pode ser o autor do delito ao desobedecer a proibição judicial. Já o **sujeito passivo** (1.2) é o Estado, que é o titular do interesse violado.

O **objeto jurídico** (2) consiste na organização do trabalho diante do interesse do Estado no cumprimento de decisões administrativas relativas às atividades, ao trabalho, ao ofício ou à profissão, por ele, fiscalizados.

Quanto ao **tipo objetivo** (3), ele consiste em exercer, desempenhar, desenvolver ou realizar a atividade, que tem o significado de prática repetitiva de atos próprios da atividade administrativamente proibida, devendo existir habitualidade ou reiteração para caracterizar a conduta criminosa. Rogério Greco (2017, p. 1045) ressalta que "o termo atividade está ligado a qualquer profissão lícita, reconhecida pelo Ministério do Trabalho", acrescendo, ainda, que "a decisão deverá possuir, obrigatoriamente, natureza administrativa, haja vista que se o impedimento se der em virtude de decisão judicial, por exemplo, o delito será o tipificado no art. 359 CP[(242)], que prevê a desobediência à decisão judicial".

O **elemento subjetivo** (4) consiste no dolo, quando o agente age, com vontade livre e consciente de exercer a profissão, ciente da existência da proibição (dolo genérico), sendo irrelevante a razão ou motivo pelo qual o sujeito passivo infringe a decisão administrativa que lhe veda tal prática. Não há previsão de modalidade culposa.

Com relação à **consumação e tentativa** (5), o delito consuma-se com a prática reiterada dos atos que o sujeito se encontra impedido de exercer, com o efetivo exercício da atividade que está proibido de realizar. Trata-se de crime habitual. É inadmissível a tentativa, pois somente a prática reiterada de conduta proibida é capaz de tipificar essa infração penal.

A **ação penal** (6) é de iniciativa pública incondicionada.

Quanto à **classificação doutrinária** (7), trata-se de um delito próprio quanto ao sujeito, doloso, de conduta e habitual, pois requer, para sua configuração, a prática de vários atos específicos da conduta da qual o sujeito está impedido de exercer por força de decisão administrativa.

Diante da pena cominada ao delito, são **cabíveis os benefícios da Lei n. 9.099/95** (8).

Por fim, Rogério Sanches Cunha (2016, p. 437) ressalva que, se a decisão proferida se encontrar pendente diante de recurso administrativo interposto, a caracterização do tipo dependerá da existência de efeito suspensivo do recurso que, havendo, afastará a tipificação.

#### 4.3.3.10. Aliciamento para o fim de emigração

Os últimos crimes consistem nos delitos de aliciamento para o fim da emigração (art. 206, CP) e o aliciamento de trabalhadores de um local para outro do território nacional (art. 207, CP):

> **Art. 206.** Recrutar trabalhadores, mediante fraude, com o fim de levá-los para território estrangeiro. (Redação dada pela Lei n. 8.683, de 1993) Pena – detenção, de 1 (um) a 3 (três) anos e multa. (Redação dada pela Lei n. 8.683, de 1993)

Todo indivíduo, seja brasileiro ou estrangeiro, tem assegurado o direito de ir e vir e de trabalhar onde bem entenda, de modo que a punição prevista no art. 206 do Código Penal se dá diante da fraude para retirar trabalhadores do território nacional. A existência

(242) Desobediência a decisão judicial sobre perda ou suspensão de direito: "Art. 359 – Exercer função, atividade, direito, autoridade ou múnus, de que foi suspenso ou privado por decisão judicial: Pena – detenção, de três meses a dois anos, ou multa".

do tipo penal é fundamentada pelo interesse Estatal na permanência de trabalhadores, buscando evitar, com isso, a diminuição da mão de obra, capaz de acarretar contratempos à produção, ao comércio e, de forma generalizada, à economia nacional.

Tem-se um crime comum quanto ao **sujeito ativo** (1.1), pois qualquer pessoa pode ser autora e recrutar trabalhadores. Há divergência na doutrina a respeito do **sujeito passivo** (1.2). Adota-se a posição de que o sujeito passivo primário será o Estado, diante do interesse na tutela dos trabalhadores vulneráveis(243) e que, também, poderão figurar, no polo passivo, os trabalhadores fraudulentamente recrutados.

O **objeto jurídico** (2), para Cezar Roberto Bitencourt (2012, p. 1095-1096), consiste no interesse do Estado em garantir a permanência dos trabalhadores brasileiros no Brasil, ou seja, em manter a mão de obra no território nacional de modo a proteger o interesse público, partindo da presunção absoluta de que essa evasão de trabalhadores é danosa à economia nacional, sendo capaz de acarretar contratempos à produção e ao comércio.

O **tipo objetivo** (3) consiste em recrutar, atrair e/ou aliciar pessoas para levá-las a trabalhar no exterior mediante o uso de fraude, mediante o ludibriar da vítima para que emigra, como ocorre quando a vítima é convencida que viajará ao exterior para trabalhar como modelo, garçonete ou dançarina, com altos salários, quando, na realidade, a pretensão do autor é que ela exerça profissão diversa. Além disso, ao ser utilizado o termo "trabalhadores", o legislador demonstrou a necessária pluralidade, isto é, no mínimo duas pessoas(244), conforme apresentado por Celso Delmanto at al. (2016, p. 688) e Paulo José da Costa Jr. (2012, p. 662).

O **elemento subjetivo** (4) consiste no dolo, com especial fim de realizar emigração (dolo específico). É importante observar que o aliciamento para levar os trabalhadores para outro local fora do território nacional, caracteriza o delito previsto no próximo tipo penal (art. 207, CP). Inexiste modalidade culposa.

A **consumação** (5) se dá com o aliciamento de trabalhadores com a finalidade de levá-los para o exterior mediante fraude, independentemente da efetiva emigração, tendo em vista ser crime formal. É admissível a tentativa, que restará caracterizada quando o agente não obtiver êxito na emigração, por circunstâncias alheias à sua vontade.

---

(243) Na obra do Damásio (2020, p. 435), o autor adota como único sujeito passivo o Estado. Já Cezar Roberto Bitencourt (2012, p. 1.094-1.096), menciona, de forma expressa, a alteração do seu entendimento, para aquele em que o sujeito passivo do delito passa a ser composto pelo trabalhador recrutado (sujeito passivo imediato), além do Estado, de forma mediata, que já era considerado pelo autor e, no mesmo sentido se posiciona Rogério Sanches Cunha (2016, p. 438).

(244) Cezar Roberto Bitencourt advoga pela necessidade de, ao menos, três pessoas, tendo em vista que, nos casos em que o legislador se contenta com dois agentes, há menção expressa do número, conforme arts. 150, § 1º, 155, § 4º, e 157, § 2º, II, CP (2012, p. 1096).

A **ação penal** (6) é de iniciativa pública incondicionada.

Na **classificação doutrinária** (7) do delito, tem-se crime comum, simples, pois ele ofende uma só objetividade jurídica, formal e de tendência, porquanto condiciona a sua existência à intenção do sujeito[245].

Por fim, ao se falar do **cabimento dos benefícios da Lei n. 9.099/95** (8), diante da pena máxima em abstrato (03 anos), o procedimento segue o rito sumário, o que impede o oferecimento da transação mas é possível a aplicação da suspensão condicional do processo, diante da pena mínima em abstrato.

### 4.3.3.11. Aliciamento de trabalhadores para outro local do território nacional

O último delito previsto dentre os crimes contra a organização do trabalho consiste no art. 207 do CP que, com redação dada pela Lei n. 9.777/1998, apresenta o crime de aliciamento de trabalhadores dentro do território nacional.

> **Art. 207.** Aliciar trabalhadores, com o fim de levá-los de uma para outra localidade do território nacional: Pena – detenção de um a três anos, e multa.
>
> § 1º Incorre na mesma pena quem recrutar trabalhadores fora da localidade de execução do trabalho, dentro do território nacional, mediante fraude ou cobrança de qualquer quantia do trabalhador, ou, ainda, não assegurar condições do seu retorno ao local de origem.
>
> § 2º A pena é aumentada de um sexto a um terço se a vítima é menor de dezoito anos, idosa, gestante, indígena ou portadora de deficiência física ou mental.

Enquanto o Código de 1890 previa somente a conduta que aliciasse o trabalhador para deixar o emprego sob a promessa de recompensa ou ameaça, o Código Penal de 1940 passou a criminalizar a conduta de aliciar os trabalhadores com finalidade de levar as vítimas para outro local do território nacional (art. 207 CP) ou para o exterior (art. 206 CP). De maneira muito próxima ao mencionado para o delito anterior, esse tipo é caracterizado diante do aliciamento de trabalhadores, entretanto, diferencia-se do artigo anterior, principalmente, pelo transporte desses trabalhadores dentro do território nacional.

Trata-se de crime comum, de modo que o **sujeito ativo** (1.1) pode ser qualquer pessoa. Já o **sujeito passivo** (1.2) é o Estado caracterizado como sujeito passivo mediato, e, como imediato, qualquer pessoa na condição de trabalhador aliciado. Além disso, o segundo parágrafo, apresenta causa de aumento de pena diante de maior vulnerabilidade da vítima.

---

(245) Com relação a intenção do sujeito, Damásio (2020, p. 96) afirma que é imprescindível a verificação do estado anímico no momento do fato, uma vez que sem a finalidade do agente aliciador na emigração dos trabalhadores, a conduta se torna atípica.

Com relação ao **objeto jurídico** (2), é tutelado o interesse do Estado em evitar o êxodo de trabalhadores de mão de obra barata proveniente de zonas desfavorecidas do País dentro do território nacional. Procura-se evitar que alguma região fique despovoada[(246)] em detrimento de outra, produzindo concentrações urbanas e desajustes socioeconômicos (COSTA JR., 2010, p. 662).

O **tipo objetivo** (3) consiste em aliciar, atrair e/ou recrutar trabalhadores de um local para outro dentro do território interno. Além dessa distinção, a conduta narrada no art. 207 do CP não exige, obrigatoriamente, a fraude para a tipificação. O § 1º, incluído pela Lei n. 9.777/1998, apresenta duas formas equiparadas que podem ser divididas em três formas de execução, mediante: (a) fraude; (b) cobrança de valores do trabalhador; e (c) não serem asseguradas as condições de retorno à origem. As primeiras dizem respeito ao recrutamento mediante a indução da vítima a erro ou a cobrança de qualquer quantia do trabalhador, gerando a sua exploração econômica, sob o pretexto de se obter melhor colocação profissional. A última consiste em não assegurar condições do retorno dos trabalhadores, deixando-os desamparados quando da ocorrência de tal condição.

A respeito da discussão relativa ao número de vítimas, as observações apresentadas no tipo penal anterior devem ser consideradas.

Com relação ao **elemento subjetivo** (4), o delito somente é caracterizado a título de dolo específico, consistente na vontade livre e consciente de aliciar, não havendo punição a título de culpa.

A **consumação** (5) se dá com o aliciamento de trabalhadores, independentemente do êxodo efetivo (crime formal), de modo consuma-se no momento em que o agente convence o trabalhador a transferir-se para outra localidade do território nacional, acertando com ele as condições e os meios, independente da concretização do fim visado ou do pagamento da quantia (crime formal). A tentativa é possível (crime plurissubsistente).

A **ação penal** (6) é de iniciativa pública incondicionada.

De acordo com a **classificação doutrinária** (7), trata-se de um delito comum quanto aos agentes, doloso, simples, pois ofende uma só objetividade jurídica, formal, tendo em vista que, apesar do tipo descrever a conduta e o resultado, prescinde da ocorrência deste último para a consumação. Ainda, trata-se de um delito de tendência, uma vez que o tipo contém um especial elemento subjetivo, consistente na finalidade do sujeito.

(246) Assim como criticado no artigo anterior, aparenta ser incoerente com os valores CF/88 a discussão sobre a distância e despovoamento: Para o êxodo ser penalmente relevante, as localidades precisam ser consideravelmente afastadas. Há entendimento jurisprudencial, segundo o qual é necessária a demonstração de prejuízo efetivo para a região onde o aliciamento ocorre (BITENCOURT, 2012, p. 1.104); Enquanto, para Damásio, "pouco importa, também, se os locais de onde saem e para onde vão os trabalhadores são distantes ou não entre si" (2020, p. 98).

Sobre o **cabimento dos benefícios da Lei n. 9.099/95** (8), **é** cabível a sua suspensão condicional do processo mas não é possível o oferecimento de transação penal.

Diante da análise do Inquérito 3.564 de Minas Gerais, pela Segunda Turma do STF, foi aplicado o entendimento, por maioria de votos, pela justa causa no recebimento da denúncia do art. 207 do CP nos casos em que a vítima é incentivada, mediante falsas promessas, a deslocar-se no território nacional para trabalhar, bem como nos casos em que, ao chegar no local de trabalho, a escassez de recursos e o salário irrisório inviabilizarem o retorno do trabalhador ao Estado ou cidade de origem (BRASIL, 2014, p. 11-15)[(247)].

A declaração do trabalhador-vítima evidencia a vulnerabilidade dos indivíduos, que os trona suscetíveis a aceitar as condições impostas pelo empregador que o acolhe: o temor do em razão das necessidades de sustentar a si e a família, da incerteza da possibilidade de obter outro trabalho em condições melhores ou da ausência de políticas públicas em prol dos trabalhadores resgatados em condições análogas à de escravo. Para Suzuki (2017, p. 122-123),

> O trabalhador escravo é um indivíduo em situação de vulnerabilidade socioeconômica no seu local de origem, que parte em busca de meios de subsistência. É facilmente aliciado por recrutadores (também conhecidos por "gatos"), que lhes fazem falsas promessas de bom emprego.

Apresentados os dois últimos delitos dentre os crimes contra a organização do trabalho, são imprescindíveis algumas observações: ambos somente serão caracterizados quando, na conduta do autor, não estiverem presentes as finalidades previstas no art. 149-A, CP, que também abrange a tutela laboral, de modo que os primeiros são subsidiários ao último.

Consoante Rogério Greco (2017, p. 1050), o objeto jurídico tutelado é apresentado pela doutrina como sendo, conforme o art. 206, CP, "o interesse do Estado em manter

(247) No caso mencionado, um dos trabalhadores informou que a promessa consistia na existência de "alojamento com camas e colchões e roupa de cama, mas que quando chegaram não tinha nada no alojamento obrigando-os a dormirem no chão, até adquirem colchões e roupas de cama. Que veio em ônibus clandestinos juntamente com outros 6 ônibus, que gastou de passagem R$300,00 reais e de alimentação R$ 100,00 durante a viagem" (BRASIL, 2014, p. 15). Consta, ainda, que a passagem de volta, em ônibus regulares, custava em média R$ 300,00 por pessoa. Contudo, diante dos salários irrisórios e de diversas dívidas, os trabalhadores não conseguiam retornar para suas cidades (BRASIL, 2014, p. 05). Diante do objeto da pesquisa, é relevante mencionar que, ao sujeito ativo, deputado federal, foram imputados os delitos tipificados nos arts. 149; 203, *caput* e § 1º, I e II; e 207, *caput* e § 1º, do CP. Entretanto, na data do recebimento da denúncia, foi declarada a extinção da punibilidade pela prescrição do art. 203, CP. Posteriormente, diante da perda do mandato eletivo do acusado, foi reconhecida a incompetência do STF para o prosseguimento da ação. (Ação Penal 888 – Minas Gerais/Número único: 9985120-75.2012.0.01.0000 – 26/02/2015)

os trabalhadores em território nacional" e, conforme disposto no art. 207 do CP, como sendo do interesse do Estado em manter os trabalhadores em diversas e heterogêneas regiões do território nacional, evitando o êxodo e, consequentemente, a despovoação de determinada localidade (BITENCOURT, 2012, p. 1053)[(248)].

Tal bem jurídico aparenta ser contraditório com os valores constitucionalmente adotados em 1988 e, nesse caso, causam estranheza inclusive pelas alterações dos tipos serem posteriores a Constituição Federal. No que condiz ao art. 206 do CP, com redação de 1940, é possível encontrar a justificativa do mesmo "[n]a necessidade da obtenção, ou manutenção, de trabalhadores no país, para atender ao seu escasso mercado da mão de obra". Todavia, diante da recessão pela qual passava o país, a alteração promovida (PL 2.460/1991), em 1993, ressaltou o fito de "punir aquele que explora a boa-fé do trabalhador brasileiro", que buscava emprego no exterior, visando retornar em ao país com recurso que possibilitasse o início de uma atividade em condições dignas (BRASIL, 1991, p. 3116-3117).

Nota-se que há evidente diferença entre a tutela (legítima) do trabalhador, na qual a proteção se faz proporcional à vulnerabilidade das pessoas que estão em busca de trabalho e de melhores condições financeiras, se tornando vítimas de recrutadores com, o interesse estatal na permanência de trabalhadores, buscando evitar, com isso, a diminuição da mão de obra, o que pode acarretar contratempos à produção, ao comércio e, de forma generalizada, à economia nacional, mediante a restrição da liberdade física e de escolha do indivíduo, de forma ilegítima, e excessiva no âmbito de escolha do cidadão.

É importante lembrar, no que condiz com o art. 207, do CP, que a alteração do tipo se deu pela Lei n. 9.777/1998, devendo serem retomadas as considerações relacionadas à motivação e os comentários iniciais ao art. 203, do CP, que foi alterado pela mencionada lei, com a finalidade de repressão, em síntese, ao trabalho forçado.

### 4.3.4. Das contravenções contra a organização do trabalho

A distinção entre crime e contravenção já foi apresentada.[(249)] Nesse subcapítulo serão abordadas as contravenções penais, previstas no Decreto-lei n. 3.688/41 que se encontram dentro do título "organização do trabalho". Serão abordadas as contravenções de exercício irregular de determinada profissão ou atividade econômica, comercialização irregular de antiguidades, escrituração contábil de indústria, comércio ou outra atividade:

---

(248) No mesmo sentido da tutela da economia nacional, como interesse protegido: Cezar Roberto Bitencourt (2012, p. 1095; 1102), Gomes Jr (2017, 622; 625), Guilherme de Souza Nucci (2020, p. 1.136 e 1.138) e Rogério Sanches Cunha (2016, p. 438 e 440).

(249) Cf. tópico 4.3.1.3.

#### 4.3.4.1. Do exercício irregular de determinada profissão ou atividade econômica

O art. 47 da Lei de Contravenções Penais traz os seguintes dizeres:

> **Art. 47**. Exercer profissão ou atividade econômica ou anunciar que a exerce, sem preencher as condições a que por lei está subordinado o seu exercício: Pena – prisão simples, de quinze dias a três meses, ou multa, de quinhentos mil réis a cinco contos de réis.

Com relação ao **sujeito ativo** (1.1), pode ser praticada a contravenção por qualquer pessoa que exercer ou anunciar o exercício da profissão sem preencher os requisitos anunciados pela lei, para tanto. O **sujeito passivo** (1.2) consiste no Estado e a sociedade.

O **objeto jurídico** (2) é o interesse social, assegurando que certas profissões sejam exercidas somente por pessoas qualificadas.

O **tipo objetivo** (3): trata-se do exercício de profissão ou mero anúncio do exercício de profissão econômica sem que o agente tenha preenchido os requisitos a que por lei esteja subordinado o exercício. É possível identificar que consiste em uma norma penal em branco, que necessita de integração por outro dispositivo legal. Por outro lado, se não houver uma lei a regulamentar a profissão ou atividade econômica, o fato será atípico.

É importante distinguir a conduta narrada daquela prevista no art. 205, do CP (crime de violação à decisão administrativa proibitiva do exercício de atividade). A última somente restará caracterizada diante da prática de profissão ou atividade após ter sido proferida a decisão administrativa de impedimento ou suspensão. Entretanto, a ausência de pagamento de anuidade que acarrete a suspensão (ou cancelamento) de determinada atividade profissional e represente mas mero ato administrativo de saneamento cadastral, não tipifica a infração em análise.

Há divergência no que condiz a necessidade da habitualidade na conduta, tendo em vista que não há exigência expressa da mesma no preceito primário. O STF entendeu, porém, que a habitualidade se faz necessária (BRASIL, 1997, p. 4-5).

Quanto ao **elemento subjetivo** (4): a prática somente é punida a título de dolo, consistente na consciência e vontade em exercer ou anunciar atividade profissional, consciente de que não preencheu os requisitos legais.

A infração somente encontra punição na modalidade **consumada** (5) com o exercício da profissão ou o anúncio realizado, sem que estejam preenchidos os requisitos. Não há punição na modalidade tentada (art. 4º, do Decreto-lei n. 3.688/ 1941).

A **ação penal** (6) é pública incondicionada para todas as contravenções.

Quanto a **classificação doutrinária** (7), trata-se de infração penal comum, dolosa, de perigo abstrato, de mera conduta.

Os **benefícios da Lei n. 9.099/95** (8), são passíveis de concessão, tanto a transação penal quanto a suspensão condicional do processo.

A título de observação, no que condiz as profissões de médico, dentista e farmacêutico, não se aplica esta contravenção, tendo em vista a existência de crime específico no art. 282, do CP (exercício ilegal da medicina, arte dentária ou farmacêutica)[(250)].

Em decisão proferida no HC 74.471-1 RJ, sob relatoria do Ministro Celso de Mello, a primeira turma do STF entendeu pela caracterização da contravenção diante do exercício ilegal da advocacia, seja por ausência de inscrição nos quadros da Ordem dos Advogados do Brasil (OAB) ou diante de suspensão, impedimento no exercício ou cancelamento da inscrição a título de punição disciplinar (BRASIL, 1997, p. 4-5). Em julgado mais recente (Recurso em Habeas Corpus n. 53.998 – RJ), a quinta Turma do STJ negou provimento ao pedido de trancamento de ação penal, expondo o entendimento de que a atividade de corretor de imóveis necessita de qualificação profissional, sendo limitada pela Lei que a regulamenta (BRASIL, 2015, p. 6-7).

#### 4.3.4.2. Da comercialização irregular de antiguidades

O art. 48 da Lei de Contravenções Penais apresenta a redação seguinte:

> **Art. 48.** Exercer, sem observância das prescrições legais, comércio de antiguidades, de obras de arte, ou de manuscritos e livros antigos ou raros: Pena – prisão simples de um a seis meses, ou multa, de um a dez contos de réis.

Com relação ao **sujeito ativo** (1.1) é o indivíduo que exerce o comércio (de obras, antiguidades ou livros raros), sem observância legal. Já o **sujeito passivo** (1.2) o indivíduo que adquiriu o objeto, bem como o Estado.

O **objeto jurídico** (2) consiste "[n]o controle do comércio legítimo de objetos antigos, obras de arte" (Damásio). O **tipo objetivo** (3) consiste em Exercer ou infringir determinação legal para o comércio de objetos antigos.

Como **elemento subjetivo** (4), é necessário que haja dolo em exercer comércio de antiguidades, sem respeito as prescrições legais; em infringir legislação relativa a matrícula ou escrituração de indústria.

A **consumação** (5) é a única modalidade que encontra punição, uma vez que as contravenções não são punidas na modalidade **tentada** (art. 4º, do Decreto-lei n. 3.688/1941).

A **ação penal** (6) é pública incondicionada para todas as contravenções. Trata-se de crime doloso. No que condiz ao sujeito, é crime comum, nos termos da **classificação doutrinária** (7).

---

(250) Art. 282, CP: "Exercer, ainda que a título gratuito, a profissão de médico, dentista ou farmacêutico, sem autorização legal ou excedendo-lhe os limites: Pena – detenção, de seis meses a dois anos. Parágrafo único – Se o crime é praticado com o fim de lucro, aplica-se também multa".

No que condiz ao **cabimento dos benefícios da Lei n. 9.099/95** (8), **é possível** tanto a transação penal quanto a suspensão condicional do processo.

### 4.3.4.3. Da infração de escrituração contábil de indústria, comércio ou outra atividade

O art. 49 da Lei de Contravenções Penais traz os seguintes dizeres:

> **Art. 49.** Infringir determinação legal relativa à matrícula ou à escrituração de indústria, de comércio, ou de outra atividade: Pena – multa, de duzentos mil réis a cinco contos de réis.

Com relação ao **sujeito ativo** (1.1) é o indivíduo que, com sua conduta, praticou o núcleo do tipo (infringir). Já o **sujeito passivo** (1.2) **é o** Estado.

O **objeto jurídico** (2) consiste no controle do comércio legítimo de objetos antigos, obras de arte. O **tipo objetivo** (3) consiste em Exercer ou infringir determinação legal para realizar matrícula de indústria.

Como **elemento subjetivo** (4), é necessário que haja dolo em infringir legislação relativa à matrícula ou escrituração de indústria. A **consumação** (5) é a única modalidade que encontra punição, uma vez que as contravenções não são punidas na modalidade **tentada** (art. 4º, do Decreto-lei n. 3.688/1941).

A **ação penal** (6) é pública incondicionada para todas as contravenções.

Com relação a **classificação doutrinária** (7), trata-se de crime doloso, comum — no que condiz ao sujeito ativo. No que condiz ao **cabimento dos benefícios da Lei n. 9.099/95** (8), **é possível** tanto a transação penal quanto a suspensão condicional do processo.

Luigi Ferrajoli (1995, p. 713-714) afirma que um dos fatores que fomentam a crise do Direito Penal (italiano) consiste na hipertrofia e expansão desse ramo. Para o autor, a interferência inflacionária do Direito Penal no âmbito administrativo acabou por causar uma confusão dos limites e um excesso injustificado de imposição penal, assumindo dimensões patológicas. Em razão das consequências negativas do excesso de tutela penal, Luigi Ferrajoli (1995, p. 715) advoga pela descriminalização de todas as contravenções, tendo em vista que se a pena define a gravidade da infração penal, as contravenções ilustram uma violação ao princípio da intervenção mínima, devendo serem abolidas e os bens jurídicos tutelados por outros ramos do direito (menos incisivos).

A mesma crítica pode ser aplicada as contravenções previstas no Decreto-lei n. 3.688/41. Ao menos no que condiz a maioria das infrações penais apresentadas nesse tópico (4.3.4.) a criminalização viola tanto a exclusiva proteção do bem jurídico quanto a subsidiariedade e fragmentariedade penal, havendo, por vezes, dificuldade em reconhecer o próprio bem jurídico tutelado por meio da norma.

Entretanto, sendo relevante e necessária a tutela (como àquela prevista no art. 47, da Lei de contravenções), o mais adequado, ao que parece, consiste na alteração legislativa para que possa seja equivalente à proteção ofertada ao exercício ilegal da medicina, arte dentária ou farmacêutica, prevista no art. 282, CP(251), possibilitando, assim, maior efetividade.

## 4.4. Do consentimento do ofendido como causa de exclusão da ilicitude

O tema remete aos eventuais efeitos do consentimento da vítima, no âmbito criminal, no caso da prática dos delitos contra a organização do trabalho, de forma ampla. Afinal, se diante da gravidade na incidência penal, a intervenção é excepcional, ainda que houvesse caracterização típica nos casos em que a própria vítima tenha concordado com a violação do seus interesses, como, por exemplo, ainda que ela tivesse assentido com a jornada exaustiva (art. 149, CP), com as condições arriscadas de transporte (art. 132, CP) ou mesmo com determinado pagamento, abaixo do salário mínimo (art. 203, CP), questiona-se se poderia ser afastada a ilicitude do crime ou mesmo a caracterização do fato típico.

Diz-se exclusão da ilicitude ou do fato típico diante da diferença relativa aos tipos penais nos quais a discordância por parte da vítima do delito é necessária para a caracterização do crime, enquanto outros tipos não exigem o dissenso para configuração típica. Assim, no primeiro caso, o consentimento exclui a tipicidade, enquanto, no segundo, é considerado como causa de justificação, sendo, também, denominado de "tipo permissivo", e se impõe para limitar a incidência do tipo penal, de modo que, ainda que a conduta seja típica, não será considerada como ilícita, tendo em vista que o titular do bem jurídico protegido, ao permitir a violação do próprio direito, impede a caracterização da ilicitude e, por consequência, do crime. Entretanto, para que seja aplicada a causa de exclusão da ilicitude, Francisco de Assis Toledo (1984, p. 130) apresenta quatro requisitos cumulativos:

> a) que o ofendido tenha manifestado sua aquiescência livremente, sem coação, fraude ou outro vício de vontade;
>
> b) que o ofendido, no momento da aquiescência, esteja em condições de compreender o significado e as consequências de sua decisão, possuindo, pois, capacidade para tanto;
>
> c) que o bem jurídico lesado ou exposto a perigo de lesão se situe na esfera de disponibilidade do aquiescente;

(251) Art. 282, CP "Exercer, ainda que a título gratuito, a profissão de médico, dentista ou farmacêutico, sem autorização legal ou excedendo-lhe os limites: Pena – detenção, de seis meses a dois anos. Parágrafo único – Se o crime é praticado com o fim de lucro, aplica-se também multa".

d) finalmente que o fato típico penal realizado se identifique com o que foi previsto e se constituiu em objeto de consentimento pelo ofendido.

No que condiz ao primeiro requisito, é possível, excluir, de imediato, alguns tipos penais que apresentam, em seu núcleo, a mitigação da liberdade, que não deve ser compreendida somente no aspecto de deslocamento físico.

Para a OIT (2003, p. 04, tradução nossa), a violência no ambiente de trabalho fica caracterizada mediante "toda ação, incidente ou comportamento pelo qual uma pessoa é agredida, ameaçada, humilhada ou ferida por outra no exercício da sua atividade profissional ou em consequência direta da atividade exercida"(252). Assim, tanto no delito de submissão da vítima a condições análogas à de escravo (art. 149, § 1º, CP), como no atentado contra a liberdade de contrato de trabalho e boicotagem violenta (art. 198, CP) e na frustração de direito trabalhista (art. 203, CP), pode-se dizer que a excludente não se aplica, uma vez que os tipos penais somente são caracterizados diante da conduta cumulada com violência, ou fraude, afastando a possibilidade de a vítima consentir livremente.

Entretanto, ainda quanto ao primeiro requisito, é imprescindível entender que a capacidade do trabalhador não deve ser vinculada somente à ausência de ameaça, violência ou engano, mas, em seu aspecto amplo, que abrange a sua autonomia em optar pelas condições contratuais de trabalho, o que nos remete, novamente, ao tópico anterior, de modo que o aceite pode ser aplicado no que condiz com a liberdade, na qual o trabalhador, ao consentir com situações em que deve trabalhar até a (ou para além da) exaustão, em ambiente degradante, somente o faz por ausência de sua liberdade de escolha(253) e pela possibilidade de receber o suficiente para a própria subsistência e a de sua família(254).

---

(252) No original: "Toda acción, incidente o comportamiento que se aparta de lo razonable mediante el cual una persona es agredida, amenazada, humillada o lesionada por otra en el ejercicio de su actividad profesional o como consecuencia directa de la misma".

(253) O consentimento do ofendido mostra-se incompatível diante da ausência de opções da vítima. Nesse sentido, afirma Cesare Beccaria (2013, p. 134) que "nem o poderoso, nem o rico devem colocar a preço os atentados contra o fraco e o pobre: de outro modo, as riquezas, que são o prêmio da operosidade sob a tutela das leis, se convertem em alimento da tirania. Não há liberdade quando as leis permitem que o homem cesse, em algumas circunstâncias de ser "pessoa" para converter-se em "coisa"; Para Jair Aparecido Cardoso (2013, p. 21), o trabalho "não deve ser tido como algo desumanizante, por ser inerente à condição humana originária, não pode ser tido, por isso, como pena ou castigo. É, acima de tudo, um direito pessoal, ao mesmo tempo em que é um dever social. É meio de prover suas necessidades, mas não é o fim último do homem. Portanto, é inerente à liberdade humana".

(254) Em tais casos, há evidente violação a Declaração Universal dos Direitos Humanos, que, em seu art. 23 dispõe: "Todo o homem tem direito ao trabalho, à livre escolha de emprego, a condições justas e favoráveis de trabalho e à proteção contra o desemprego. Todo o homem, sem qualquer distinção, tem direito a igual remuneração por igual trabalho. Todo o homem que trabalha tem direito a uma remuneração justa e satisfatória, que lhe assegure, assim como a sua família, uma existência compatível com a dignidade humana, e a que se acrescentarão, se necessário, outros meios de proteção social. Todo o homem tem direito a organizar sindicatos e a neles ingressar para proteção de seus interesses".

Boaventura (2007, p. 16) menciona como fascismo contratual, quando, em um contrato de trabalho ou de fornecimento de bens ou serviços, a diferença de poder entre as partes "é de tal ordem que a parte mais fraca, vulnerabilizada por não ter alternativa ao contrato, aceita as condições que lhe são impostas pela parte mais poderosa, por mais onerosas e despóticas que sejam"[(255)]. Em tais casos, o consentimento sem autonomia é inválido e o suposto aceite das condições não terá condão de afastar a prática delitiva, pois presume-se que, se a vítima não estivesse em estado de vulnerabilidade, não aceitaria a lesão ao seu bem jurídico.

Para Eduardo Saad-Diniz (2015, p. 164-165), a problemática do consentimento da vítima em tais casos reside no fato de que os próprios trabalhadores não percebem que estão reduzidos em sua subjetividade, e não lhes molestam as condições ultrajantes em que vivem. Todavia, para o autor, a noção de consentimento "deve ser relativizada em função da vulnerabilidade do trabalhador, em situação degradante, já que em boa parte dos casos o grau de alienação em que se encontram os impede de manifestação que se possa considerar minimamente 'livre' – muito menos 'autônoma'".

O segundo requisito consiste na capacidade da vítima de estar em condições de compreender o significado e as consequências de sua decisão, o que abrange, necessariamente, a vítima possuir mais de 18 anos e ser mentalmente hígida, o que afasta a aplicação da excludente nos casos em que vítima é criança ou adolescente (art. 149, § 2º, I, CP). E, ainda, que se alegue superada a condição da liberdade ou, mesmo que se entenda o conceito em seu aspecto restrito, vinculado ao direito de "ir e vir" para o consentimento válido, a vítima deve conhecer todas as consequências do aceite, o que, ao se tratar do meio ambiente laboral, gera grande dificuldade, uma vez que as consequências da sujeição do indivíduo a um meio desequilibrado extravasam a percepção das lesões visuais de imediato, sendo possível gerar malefícios irreparáveis à vida e à saúde do trabalhador.

A fragilidade do trabalhador passou a ser evidenciada em detrimento da máquina a partir do sistema de produção em série. Doenças ocupacionais, envenenamento por agrotóxicos, "acidentes"[(256)] causados por falta de proteção adequada eram, e ainda são, suportados por trabalhadores como preço pago na disputa desenfreada das empresas

---

(255) Trata-se de uma das classificações do fascismo social, apresentado pelo autor como sendo "nova forma do estado de natureza e prolifera à sombra do contrato social sob duas formas: pós-contratualismo e pré-contratualismo. O pós-contratualismo é o processo pelo qual grupos e interesses sociais até agora incluídos no contrato social são dele excluídos sem qualquer perspectiva de regresso: trabalhadores e classes populares são expulsos do contrato social pelo meio da eliminação dos seus direitos sociais e económicos, tornando-se assim populações descartáveis. O pré-contratualismo consiste no bloqueamento do acesso à cidadania a grupos sociais que anteriormente se consideravam candidatos à cidadania e tinham a expectativa fundada de a ela aceder: por exemplo, a juventude urbana habitante dos guetos das megacidades do Norte global e do Sul global" (SANTOS, 2007, p. 17-18).

(256) Para Valdete Souto Severo (2015, p. 67) o uso dessa expressão "acidente" evidencia a banalização da injustiça social, tendo em vista que não há nada de acidental no número expressivo de mortes, lesões e doenças que o trabalho provoca e, ao assim ser denominado, é retirada a gravidade de tais fatos.

pelo capital, na qual são desconsiderados valores como segurança, saúde e meio ambiente de trabalho digno.

Diversas são as causas diretamente relacionadas ao ambiente laboral que impactam negativamente a saúde do trabalhador, acarretando desde distúrbios psicológicos até lesões físicas e acidentes fatais. O estresse mostra-se como uma delas e trata-se de outro termo que teve reduzida sua relevância e gravidade, uma vez que o constante uso dessa palavra acabou por atenuar a compreensão dessa ocorrência.

Conforme afirma Braveman (2011, p. 388), os trabalhadores em cargos caracterizados por altas demandas, percebido por recompensas, correm maior risco de problemas de saúde mental, isso posto que a "tensão acumulada de tentar, com recursos inadequados lidar com os desafios diários pode, com o tempo, levar a mais danos fisiológicos do que um único evento dramaticamente estressante". Assim, os trabalhadores que têm impostas condições negativas de higidez ambiental são atingidos por efeitos do estresse que persistem mesmo diante da remoção da causa(257).

Já o trabalho que envolve o contato com "toxinas comportamentais", tais como metais pesados, pesticidas e solventes, pode resultar em impactos neurológicos e cognitivos a ponto de afetar o comportamento do indivíduo. De acordo com Gary W. Evans (2003, p. 541), diversos materiais perigosos, como o mercúrio, o manganês e solventes orgânicos, causam sintomas neuropsiquiátricos nas pessoas que trabalham com tais substâncias, incluindo ansiedade, depressão, dificuldades de concentração e irritabilidade.

Segundo Gary W. Evans (2003, p. 541), por vezes, o indivíduo afetado já deixou de trabalhar na empresa em que foi exposto a substâncias perigosas quando é atingido pelas reações comportamentais e passa a revelar os efeitos de ter trabalhado com a substância, podendo apresentar "vários índices de sofrimento psicológico, incluindo medo e pânico, distúrbios do sono, sentimentos de perda de controle e desamparo, pessimismo e, em alguns casos, pós-traumático transtorno de estresse". Nota-se que os sintomas, geralmente, não são percebidos a curto prazo, não havendo possibilidade de compreensão dos resultados que atingirão o trabalhador que teria consentido com as circunstâncias concernentes ao trabalho(258).

---

(257) Os impactos estressantes de condições físicas subótimas nas pessoas são uma consequência conjunta de parâmetros físicos (por exemplo, intensidade sonora, densidade) mais variáveis psicológicas, como controle sobre os estressores ambientais (BILOTTA; EVANS, 2013, p. 33-34).

(258) *Karoshi*, termo japonês usado para descrever a morte por excesso de trabalho, evidencia a relevância do tema, considerando que estresse elevado e fadiga física podem resultar na morte do trabalhador ou ainda ao suicídio por depressão, situações que evidenciam a desumanização do trabalho em detrimento do capital e, por vezes, não são ligadas, de imediato ao ambiente laboral. Merece menção, o caso no qual executivos da "France Télécom" foram condenados criminalmente diante da prática de assédio moral, que levou ao suicídio laboral por parte de 35 funcionários. Nota-se que, dependendo das condições, o trabalho pode causar doenças mentais e de comportamento, e estas levam aos suicídios. Sobre o tema: https://www.dw.com/pt-br/operadora-francesa-%C3%A9-condenada-ap%C3%B3s-onda-de-suic%C3%ADdios/a-51757301, e https://www.bbc.com/portuguese/internacional-48963405. Acesso em: 03 ago. 2020.

Com relação ao terceiro requisito, este refere-se ao fato de o bem jurídico dever ser disponível, de modo que a vítima possa conceder permissão (antes ou durante) a violação do interesse. Sobre o tema, Ana Elisa Bechara (2014, p. 178) afirma que o Direito Penal é um setor jurídico de natureza essencialmente pública, de modo que "a prescrição da proteção de bens jurídicos dá-se, inicialmente, de forma independente da vontade do denominado sujeito passivo da ação delitiva, tradicionalmente se considera a disponibilidade de bens jurídicos-penais em caráter excepcional", ressaltando a relevância da distinção entre a natureza individual ou coletiva dos bens jurídicos e da valoração das necessidades sociais pelo ordenamento penal:

> O âmbito de disponibilidade dos bens jurídicos deve ser determinado, antes de tudo, pelo princípio de intervenção penal mínima e pela própria ideia de dignidade humana, como fundamento dos direitos individuais reconhecidos pela Constituição, de modo a delimitar as esferas de liberdade do indivíduo em relação à intervenção estatal (BECHARA, 2014, p. 178).

Nesse aspecto, Juarez Tavares (1969, p. 259-260) diferencia os bens individuais, tutelados no Código Penal, dos coletivos e afirma que os crimes contra a organização do trabalho não constituem bens jurídicos individuais, como o caso do patrimônio do qual pode a vítima dispor. Para o autor, os crimes contra a organização do trabalho estão em uma "zona de fronteira, em que, a par da lesão social, se produz lesão individual, bem como que somente se manifestam contra a sociedade através de atentados a bens pessoais, como nos crimes contra a família, a organização do trabalho, a fé pública".

Para Toledo (1994, p. 4), essa é a razão pela qual há uma "verdadeira autorização primária para que o Estado possa intervir em certas áreas reservadas, na esfera da liberdade individual". Esse tema é tratado por Thomas Hobbes (1983, p. 54) o qual nega a caracterização de uma injúria (ou ofensa) quando realizada com o consentimento da própria pessoa (vitimada), justificando que, antes da existência do pacto entre os homens, que constituiu o Leviatã, não há que se falar em quebra de pacto e, se inexistente um pacto em prol da segurança e paz, não há injúria. Todavia, a partir da realização do pacto, se a própria vítima, se manifestar, desejando liberar o agressor do pacto, também não haverá injúria feita a ela. O autor (1983, p. 54) ressalta, porém, que o mesmo não pode ser considerado quando da prática de delitos que atingem o Estado:

> a injustiça de uma ação (quer dizer, uma injúria) pressupõe que um determinado indivíduo haja sido injuriado, nomeadamente aquele com quem foi celebrado o pacto. Assim, muitas vezes a injustiça é feita a um homem, ao mesmo tempo que o dano recai sobre outro. Como quando o senhor ordena a seu servo que dê dinheiro a um estranho: se tal não for feito, a injúria será

feita ao senhor, ao qual anteriormente se prometera obedecer, mas o dano recai sobre o estranho, para com o qual não havia obrigação, e que portanto não podia ser injuriado. O mesmo se passa no Estado: os homens podem perdoar uns aos outros suas dívidas, mas não os roubos ou outras violências que lhes causem dano. Porque não pagar uma dívida é uma injúria feita a eles mesmos, ao passo que o roubo e a violência são injúrias feitas à pessoa do Estado.

Consoante Maior (1999, p. 20-21), na lógica do capitalismo, o homem deixa de ser homem para ser um objeto da produção. Sob essa perspectiva, "o seu trabalho vale aquilo que a lei econômica dita. Sob o ponto de vista do direito, o homem deve ser resgatado e o valor de seu trabalho deve ser equivalente ao preço da sua dignidade no âmbito social".

Por fim, mesmo após mencionada a indisponibilidade de tais bens, é importante mencionar, ainda, que o consentimento do trabalhador teria que ocorrer antes da ou concomitante com a conduta lesiva e nunca posterior, para que se pudesse, caso preenchidos todos os requisitos, afastar a tipicidade ou a ilicitude do fato. Mesmo assim, no contexto apresentado, ainda que contratualmente estipulado, não é possível visualizar um caso em que o aval do empregado poderia afastar a prática delitiva.

Essa afirmação, de início, pode aparentar ser contraditória sob a perspectiva da teoria do bem jurídico, uma vez que a intervenção penal pode ocorrer contra a vontade do titular do interesse violado. Ana Elisa Bechara (2014, p. 188-189) recorda, entretanto, que a evolução do Direito Penal sempre foi pautada em um "paternalismo"(259) que, somente é justificável, partindo-se da compreensão dos interesses do sujeito a ser protegido e do que corresponde, a ele, um benefício, tendo, como referencial, a dignidade da pessoa humana.

O Direito Penal do Estado Liberal e Democrático de Direito deve estar pautado pelo respeitar ao máximo à liberdade do indivíduo sem, entretanto, abdicar os objetivos do Estado Social, de modo a sancionar a exploração da vulnerabilidade para obtenção de vantagem injusta da vítima, ainda que esta não sofra violência, ameaça ou fraude. Nesse caso, a ponderação entre a liberdade do autor da infração e, do outro lado, a liberdade e a dignidade do trabalhador aparentam ter sido realizada de forma parcialmente adequada pelo legislador no que condiz com a criação da tutela penal, em que pese a ausência de proporcionalidade na sanção imposta. Afinal, não é demais ressaltar que o Direito Penal

---

(259) Para a autora (p. 186-187) "embora possa o Estado impedir a exploração de cidadãos em desvantagem ou vulneráveis, criminalizando condutas, mesmo que haja seu consentimento, voltadas para sua proteção, não é possível em um contexto democrático a intervenção penal em relações sociais estabelecidas de forma equilibrada".

deve refletir, em sua aplicação, a consecução dos objetivos do Estado Social Democrático de Direito. Nesse sentido:

> Por paradoxal que possa parecer, com relação ao trabalho, o homem não pode ser tolhido de sua liberdade de ser explorado por seu semelhante. Em outras palavras, o homem não pode ter cerceada a sua liberdade de trabalhar, mas, sobretudo, devem ser observados os limites que garantam sua dignidade e a dignidade do seu trabalho, decorrendo daí uma necessária distinção entre exploração do trabalho e escravização humana (CARDOSO, 2015, p. 265).

Assim, seja em razão da situação de vulnerabilidade que se encontra o trabalhador ao se submeter (in)voluntariamente às condições laborais nocivas, tendo acatado a oferta de emprego por desespero, seja por incapacidade de discernimento, por ausência de opções ou, em razão da indisponibilidade do bem jurídico, um eventual consentimento do ofendido não se aplica, independente do que possa ter sido contratualmente pactuado.

Dessa forma, a intervenção estatal mostra-se necessária como forma de tutela do trabalhador, diante da torpeza humana alimentada, ao menos nesse aspecto, pelo capital, na busca de evitar situações nas quais o indivíduo seja subjugado e tratado como mercadoria ou como uma peça que possa descartada ou substituída, a qualquer momento.

Além disso, o Estado é responsável pelo combate e prevenção ao trabalho escravo, bem como pela garantia do trabalho decente, adequadamente remunerado, exercido em condições de equidade e segurança, nos termos da Convenção n. 105 da OIT, concernente à abolição do trabalho forçado e do Programa Nacional de Direitos Humanos (PNDH-3)[(260)].

Por mais que a intervenção penal deva ser excepcional, tanto na previsão em abstrato quanto na aplicação concreta da norma pelo intérprete, o propósito na manutenção da tutela, independente da vontade ou de suposto consentimento da vítima, não é outro senão o de maximizar a liberdade geral. Conforme Luciano Feldens (2012, n.p.), o que aparenta restringir a liberdade de um grupo é uma libertação para outro, de modo que as medidas "visam a conter o exercício dos direitos e das liberdades nos limites constitucionais (e legais) exigidos pela própria coexistência de liberdades".

Assim, em um Estado Democrático e Social de Direito, ao Direito Penal cabe amparar a dignidade da pessoa humana (art. 1º, III, CF), não somente daquele que estiver sob persecução penal, como, também, da vítima do delito, diante da violação de interesses constitucional e socialmente relevantes, bem como da necessidade da proteção,

(260) De acordo com o PNDH-3, dentre os objetivos estratégicos e ações programáticas estabelecidos, encontram-se a garantia do trabalho decente, adequadamente remunerado, exercido em condições de equidade e segurança (Objetivo estratégico VI), combate e prevenção ao trabalho escravo (VII).

seja ao amparar a vítima, independente de eventual consentimento ou tutelando bens jurídicos relevantes à luz do quadro de valores constitucionais merecedores de proteção penal.

## 4.5. A inefetividade do Direito Penal do Trabalho no Brasil e a violação ao princípio da vedação da proteção insuficiente

Em um país como o Brasil, no qual o trabalho (análogo ao) escravo ainda se encontra presente, o Direito Penal do Trabalho tem a plenitude de sua razão de ser. Neste trabalho, foi demonstrado que a tutela penal laboral é legítima diante da relevância dos bens jurídicos, bem como que a proteção é harmônica com a subsidiariedade e fragmentariedade penal.

Todavia, mostra-se assertiva a afirmação de Guilherme Guimarães Feliciano (2009, p. 352-353) relativa ao anacronismo legislativo diante da manutenção da estrutura típica cunhada em 1940, sob inspiração corporativista (para não dizer totalitária) em pleno Estado Novo varguista, a revelar o vigoroso descaso legislativo, deixando de garantir as bases do funcionamento do sistema de regulação do trabalho e a própria tutela do trabalhador.

Por mais que a existência do Direito Penal do Trabalho seja legítima, restou evidente que a ausência de alteração de alguns tipos penais tornou-os incompatíveis com a Constituição Federal de 1988, afetando os demais, que ficam ao abandono, também, do judiciário, o que pode ser percebido à mingua de decisões relativas ao mérito, como se todo o Título IV fosse menos relevante do que os crimes contra o patrimônio.

Considerando que a ação penal é de iniciativa pública incondicionada, evidenciada a possível prática de algum dos tipos penais, caberia ao Magistrado ou ao Ministério Público do Trabalho que conheceu a conduta, o encaminhamento das cópias para que a denúncia fosse oferecida pelo órgão competente, nos termos do art. 40, CPP[261], independente dos fatos terem sido objeto de Termo de Ajustamento de Conduta, tendo em vista a independência entre as esferas administrativa e penal.

Apesar dessa análise não ser o foco do trabalho, pode-se afirmar, em razão da escassez de decisões sobre os dispositivos acima (analisados no tópico 4.3), que o encaminhamento dos elementos probatórios que indicam possível prática delitiva (*notitia criminis*), aparenta ser pouco frequente, para não dizer raro, o que pode ocorrer diante da competência para análise, pela descrença nos tipos penais ou mesmo pelo mencionado abandono legislativo.

---

(261) Art. 40, CPP. Quando, em autos ou papéis de que conhecerem, os juízes ou tribunais verificarem a existência de crime de ação pública, remeterão ao Ministério Público as cópias e os documentos necessários ao oferecimento da denúncia.

Sobre a competência para o julgamento dos crimes analisados, é importante ressaltar que, de acordo com os Tribunais Superiores, o julgamento somente competirá à Justiça Federal[262] se a ação do agente afrontar o "sistema" de órgãos e instituições preservadores, coletivamente, dos direitos e deveres dos trabalhadores, como a conduta que viole a existência da associação ou do sindicato, que é um interesse coletivo de todos os trabalhadores. Do contrário, restará à Justiça Estadual a análise e o julgamento dos interesses individuais do trabalhador[263]. Porém, ao que parece, o julgamento pela seara comum acaba por prejudicar a efetividade do próprio Direito Penal do Trabalho e, consequentemente a tutela efetiva aos direitos fundamentais.

Isso porque diversas infrações apresentadas necessitam de complementação na legislação laboral para que haja a compreensão completa da caracterização delitiva[264]. Para Camila Almeida Peixoto Batista de Oliveira (2014, p. 19-20), com a rara punição dos ilícitos penais trabalhistas, dissemina-se a impunidade e fomenta-se a visão de tais práticas como simples estratégia de maximização dos lucros empresariais, enquanto a competência trabalhista, para a apreciação dos ilícitos penais vinculadas às relações laborais, "agilizaria e aceleraria a validação do Direito nas relações obreiras, estimulando-lhe a observância espontânea pelo receio da punição–tratando-se de relevante catalisador da efetividade do Direito material Trabalhista e de seu basilar Princípio da Proteção".

Além disso, é necessário, ainda, perceber que os delitos que são crimes especiais, em comparação ao delito de constrangimento ilegal (art. 146, CP) receberam pena que se mostra incoerente com a finalidade especial do delito, que atinge também a liberdade laboral. Assim, ao atingir, além da liberdade pessoal, o trabalho ou a dignidade do trabalhador, a pena de tais crimes deveria ser mais elevada do que a do primeiro delito que, se caracterizada a qualificadora, pode ter previsão do dobro da pena em detrimento dos crimes contra a organização do trabalho, sendo a pena mais um dos elementos que reforçam a descrença nos tipos em análise.

Conforme abordado (tópico 3.1), da mesma forma que o princípio da proibição do excesso mostra-se como um sistema de freios ao Leviatã, sendo vedada a excessiva intervenção estatal a direitos fundamentais, a tutela a ser exercida em prol dos mesmos direitos não pode ser menor do que o necessário para a efetiva proteção do bem jurídico, sob pena de retomado o estado de natureza, sendo o princípio da proibição de proteção insuficiente uma cláusula mandamental dirigida ao Estado, determinando a adoção das medidas necessárias à proteção dos direitos fundamentais.

---

(262) Salvo no caso das contravenções penais que, conforme dispõe o art. 109, IV, CF, não são julgadas pela Justiça Federal.

(263) Além da Súmula n. 115/TFR, dentre diversos julgamentos que abordaram o tema, ressaltamos os seguintes: STJ. CC 118.436/SP, Terceira Seção, rei. Min. Alderita Ramos de Oliveira, DJe 29/05/2013; STJ, EDcl no AgRg no CC 129.181/MG, rel. Ministro Jorge Mussi, Terceira Seção, julgado em 25.02.2015.

(264) Sobre a competência para julgamento dos delitos vinculados a relação de trabalho, sugerimos a leitura de: FELICIANO, Guilherme Guimarães. *Parecer 01/2006:* da competência penal da Justiça do Trabalho. Disponível em: http://jus2.uol.com.br/pecas/texto.asp?id=676. Acesso em: 20 jul. 2019.

No Brasil, o princípio da proporcionalidade, especificamente sua face de proteção insuficiente, também foi utilizado como fundamento para a decisão do Recurso Extraordinário n. 418.376-5 MS, em 2006, para afastar a extinção da punibilidade do réu que, condenado por estupro da vítima menor de 14 anos, passou a conviver com a mesma.

Para o Ministro Gilmar Mendes (BRASIL, 2006, p. 688), "a proibição de proteção insuficiente adquire importância na aplicação dos direitos fundamentais de proteção (...) que se consubstancia naqueles casos em que o Estado não pode abrir mão da proteção do direito penal para garantir a proteção de um direito fundamental", ressaltando que todos os Poderes do Estado estão vinculados e obrigados a proteger a dignidade da pessoa humana (BRASIL, 2006, p. 691).

A situação evidenciou que o dispositivo que determinava a extinção da punibilidade do réu que contraí matrimônio com a vítima do crime mencionado, com o decorrer da evolução social tornava deficiente a tutela à vítima do estupro, "quando a responsabilidade do legislador é atender um padrão mínimo de proteção, fazendo escolhas que, efetivamente, garantam o pleno exercício do direito fundamental ou salvaguardem o bem jurídico", de forma adequada, sob pena da medida ser considerada inconstitucional (FAVARETTO, 2019, p. 64).

Os órgãos legiferantes, por serem representantes diretos do povo e competir a eles a produção legislativa, dispõem de um espaço de conformação mais amplo e, portanto, de uma maior liberdade de ação do que aos poderes administrativos e jurisdicionais, estando os primeiros mais livres para a escolha da medida mais congruente com a proteção exigida, ainda assim, em todo caso, não é permitido que se fique aquém de um mínimo de proteção constitucionalmente exigido (SARLET, 2008, p. 151), sendo inconstitucional a lei que deixa de salvaguardar o direito de maneira suficiente e adequada, que não alcance o padrão mínimo de garantia, tendo em vista que não cumpre com sua obrigação de amparar o bem jurídico.

Para Claus-Wilhelm Canaris (2016, p. 119), a proibição de insuficiência revela-se na propriedade que os imperativos de tutela possuem de não permitir que "se desça abaixo de certo mínimo de protecção", existindo diversas possibilidades de variação em aberto, quanto ao modo como esse direito deve ser especificamente conformado, desde que seja oferecida, no seu conjunto, uma proteção eficiente, o que se aplica também ao Estado-Juiz quando conceder interpretação diversa daquela que assegure proteção, como a que leva a um completo esvaziamento ou impossibilidade de aplicação das normas fundamentais (BALTAZAR JUNIOR, 2010, p. 64).

Adota-se, nesse trabalho, a concepção de que a primeira evidencia de que a tutela dos direitos laborais, por intermédio do Direito Penal, viola a vedação da proteção insuficiente consiste nas penas cominadas (em abstrato) que deveriam ser proporcionais à violação do bem jurídico e, nos tipos penais analisados (tópico 4.3), o preceito secundário definido pelo legislador mostra-se incoerente e incompatível com a relevância concedida aos delitos patrimoniais, tendo em vista que atinge o trabalhador, em seu patrimônio, quanto também todos os que estão ao seu redor, diante da imprescindibilidade do trabalho à vida das pessoas.

Assim, a pena do delito de frustração de direito trabalhista deveria ser, a título de exemplo, ao menos, equivalente àquela prevista para o furto ou o estelionato. Entretanto, no atual cenário, foi evidenciado que, sendo iniciado o processo criminal, ao autor serão possibilitados os benefícios da Lei n. 9.099/95, de modo que a punibilidade será extinta em razão de tais benefícios. Dessarte, trata-se de mais um elemento que aparenta desestimular o encaminhamento da *notitia criminis* e parece reforçar a afirmação equivocada (e falaciosa) de inefetividade penal, quando, na realidade, acaba por inviabilizar, até mesmo, a possibilidade de análise de tal efetividade diante da ausência de casos tanto daqueles cujo processo penal seja iniciado quanto daqueles que cheguem à aplicação de sanção.

Ainda no aspecto legislativo, além da deficiência na proteção (formalmente) existente, a mesma também é evidenciada pela omissão na tutela do assédio moral no trabalho, do trabalho do menor, por trabalho não registrado e, principalmente, na ausência de criminalização da retenção dolosa do salário, em violação ao mandado constitucional (art. 7º, X, CF).

A violação à proibição da proteção insuficiente por parte do judiciário pode ser exemplificada diante de interpretações completamente divergentes em casos semelhantes, nos julgamentos dos crimes relacionados ao âmbito laboral, o que foi evidenciado, em especial, nos tipos penais de redução a condição análoga à de escravo — art. 149, CP[(265)] e no delito de paralisação de trabalho de interesse coletivo — art. 201, CP[(266)], mas também diante da omissão no encaminhamento dos autos para averiguação de eventual caracterização criminosa.

O reconhecimento e proteção dos direitos decorrentes da relação de trabalho, em harmonia com a mínima intervenção é uma exigência que deriva e é imposta pelos fins do Estado Democrático de Direito, tendo como reflexo a tutela de bens jurídicos individuais e também coletivos (MARTÍN, 2010, p. 63-64)[(267)].

---

(265) Cf. tópico 4.3.2.1.

(266) Cf. tópico 4.3.3.5.

(267) Para o autor, "Las condiciones de posibilidad de la efectividad real de la libertad, igualdad y participación de todos los ciudadanos por igual en la vida política, económica, cultural y social, como exigencia de la lucha legítima por la dignidad humana y por el derecho al libre desarrollo de la personalidad (art. 10 CE) definen, a mi juicio, el común denominador de los substratos materiales que tienen que ser elevados a la categoría de bienes jurídicos colectivos con base y fundamento en las directrices axiológicas del programa ético-político específico que, por exigencia de la sociedad actual y por imperativo constitucional, tiene que cumplir hoy el Estado social y democrático de Derecho".

# Conclusão

O aprofundamento do estudo na discussão da legitimidade na intervenção e tutela penal dos direitos decorrentes da relação trabalhista é amplo e extremamente complexo.

Apesar da relevância do tema e de sua complexidade, o Direito Penal do Trabalho, que é voltado à tutela fragmentária e subsidiária dos direitos decorrentes da relação laboral e da dignidade do trabalhador, aparenta estar relegado ao desconhecimento dos operadores do Direito. Quando não, é criticado por acarretar expansionismo penal ou por violar o princípio da subsidiariedade que rege o ramo mais incisivo do ordenamento jurídico.

Sem a pretensão de esgotar o tema, este estudo teve o escopo de analisar as previsões criminais vinculadas ao Direito Laboral, à luz do princípio da proteção insuficiente, enfrentando questões sobre a relevância do bem jurídico, a *ultima ratio* e a proporcionalidade na intervenção penal.

A investigação acabou por resultar em novos questionamentos para além do que foi discutido no decorrer desta dissertação, razão pela qual, além das conclusões, serão apresentadas as limitações e algumas sugestões de temas correlatos que poderão auxiliar no avanço das pesquisas do Direito Penal do Trabalho, mais abrangente do que, inicialmente, imaginado.

Por essa razão, são apresentadas hipóteses conclusivas de forma analítica, para que sejam destacados diversos pontos abordados no estudo e para que sejam relevados que muitos outros não o foram pela própria limitação objeto desta pesquisa, mas que, seguramente, convencem de que o tema deverá voltar à pauta das discussões acadêmicas, quiçá, legislativas. Por outro lado, espera-se que a força normativa dos princípios, que também se objetivou resgatar, convide o judiciário a se ativar também nesta questão social de relevância para que seja finalizada a eterna realização de soluções paliativas, por carência de visão social, jurídica e principiológica.

Num bosquejo histórico, foi exposto que o atual Código Penal brasileiro foi elaborado sob a vigência da outorgada Constituição de 1937 e, apesar de ter sofrido diversas alterações, é possível verificar o descompasso entre o ordenamento penal e a Constituição, em especial, no tocante à dignidade humana.

Na concepção de Estado Liberal de Direito, de feições nitidamente individualistas, o Estado protege uma liberdade e igualdade meramente formais. Trata-se de um sistema punitivo que busca a limitação na incidência penal por meio da abstenção estatal, sendo a liberdade do indivíduo a viga-mestra do Estado de Direito. Após arbitrariedades ocorridas na Segunda Guerra Mundial, as Constituições agregaram um conteúdo social, com a função de promover o bem-estar comum, lastreado no princípio da igualdade material e tendo a dignidade da pessoa humana como alicerce. Com a Constituição Federal de 1988, é adotada a concepção de um Estado Democrático e Social de Direito e consolidam-se os direitos fundamentais tanto na dimensão da atuação negativa estatal quanto na atuação positiva, a revelar a proporcionalidade por meio da proibição do excesso na intervenção, na vedação de proteção insuficiente e na promoção de direitos econômicos e sociais.

Por estar ligado às fontes do passado liberal-individualista, torna-se imprescindível uma releitura do sistema penal, comprometida com os valores declinados na Constituição Federal de 1988, em harmonia com o Estado Social. O Direito Penal (social e democrático) não deve se abster da proteção dos bens jurídicos dignos de tutela, quando a intervenção se mostrar adequada, necessária e proporcional, restando claro que não deve violar, em tais casos, o caráter de *ultima ratio*.

Nesse diapasão, o legislador penal não somente está impedido de infringir os princípios e valores constitucionais, mas deve também criminalizar (e descriminalizar) condutas que afrontem bens jurídicos refletidos nesses mesmos princípios e valores, atuando diante de práticas que impeçam a realização dos objetivos do Estado, por intermédio do Direito Penal, ferramenta a ser utilizada como reforço a assegurar uma convivência pacífica na sociedade em constante transformação.

Assim, o Direito Penal não poderá ser renunciado quando sua atuação for necessária, dada a relevância do bem jurídico a ser tutelado. Contudo, entende-se que o *status* constitucional do bem jurídico, por si só, não é suficiente para definir os interesses que reclamam a proteção penal, sendo necessária a análise da relevância jurídico-social atual, afinal, o bem jurídico somente adquire função limitadora com a subordinação do poder punitivo do Estado ao indivíduo, quando carente de tutela.

O trabalho, fundamento do Estado Democrático de Direito, localiza sua centralidade tanto em seu valor jurídico-constitucional quanto social, sendo dignificante ao ser humano que encontra, no labor, o seu sustento e o de sua família, possibilitando o exercício de outros direitos como o da própria liberdade. No trabalho, o indivíduo constrói sua identidade, o prazer pelo reconhecimento do seu serviço e da sua utilidade. Ainda que a relação laboral esteja intrincada com a liberdade contratual e a livre iniciativa, o Estado não pode deixar de intervir diante de condutas que atentem contra o núcleo essencial dos direitos do trabalhador, considerando que, no modelo instituído pela Constituição

Federal de 1988, a livre iniciativa e a liberdade econômica superam a concepção individualista e estão vinculadas à função social das empresas e dos contratos, constitucionalizado em seu valor humano e, sobretudo, social.

Assim, compete aos órgãos estatais o dever de proteção do exercício desses direitos fundamentais contra agressão proveniente do próprio Estado ou de particulares, funcionando, aqui, o princípio da proporcionalidade em sua dimensão de proibição de proteção insuficiente, ainda que (e, por que não dizer principalmente?) diante da flexibilização dos direitos laborais.

Apesar da elevada dignidade penal dos bens jurídicos fundamentais, compatível com tratados internacionais, que, por si só, implicaria um juízo positivo de necessidade penal, o princípio da intervenção mínima é abordado como mais um fator limitante da incidência penal, funcionado como critério de equilíbrio, tendo em vista que o Direito Penal deve ser o último recurso a ser utilizado na proteção de um bem jurídico, que será tutelado de forma subsidiária e fragmentária.

Em complemento ao caráter de *ultima ratio* da incidência penal, o princípio da proporcionalidade encerra juízo analítico de adequação, de necessidade e de proporcionalidade em sentido estrito, nas dimensões da proibição de excesso e proibição de proteção insuficiente dos direitos fundamentais, servindo como critério de controle das normas penais.

Por meio do princípio da adequação, foi analisada a aptidão do Direito Penal (meio) para alcançar a proteção de bens jurídicos relevantes (finalidade), sendo possível afirmar a sua aptidão para tanto.

Na segunda etapa, a análise da necessidade da tutela penal dos direitos decorrentes da relação de trabalho foi realizada diante da comparação com outros meios de proteção. A crise de efetividade dos direitos laborais e a deficiência no amparo estatal por meios menos gravosos demonstram a ineficiência destes e a possibilidade de incidência penal.

A sub-regra da necessidade foi correlacionada ao princípio da subsidiariedade do Direito Penal, de modo que a incidência penal somente é cabível quando outros meios menos gravosos não confiram proteção suficiente ao bem jurídico, sob pena de violação a vedação do excesso.

A proporcionalidade em sentido estrito, por sua vez, funciona como critério de exame do juízo de dignidade penal, a complementar o princípio da fragmentariedade que preconiza que o Direito Penal deve tutelar os bens jurídicos essenciais à vida comunitária das lesões mais graves. Na terceira etapa de análise, para realizar a ponderação, exigida pelo critério da proporcionalidade, foram utilizados, em paralelo, dois aspectos comparativos: (a) a relevância do bem jurídico a ser tutelado (retomando a teoria dos bens jurídicos) em detrimento do valor que é atingido pela incidência penal, bem como (b) a análise comparativa de bens jurídicos semelhantes amparados pelo CP.

O resultado evidencia que a discussão sobre o Direito Penal do Trabalho encontra resistência ideológica e incoerente com os fundamentos, os objetivos e os princípios constitucionais do Estado Democrático de Direito que propõem a igualdade material.

Reitera-se a necessidade de uma leitura de cunho social democrático do Direito Penal, que reside, essencialmente, na criminalização das violações à dignidade da pessoa humana, seguindo as dimensões dos direitos fundamentais e o princípio da vedação da proteção insuficiente sob pena de se permanecer na repetição do legado escravista, no qual tanto o trabalho quanto o Direito Penal guardavam proximidade pela finalidade de domesticar as classes menos favorecidas. Assim, o trabalho se confundia com punição em seu termo etimológico e no destino dos escravos e a sanção criminal do condenado era reforçada com a obrigação laboral com o fito de intensificar o sofrimento na vertente repressiva da pena por intermédio do trabalho. Mesmo após o trabalho encontrar regulamentação, os indivíduos das classes menos favorecidas que não cumprissem com o dever imposto (o de trabalhar) eram, criminalmente, punidos por ausência do labor e de condições financeiras.

O reconhecimento e a conquista dos direitos laborais se evidenciaram árduos e lentos. Ainda assim, Direito Penal que, até então, era aplicado em face dos mais vulneráveis, encontra resistência ao ser apresentada a necessidade de acompanhar a dinâmica social para tutelar os valores sociais relevantes em prol da vítima que tenha sido violada diante da vulnerabilidade.

A legislação penal não pode ficar condicionada ao modelo de organização do trabalho vigente em momento histórico anterior. O Direito Penal deve encontrar os limites de intervenção na esfera do indivíduo infrator, mas também os limites de proteção aos direitos fundamentais violados no modelo estatal adotado e refletido constitucionalmente.

Sendo destinado à proteção fragmentária e subsidiária, em complemento da tutela já existente no Direito do Trabalho e à repercussão dos valores e princípios constitucionais, de modo a intervir em prol de bens jurídicos já sedimentados no Código Penal, como a vida, integridade física, saúde, patrimônio, liberdade, o Direito Penal do Trabalho encontra, então, legitimidade, não podendo ser afastado mediante a monetização ou a meras sanções civis e administrativas.

Percebida a legitimidade na intervenção penal bem como a necessidade dessa tutela, em atenção à vedação da proteção insuficiente, foi realizada a análise dos tipos penais atualmente existentes na legislação brasileira vinculados ao âmbito laboral.

O resultado do estudo das infrações refletiu a resistência já mencionada e a crise nos direitos sociais que aparentam se reforçarem, mutuamente, na manutenção do *status quo*:

a. A tutela existente em prol da saúde e segurança do trabalhador (art. 19, Lei n. 8.213/91) padece de inconstitucionalidade. Sendo um tipo penal excessivamente aberto, viola os princípios constitucionais e penais, exemplificando atecnia legislativa recorrente nos delitos analisados;

b. O crime de perigo para a vida ou saúde de outrem (art. 132, parágrafo único, CP, inserido com a Lei n. 9.777/98), encontra uma causa de aumento específica em prol dos trabalhadores, porém, a pena não revela a face inibidora do Direito Penal;

c. Apesar dos delitos de redução à condição análoga à de escravo e tráfico de pessoas (arts. 149 e 149-A, CP) receberem maior atenção do legislativo e dos operadores do Direito, há, ainda, grande discussão sobre a caracterização da prática quando a liberdade da vítima não é mitigada. A divergência causada pela posição topográfica gera decisões judiciais completamente opostas e restringe a efetividade da tutela que deveria ser concedida às vítimas em estado de vulnerabilidade;

d. Os delitos contra a organização do trabalho originários do Código Penal de 1940 refletem o contexto histórico da sua criação, sendo que alguns sequer foram recepcionados pela Constituição Federal de 1988;

e. As contravenções previstas contra a organização do trabalho são, em sua maioria, exemplos de entulhos legislativos e colaboram para a crise de efetividade do próprio Direito Penal do Trabalho;

f. Dentre os delitos recepcionados pela Constituição Federal de 1988, as penas cominadas, simbolicamente, evidenciam a ausência de relevância atribuída aos bens jurídicos, a desproporcionalidade em comparação com os mesmos interesses tutelados fora do contexto laboral, que privilegiam o patrimônio, a vida e a integridade física daqueles que contam com patrimônio (integralizado) e;

g. As penas cominadas sequer possibilitam afirmar a face intimidatória do ordenamento penal, tendo em vista que, em sua grande maioria, possibilitam a aplicação de pena não privativa de liberdade, com a extinção da ação penal sem análise do mérito.

O resultado poderia ser justificado pelo reflexo do contexto histórico no qual o Código Penal entrou em vigor em 1940. Entretanto, evidencia também os interesses políticos, uma vez que a maioria dos tipos penais analisados (e que seriam imprescindíveis à tutela do trabalhador) não encontram previsão no Projeto do Código Penal em trâmite n. 236/2012.

A banalização da vida do trabalhador e dos direitos laborais gera o questionamento se, em algum momento, o Direito Penal deixou de ser seletivo na tipologia de agentes, na domesticação e na marginalização das classes menos favorecidas, para tutelar, com fulcro no substrato conceitual do bem jurídico, os interesses sociais de maneira equitativa.

O Direito Penal não pode estagnar ou mesmo retroceder diante do discurso do capital que ecoa com a finalidade de contar com uma amnésia histórica de uma nação alicerçada na desigualdade social e dominação política, como a brasileira, uma das mais resistentes a abolir a escravidão. Assim, mesmo atualmente, o Direito Penal muito deficientemente alcança as formas de desvio típicas dos grupos socialmente dominantes.

Diante da Constituição Federal de 1988 e da dinâmica social, ao regular as novas interações, o Estado deve contar com o Direito Penal como ferramenta de controle das violações dos direitos fundamentais, ainda que demandem a antecipação da tutela penal por meio de tipos de perigo abstrato, os quais não ofendem a constitucionalidade quando revestidos de um mínimo de perigosidade ao bem jurídico.

Faz-se necessária a alteração dos tipos penais com imposição de pena proporcional à relevância do bem jurídico, a criminalização de novas condutas como daquelas que atinjam o meio ambiente do trabalho, a descriminalização de condutas que não façam mais sentido no contexto atual e a revogação expressa daquelas que não foram recepcionadas pela Constituição Federal, para que seja possível a efetivação de tais direitos e garantias fundamentais por um Direito Penal do Trabalho de cunho social e democrático.

A expansão penal é inevitável. A sociedade se torna mais complexa e reclama um novo papel ao Direito Penal, adequado ao contexto das novas interações, sem que seja esfacelado o modelo constitucional e, menos ainda, os direitos conquistados que alicerçam a evolução social e jurídica. Ainda assim, a expansão penal não causará, necessariamente, inflação legislativa, posto que da mesma forma que novas práticas devam ser criminalizadas, aquelas que não guardam coerência com o modelo atual de Estado prescindem da proteção penal como, por exemplo, a frustração de lei sobre a nacionalização do trabalho e as contravenções.

Destarte, acredita-se que essa dissertação é de grande relevância jurídica e social e que poderá contribuir com o debate sobre o Direito Penal do Trabalho legítimo e necessário da existência do mesmo em um Estado Democrático e Social, para se abrir uma discussão acerca da efetivação dos direitos fundamentais consagrados na Constituição Federal de 1988. Ainda que não estejam vinculados ao cerne da discussão desenvolvida nesse trabalho, alguns temas que envolvem o Direito Penal do Trabalho, em seu aspecto material ou processual, merecem desenvolvimento e podem auxiliar muito na continuidade das pesquisas na área:

a. O prejuízo a efetividade na proteção penal dos bens jurídicos vinculados à relação do trabalho, diante da competência do julgamento de tais crimes, a contribuir com o abandono legislativo e, até mesmo, com a pouca atenção jurisdicional;

b. A responsabilidade penal das pessoas jurídicas com relação aos crimes praticados em detrimento do meio ambiente do trabalho; a eventual caracterização da posição de garante do proprietário da empresa, na omissão imprópria diante do meio ambiente de trabalho desequilibrado; e

c. A abordagem de alguns tipos penais e temas que carecem de atenção como o assédio moral no trabalho (PL 4742/2001); o trabalho do menor (PL 237/2016); a eventual criminalização e penalização por trabalho não registrado; a proteção do trabalhador na sociedade de risco e do consentimento do ofendido como causa de exclusão da prática criminosa que foi superficialmente mencionado.

No percurso da investigação, por diversas vezes, foi realizada uma autorreflexão se esse estudo se tratava de uma análise utópica, tendo em vista que o próprio Direito Penal é criticado pela ausência de efetivação das finalidades da pena preventiva e repressiva. Entretanto, se essa utopia for necessária para que a sociedade possa, ao menos, caminhar em direção a uma organização mais justa e humanitária, já seria uma contribuição.

Mais do que isso, acredita-se que há um longo caminho a ser trilhado, mas que deve-se iniciá-lo com o primeiro passo, a partir de uma maior exposição e discussão a respeito do tema, com a devida relevância acadêmica e prática aos profissionais que militam nas áreas penal e laboral, para que as ações não se limitem somente ao aspecto laboral, ou a uma proteção penal de papel, sem efetividade, não cumprindo, assim, o seu papel social protetor.

# Referências[268]


ALEXY, Robert. *Teoria dos Direitos Fundamentais.* Tradução de Virgílio Afonso da Silva. 5. ed. alemã. São Paulo: Malheiros, 2006.

ANDREUCCI, Ricardo Antonio. *Direito Penal do Trabalho.* 6. ed. São Paulo: Saraiva Educação, 2018. Edição do *Kindle.*

ARENDT, Hannah, 1906-1975. *A condição humana.* Tradução Roberto Raposo. 13. ed., rev. Rio de Janeiro: Forense Universitária, 2019.

BALTAZAR JUNIOR, José Paulo. *Crime Organizado e Proibição de Insuficiência.* Porto Alegre: Livraria do Advogado, 2010.

BARBAGELATA, Héctor-Hugo. *O particularismo do Direito do Trabalho.* São Paulo: LTr, 1996.

BARROS, Cassio Mesquita. Direito Penal e Direito Penal do Trabalho: uma intersecção vacante. In: SILVEIRA, Renato de Mello Jorge (Org.). *Estudos em Homenagem a Ivette Senise Ferreira.* São Paulo: LiberArs, 2015. p. 123-132.

BAUMAN, Zygmunt. *A riqueza de poucos beneficia todos nós?* Tradução Renato Aguiar. Rio de Janeiro: Zahar, 2015.

______ (1925). *Capitalismo parasitário:* e outros temas contemporâneos. Tradução: Eliana Aguiar. Rio de Janeiro: Zahar, 2010.

BATTILANA, Julie; MÉDA, Dominique; FERRERAS, Isabelle. *Work.* Democratize, Decommodify, Remediate. Maio 2020. Disponível em: https://democratizingwork.org/. Acesso em: 15 out. 2020.

BAYLOS, Antonio; TERRADILLOS, Juan. Derecho Penal del Trabajo: Una reflexión general a partir de la experiencia normativa española. *Revista Latinoamericana de Derecho Social*, n. 7, jul./dez, 2008, p. 3-26.

______; ______. *Derecho Penal del Trabajo.* 2. ed. rev. Madrid: Editorial Trotta, 1997.

BECCARIA. Cesare. *Dos delitos e das Penas.* Tradução: Vicente Sabino Jr. São Paulo: Editora Pillares, 2013.

BECHARA, Ana Elisa Liberatore Silva. *Bem Jurídico-Penal.* São Paulo: Quartier Latin, 2014.

BENETI, Sidnei Agostinho. A Constituição e o sistema penal. *Revista dos Tribunais:* RT, São Paulo, v. 83, n. 704, p. 296-309, jun. 1994. Disponível em: http://bdjur.stj.jus.br/dspace/handle/2011/33549. Acesso em: 15 jun. 2020.


(268) De acordo com a Associação Brasileira de Normas Técnicas (ABNT NBR 6023)

BILOTTA, Elena; EVANS, W. Gary. Environmental stress. In: STENG, Linda; BERG, Agnes E. Van Den; GROOT, Judith I. M. de. (Eds.). *Environmental Psychology:* An Introduction. Wiley-Blackwell, 2013. p. 27-36.

BITENCOURT, Cezar Roberto. *Manual de Direito Penal:* parte geral. 4. ed. São Paulo: Revista dos Tribunais, 1997.

______. *Tratado de direito penal:* parte geral (arts. 1º ao 120). vol. 1. 26. ed., rev. e atual. São Paulo: Saraiva Educação, 2020.

______. *Tratado de direito penal, 2:* parte especial: dos crimes contra a pessoa. 12. ed., rev. e atual. São Paulo : Saraiva, 2012.

______. *Tratado de direito penal, 3:* parte especial — dos crimes contra o patrimônio até dos crimes contra o sentimento religioso e o respeito aos mortos. 7. ed., rev. e ampl. São Paulo: Saraiva, 2011.

______. *Tratado de direito penal, 4:* parte especial – dos crimes contra a dignidade sexual até dos crimes contra a fé pública. 6. ed. rev. e ampl. São Paulo: Saraiva, 2012-b.

BOTTINI, Pierpaolo Cruz. Principio de precaucion, derecho penal y sociedad de riesgos. *Revista General de Derecho Penal*, n. 7, mayo 2007. Disponível em: https://www.iustel.com/v2/RevIstas/detalle_revista.asp?id_noticia=400001. Acesso em: 20 out. 2020.

BRANDÃO, Cláudio Mascarenhas. Comentário ao art. 1º, IV. *In:* CANOTILHO, J. J. Gomes; MENDES, Gilmar F.; SARLET, Ingo W.; STRECK, Lenio L. (Coords.). *Comentários à Constituição do Brasil.* São Paulo: Saraiva/Almedina, 2013. p. 265-274.

BRASIL. Justiça Federal. Seção Judiciária do Estado do Pará. Subseção Judiciária de Castanhal. *Ação Penal autos n. 2007.39.04.000388-6.* Classe 13101. Autor: Ministério Público Federal. Réu: Fabiano Barbosa de Freitas e outros. Julgado em 17 de setembro de 2013.

______. Superior Tribunal de Justiça. *Agravo em Recurso Especial n. 1.623.697 – PA (2019/0346602-6).* Relator: Ministro Ribeiro Dantas. 05 maio 2020.

______. Superior Tribunal de Justiça. *Agravo Regimental no conflito de competência n. 62.875 – SP.* Relator: Ministro Og Fernandes. 13 maio 2009.

______. Superior Tribunal de Justiça. *Recurso em Habeas Corpus n. 132602 – PR (2020/0206059-3).* Relator: Ministro Felix Fischer. 21 set. 2020.

______. Superior Tribunal de Justiça. *Recurso Especial n. 1.843.150 – PA (2019/0306530-1).* Relator: Ministro Nefi Cordeiro. 26 maio 2020.

______. Supremo Tribunal Federal. Ação Direta de Inconstitucionalidade por Omissão 26 Distrito Federal. *ADO 26 DF.* Autor: Partido Popular Socialista. Relator: Ministro Celso de Mello. 13 de junho de 2019.

______. Supremo Tribunal Federal. *Embargos de Declaração na Medida Cautelar na Ação Direta de Inconstitucionalidade n. 6.363 Distrito Federal.* Embargante: Advogado-Geral da União. Relator: Min. Ricardo Lewandowski. 13 abr. 2020.

______. Supremo Tribunal Federal. *Habeas Corpus n. 104.410 Rio Grande do Sul.* Paciente: Aldori Lima ou Aldori De Lima. Relator: Min. Gilmar Mendes. 06 mar. 2012.

______. Supremo Tribunal Federal. *Inquérito 3.412 Alagoas*. Autor: Ministério Público Federal e João José Pereira de Lyra, Antônio José Pereira de Lyra. Relator: Ministro Marco Aurélio. 29 mar. 2012.

______. Supremo Tribunal Federal. *Medida Cautelar na Arguição de Descumprimento de Preceito Fundamental 489 Distrito Federal.* Requerente: Rede Sustentabilidade em face da Portaria do Ministério do Trabalho n. 1.129 de 13.10.2017. Relatora Minª. Rosa Weber. 23 out. 2017.

______. Supremo Tribunal Federal. *Recurso Extraordinário n. 418.376-5 – MS*. Recorrente(s): José Adélio Franco de Moraes. Recorrido: Ministério Público do Estado de Moto Grasso do Sul. Relator originário: Min. Marco Aurélio. Relator para o: Min. Joaquim Barbosa. 09 fev. 2006. p. 648 – 710.

BRAVEMAN, P.; EGERTER, S.; WILLIAMS, D. R. The social determinants of health: Coming of age. *Annual Review of Public Health*, 32, 2011, p. 381-398.

BRODT, Luís Augusto Sanzo; FERREIRA, Pedro Paulo da Cunha. O tratamento jurídico da proteção penal da segurança do trabalho: considerações críticas em torno da necessidade de (re) adequação dos instrumentos dogmáticos e políticos criminais para a prevenção de riscos laborais. In: DUTRA, Lincoln Zub (Coord.). *Direito fundamental ao trabalho:* o valor social do trabalho. Curitiba: Juruá, 2017. Versão e-book.

BOBBIO, Norberto. *A era dos direitos*. Tradução Carlos Nelson Coutinho. Rio de Janeiro: Elsevier, 2004.

BONAVIDES, Paulo. *Do Estado Liberal ao Estado Social.* 11. ed. 2. tir. São Paulo: Malheiros, 2013.

CACCIAMALI, Maria Cristina; AZEVEDO, Flávio Antonio Gomes de. Entre o tráfico humano e a opção da mobilidade social: a situação dos imigrantes bolivianos na cidade de São Paulo. In: *Revista do Ministério Público do Trabalho*, Procuradoria-Geral do Trabalho. 31. ed. São Paulo: LTr, 2006. p. 151-163.

CAMARGO, Beatriz Corrêa; SCODRO, Catharina Lopes. O crime de redução a condição análoga à de escravo como melhor exemplo do Direito Penal do trabalho de última geração? Uma introdução crítica ao Direito Penal do Trabalho no Brasil. *Revista Brasileira de Ciências Criminais*. vol. 167, ano 28, p. 19-69. São Paulo: RT, maio 2020.

CAMERIERE, Julián R. Lescano; TULA, Diego J. *Derecho Penal del Trabajo:* lineamientos básicos para su comprensión. Buenos Aires: Colegio de Magistrados y Funcionarios de la Provincia de Buenos Aires, [19-].

CAMPANA, Eduardo Luiz Michelan. *A fundamentação constitucional da tutela penal da ordem econômica.* 2011. Dissertação (Mestrado em Direito) – Pontifícia Universidade Católica de São Paulo, São Paulo, 2011.

CANARIS, Claus-Wilhelm. *Direitos Fundamentais e Direito Privado*. Trad. Ingo Wolfgnag Sarlet e Paulo Pinto Mota. 4 reimp. Coimbra: Almedina, 2016.

CANOTILHO, José Joaquim Gomes. *Direito Constitucional e Teoria da Constituição*. 6. ed. Coimbra: Almeidina, 2002.

CARDOSO, Jair Aparecido. Os Desafios da Justiça do Trabalho no Resgate da Dignidade do Trabalhador em condições análogas à de escravo. In: BORGES, Paulo César Corrêa (Org.). *Formas contemporâneas de trabalho escravo.* São Paulo: NETPDH; Cultura Acadêmica, 2015. p. 261-269.

______. *Contrato realidade no Direito do Trabalho.* 2. ed. São Paulo: LTr, 2013.

______; CASTRO, Rogério Alessandre de Oliveira. Da Necessidade de uma Teoria Geral sobre Política Pública Humanizante voltada ao Acolhimento das Vítimas de Catástrofes Ambientais. In: BRAVO, Álvaro Sanchez (Org.); MISAILIDIS, Mirta Lerena (Org.). *Os Direitos Fundamentais dos Refugiados (deslocados) Ambientais e da Exclusão Socioeconômica.* São Paulo: Verbatim, 2012. p. 129-143.

CASARA, Rubens R. R. *Processo Penal do Espetáculo:* Ensaios sobre o poder penal, a dogmática e o autoritarismo na sociedade brasileira. 1. ed. Florianopólis: Empório do Direito Editora, 2015.

CONTI, Rafael Augusto de. *Liberdade para Além do Estado em Thomas Hobbes:* o rei nú em busca da equidade soberana (ou do homem à máquina e da máquina ao homem: a liberdade como reino da ética). Dissertação (Mestrado em Filosofia) – Universidade de São Paulo, São Paulo, 2010.

COSTA JR., Paulo José da; COSTA, Fernando José da. *Curso de Direito Penal.* 12. ed., rev. e atual. São Paulo: Saraiva, 2010.

CUNHA, Paulo Ferreira da. *A Constituição do Crime* — da substancial constitucionalidade do Direito Penal. Coimbra: Coimbra Editora, 1998.

CUNHA, Rogério Sanches. *Manual de direito penal parte especial (arts. 121 ao 361).* 8. ed., rev., ampl. e atual. Salvador: JusPodivm, 2016.

D'AVILA, Fabio Roberto. O modelo de crime como ofensa ao bem jurídico. Elementos para a legitimação do direito penal secundário. *Revista Opinião Jurídica*, n. 7. 2006, p. 76.95.

DELGADO, Mauricio Godinho. *Curso de direito do trabalho:* obra revista e atualizada conforme a lei da reforma trabalhista e inovações normativas e jurisprudenciais posteriores. 18. ed. São Paulo: LTr, 2019.

DELGADO, Gabriela Neves. *Direito fundamental ao trabalho digno.* 2. ed. São Paulo: LTr, 2015.

DELMANTO, Celso *et. al. Código Penal Comentado.* 9. ed., rev., atual. e ampl. São Paulo: Saraiva, 2016.

DÍEZ RIPOLLÉS, José Luis. *A racionalidade das leis penais: teoria e prática.* Tradução de Luiz Regis Prado. 2. ed., rev., atual. e ampl. São Paulo: Revista dos Tribunais, 2016.

DINIZ, Eduardo Saad. Tutela Penal das Liberdades Pessoais: o tipo penal de redução a condição análoga à de escravo no Brasil. In: SILVEIRA, Renato de Mello Jorge; NETTO, Almiro Velludo Salvador; SOUZA, Luciano Anderson de (Coords.). *Direito Penal na Pós-Modernidade* — escritos em homenagem a Antonio Luis Chaves Camargo. São Paulo: QuartierLatin, 2015. cap. 08, p. 159-170.

DOTTI, René Ariel. Por um Direito Penal do Trabalho. In: BARACAT, Eduardo Milléo; FELICIANO, Guilherme Guimarães. *Direito Penal do Trabalho:* reflexões atuais: "Cabe a pena onde se ganha o pão?". São Paulo: LTr, 2014. p. 17-27.

ESTEFAM, André. *Direito penal, v. 2:* parte especial (arts. 121 a 234-B). 5. ed. São Paulo: Saraiva Educação, 2018.

FAVARETTO, Sandra Helena. *O princípio da proibição de proteção insuficiente como concretização adequada do direito fundamental contra despedida arbitrária ou sem justa causa.* 2019. Dissertação (Mestrado em Direito) – Faculdade de Direito de Ribeirão Preto, Universidade de São Paulo, 2019.

FAYET JUNIOR, Ney; FRAGA, Ricardo Carvalho. Um dia na vida de um Trabalhador: verdade e consequências jurídicas do processo produtivo no contexto da sociedade de risco. In: *Revista do Tribunal Regional do Trabalho da 3a Região*, Belo Horizonte, ano 1, n. 1, p. 289-305.

FELDENS, Luciano. *Direitos fundamentais e direito penal:* a constituição penal. 2. ed., rev. e ampl. Porto Alegre: Livraria do Advogado Editora, 2012. (Edição do *Kindle*).

FELDENS, Luciano. Comentário ao art. 5o, XLII. In: CANOTILHO, J. J. Gomes; MENDES, Gilmar F.; SARLET, Ingo W.; STRECK, Lenio L. (Coords.). *Comentários à Constituição do Brasil.* São Paulo: Saraiva/Almedina, 2013. p. 840-848.

FERRAJOLI, Luigi. *Derecho y Razón.* Teoría del garantismo penal. Tradução: Perfecto Andrés Ibáñez *et al.* Madrid: Trotta, 1995.

FELICIANO, Guilherme Guimarães. *Curso Crítico de Direito do Trabalho:* Teoria Geral do Direito do Trabalho. São Paulo: Saraiva, 2013.

______. Refundando o Direito Penal do Trabalho: Primeiras Aproximações. *Revista da Faculdade de Direito da Universidade de São Paulo*, v. 104, jan./dez. 2009, p. 339-375.

______. Do crime de redução a condição análoga à de escravo, na redação da Lei n. 10.803/03. *Revista do Tribunal Regional do Trabalho da 15ª Região*, Campinas, SP, n. 25, p. 64-77, jul./dez. 2004. Disponível em: https://hdl.handle.net/20.500.12178/106537. Acesso em: 13 maio 2019.

FERRARI, Irany. História do Trabalho. In: FERRARI, Irany; NASCIMENTO, Amauri Mascaro; MARTINS Fl., Ives Gandra da Silva. *História do Trabalho, do Direito do Trabalho e da Justiça do Trabalho.* Homenagem a Armando Casimiro Costa. 3. ed. São Paulo: LTr, 2011. p. 12-76.

FRANÇA, Carlos Eduardo; CABRAL, Rafael Lamera. Direitos sociais e identidade operária: o poder da ideologia trabalhista no governo de Getúlio Vargas (Brasil, 1930-45). *Revista Eletrônica do Curso de Direito da UFSM*, v. 11, n. 2, 2016, p. 634-653.

STOCO, Rui. Dos Crimes contra a organização do trabalho (arts. 197 ao 207, CP) In: FRANCO, Alberto Silva *et al. Código Penal e sua interpretação jurisprudencial.* 5. ed., rev. e ampl. São Paulo: Revista dos Tribunais, 1995.

GARCIA, Gustavo Filipe Barbosa. *Curso de direito do trabalho.* 11. ed., rev., atual. e ampl. Rio de Janeiro: Forense, 2017.

GARCIA, María José Cuenca. Prevención Penal y Extrapenal de la Siniestralidad Laboral. *Estudios Penales y Criminológicos*, vol. XXXIII, 2013, p. 01-57.

GRECO, Rogério. *Curso de Direito Penal:* parte geral, vol. I. 19. ed. Niterói, RJ: Impetus, 2017.

______. *Direito Penal do Equilíbrio:* uma visão minimalista do Direito Penal. 4. ed. Rio de Janeiro: Impetus, 2009.

GOMES, Mariângela Gama de Magalhães. *O princípio da proporcionalidade do Direito Penal.* São Paulo: RT, 2003.

GOMES JR., João Florência de Salles. Dos Crimes contra a Organização do Trabalho. In: SALVADOR NETTO; REALE JÚNIOR, Miguel (Orgs.). *Código Penal Comentado.* São Paulo: Saraiva, 2017. p. 592-628.

GUARAGNI, Fábio André. Organização do Trabalho: contorno jurídico-penal. In: BARACAT, Eduardo Milléo (Org.). *Direito Penal do Trabalho:* Reflexões atuais. Belo Horizonte: Fórum, 2010.

HART, Herbert L. A. *O Conceito de Direito.* Tradução de A. Ribeiro Mendes. Lisboa: Fundação Calouste Gulbenkian, 1994.

HASSEMER, Winfried; CONDE, Francisco Muñoz. *Introducción a la Criminología y al Derecho Penal.* Valencia: Tirant Lo Blanch, 1989.

HASSEMER, Winfried. 1940-2014. Direito penal, defesa penal e Constituição. Lisboa: *Repositório das Universidades Lusíada*, n. 4/5, 2007, p. 519-526. Disponível em: http://hdl.handle.net/11067/1214. Acesso em: 21 ago. 2019.

HOBBES, Thomas de Malmesbury. *Leviatã, ou, Matéria, forma e poder de um estado eclesiástico e civil.* Tradução de João Paulo Monteiro e Maria Beatriz Nizza da Silva. 1651. 230 p.

HÖFFE, Otfried. *Justiça política:* fundamentação de uma filosofia crítica do direito e do Estado. Tradução Ernildo Stein. 3. ed. São Paulo: Martins Fontes, 2005. (Justiça e direito).

HUNGRIA, Nelson. *Comentários ao Código Penal:* Decreto-lei n. 2.848, de 7 de dezembro de 1940 – vol. III. Arts. 197 a 249. 3. ed., rev e atual. Rio de Janeiro: Revista Forense, 1956.

HUNGRIA, Nelson. *Comentários ao Código Penal.* 3. ed. Rio de Janeiro: Forense, 1955.

JESUS, Damásio de. *Direito Penal* — Parte especial: crimes contra a propriedade imaterial a crimes contra a paz pública — arts. 184 a 288-A do CP, vol. 3. Atualização André Estefam. 24. ed. São Paulo: Saraiva Educação, 2020.

KANT, Immanuel. Fundamentação da metafísica dos costumes. In: *Os pensadores* — Kant. Seleção de textos de Marilena de Souza Chauí. Trad. Paulo Quintela. São Paulo: Abril Cultural, 1980. p. 103-162.

LA BOÉTIE, Étienne de. 1530-1563. *Discurso sobre a servidão voluntária.* São Paulo: Edipro, 2017.

LUISI, LUIZ. *O tipo penal, a teoria finalista e a nova legislação penal.* Porto Alegre: Fabris, 1987.

MANNRICH, Nelson. Reconstrução do Direito do Trabalho. In: Ives Gandra Martins Filho *et al* (Coords.). *Os pilares do Direito do Trabalho.* São Paulo: Lex Editora, 2013. p. 559-583.

MARANHÃO, Ney. Criminalização do assédio moral trabalhista e garantismo penal: reflexões centradas na possibilidade e necessidade de expansão da tutela labor-penal em tempos de minimalismo punitivo. In: BARACAT, Eduardo Milléo; FELICIANO, Guilherme Guimarães. *Direito Penal do Trabalho:* reflexões atuais: "Cabe a pena onde se ganha o pão?". São Paulo: LTr, 2014. p. 84-94.

MARQUES, Oswaldo Henrique Duek. *Fundamentos da Pena.* 2. ed. São Paulo: Martins Fontes, 2008.

MARTÍN, Luis Gracia. La Modernización del Derecho Penal como Exigencia de La Realización del Postulado del Estado de Derecho (Social y Democrático). UNED. *Revista de Derecho Penal y Criminología*, 3.Época, n. 3, 2010, p. 27-72.

MARTINEZ, Luciano. *Curso de direito do trabalho:* relações individuais, sindicais e coletivas do trabalho. 10. ed. São Paulo: Saraiva Educação, 2019.

MARTINS, Sergio Pinto. Breve histórico a respeito do trabalho. In: *Revista da Faculdade de Direito*, Universidade De São Paulo, 95, 167-176. Disponível em: http://www.revistas.usp.br/rfdusp/article/view/67461. Acesso em: 20 mar. 2019.

MARTINS FILHO, Ives Gandra da Silva. Breve História da Justiça do Trabalho. In: NASCIMENTO, Amauri Mascaro; FERRARI, Irany; MARTINS FILHO, Ives Gandra da Silva. *História do Trabalho, do Direito do Trabalho e da Justiça do Trabalho.* São Paulo: LTr. p. 186-317.

MAQUIAVEL, Nicolau. *O príncipe.* 3. ed. tradução Brasil Bandecchi. São Paulo: Ícone, 2009. (Coleção fundamentos do direito).

MÉDICI, Sérgio de Oliveira. 2004. *Teoria dos tipos penais:* parte especial do direito penal. São Paulo: Revista dos Tribunais, 2004.

MELEK, Ivan Marcelo. Os contornos definidores do Direito Penal do Trabalho. In: BARACAT, Eduardo Milléo; FELICIANO, Guilherme Guimarães. *Direito Penal do Trabalho:* reflexões atuais: "Cabe a pena onde se ganha o pão?". São Paulo: LTr, 2014. p. 52-60.

MIR PUIG, Santiago. *Funcion de la Pena y Teoria del Delito en el Estado Social y Democratico de Derecho.* Barcelona: BOSCH, Casa Editorial, 1982.

MENDES, Gilmar Ferreira; BRANCO, Paulo Gustavo Gonet. *Curso de direito constitucional.* 13. ed., rev. e atual. São Paulo: Saraiva Educação, 2018. (Versão PDF).

MELO, Raimundo Simão. *Direito ambiental do trabalho e a saúde do trabalhador:* responsabilidades legais, dano material, dano moral, dano estético, indenização pela perda de uma chance, prescrição. 3. ed. São Paulo: LTr, 2008.

MESQUITA, Valena Jacob Chaves. A utilização de mão de obra escrava na colonização e ocupação da Amazônia: os reflexos da ocupação das distintas regiões da Amazônia nas relações de trabalho que se formaram nestas localidades. In: NOCCHI, Andrea Saint Pastous; VELLOSO, Gabriel Napoleão; FAVA, Marcos Neves (Orgs.). *Trabalho escravo contemporâneo:* o desafio de superar a negação. v. 1. 2. ed. São Paulo: LTr, 2011.

MORAES FILHO, Evaristo de. *Apontamentos de Direito Operário.* Rio de Janeiro: Imprensa Nacional, 1905. Disponível em: https://sistemas.stf.jus.br/xmlui/handle/123456789/589. Acesso em: 10 fev. 2020.

______. Direito Penal do Trabalho (notas para uma conferência). *Revista de Informação Legislativa*, jul./set. 1970, p. 147-156.

MORAES, Ricardo Quartim de. A evolução histórica do Estado Liberal ao Estado Democrático de Direito e sua relação com o constitucionalismo dirigente. *Revista de Informação Legislativa*, ano 51, n. 204, out./dez. 2014, p. 269-285. Disponível: https://www12.senado.leg.br/ril/edicoes/51/204/ril_v51_n204_p269.pdf. Acesso em: 03 ago. 2020.

MUÑOZ CONDE, Francisco. *Introducción Al Derecho Penal.* (Colección: Maestros del Derecho Penal, no 3) 2. ed. Montevideo: BdeF, 2001.

NEGRO, Antonio Luigi. Notícias do Brasil e do Mundo: os planos dos fazendeiros de negociarem com "seus" "ex-escravos" a organização do trabalho livre. In: SPERANZA, Clarice

Gontarski (Org.). *História do trabalho:* entre debates, caminhos e encruzilhadas. Jundiaí: Paco e Littera, 2019. p. 128-153. (Edição do *Kindle*)

NEVES, Marcelo. Constitucionalização simbólica e desconstitucionalização fática: mudança simbólica da Constituição e permanência das estruturas reais de poder. In: *Revista de Informação legislativa*, Brasília, ano 33, n. 132, out./dez. 1996, p. 321-330. Disponível em: https://www2.senado.leg.br/bdsf/handle/id/176514. Acesso em: 02 jan. 2020.

NUCCI, Guilherme de Souza. *Manual de direito penal.* 16. ed. Rio de Janeiro: Forense, 2020.

______. *Código penal comentado.* 17. ed., rev., atual. e ampl. Rio de Janeiro: Forense, 2017.

______. *Princípios constitucionais penais e processuais penais.* 2. ed., rev., atual. e ampl. São Paulo: Revista dos Tribunais, 2012.

OIT — Organização Internacional do Trabalho. Proyecto *"Consolidando y Difundiendo Esfuerzos para Combatir el Trabajo Forzoso en Brasil y Perú"*. Derecho penal y trabajo forzoso en Perú. Módulo de orientación para operadores de justicia. Lima: Oficina de la OIT para los Países Andinos, 2015.

______. *Repertorio de recomendaciones prácticas sobre violencia y el estrés en el sector servicios:* una amenaza para la productividad y el trabajo decente. Ginebra: Oficina Internacional del Trabajo; 2003.

OLIVEIRA, Camila Almeida Peixoto Batista de. Em Defesa da Competência Penal Da Justiça Do Trabalho. *Revista eletrônica Direito UNIFACS — Debate Virtual*, n. 167, maio 2014. Disponível em: https://revistas.unifacs.br/index.php/redu/article/view/3098/2231. Acesso em: 13 maio 2020.

ORWELL, George. *A revolução dos bichos:* um conto de fadas. Tradução: Heitor Aquino Ferreira. São Paulo: Companhia das Letras, 2007.

PACELLI, Eugênio; CALLEGARI, André. *Manual de Direito Penal:* parte geral. 2. ed., rev. e atual. São Paulo: Atlas, 2016.

PASCHOAL, Janaina Conceição. *Constituição, criminalização e direito penal mínimo.* São Paulo: Revista dos Tribunais, 2003.

PASTORE, José. *O custo dos acidentes e doenças do trabalho no Brasil.* 2011. Disponível em: www.josepastore.com.br/artigos/rt/rt_320.htm. Acesso em: 09 set. 2020.

PINHO, Ruy Rabello (1922). *História do Direito Penal Brasileiro:* período colonial. São Paulo: Bushatsky, Ed. da Universidade de São Paulo, 1973.

PIOVESAN, Flávia. *Direitos humanos e o direito constitucional internacional.* 17. ed., rev. e atual. São Paulo: Saraiva, 2017.

PIKETTY, Thomas. *O capital no século XXI.* Rio de Janeiro: Intrínseca, 2014.

PÔRTO, Marcos da Silva. *Direito do Trabalho e desenvolvimento:* crise e desafios do projeto constitucional. 2016. Dissertação (Mestrado em Direito) – Faculdade de Direito de Ribeirão Preto, Universidade de São Paulo, 2016.

PRADO, Luiz Regis. *Bem jurídico-penal e a Constituição.* 8. ed. Rio de Janeiro: Forense, 2019.

QUEIROZ, Rafael Mafei Rabelo. *A teoria penal de P. J. A. Feuerbach e os juristas brasileiros do século XIX:* a construção do direito penal contemporâneo na obra de P. J. A. Feuerbach e sua consolidação entre os penalistas do Brasil. 2009. Tese (Doutorado em Filosofia e Teoria Geral do Direito) – Faculdade de Direito, Universidade de São Paulo, São Paulo, 2009.

ROBERTO, Karina; SILVA, Nelson Finotti. A regra da proporcionalidade e o princípio da razoabilidade. *Revista Eletrônica Direito e Política*, Programa de Pós-Graduação *Stricto Sensu* em Ciência Jurídica da UNIVALI, Itajaí, v. 7, n. 2, 2º quadrimestre de 2012. Disponível em: www.univali.br/direitoepolitica. Acesso em: 03 out. 2020.

ROCCO, Arturo. *El objeto del delito y de la tutela jurídica penal.* Tradução Gerónimo Seminara. Montevideo-Buenos Aires: Julio Cesar Faria Editor, 2001.

ROMITA, Arion Sayão. *Flexigurança:* a reforma do mercado de trabalho. São Paulo: LTr. 2008.

ROUSSEAU, Jean-Jacques. *Do contrato social.* Tradução: Ana Resende. São Paulo: Martin Claret, 2013.

ROXIN, Claus. Dependencia e independencia del Derecho penal con respecto a la política, la filosofía, la moral y la religión. *Anuario de derecho penal y ciencias penales*, Madri (Espanha), Tomo 59, 2006. p. 05-24. Disponível em: https://dialnet.unirioja.es/servlet/articulo?codigo=2582616. Acesso em: 03 nov. 2020.

______. *Politica criminal y sistema del derecho penal.* 2. ed. Buenos Aires: Hammurabi, 2002.

______. *Problemas fundamentais de direito penal.* 3. ed. Tradução: Ana Paula dos Santos Luís Natscheradetz, Maria Fernanda Palma, Ana Isabel de Figueiredo. Lisboa: Vegas, 1998.

SANTOS, Boaventura de Sousa. Para além do Pensamento Abissal: Das linhas globais a uma ecologia de saberes. *Revista Crítica de Ciências Sociais*, 78, out 2007, p. 3-46.

SARLET, Ingo Wolfgang; MARINONI, Luiz Guilherme; MITIDIERO, Daniel. *Curso de Direito Constitucional.* 8. ed. São Paulo: Saraiva Educação, 2019. (versão PDF).

SARLET, Ingo Wolfgang. *Dignidade da pessoa humana e direitos fundamentais na Constituição Federal de 1988.* 9. ed., rev. e atual. Porto Alegre: Livraria do Advogado, 2011.

______. Constituição, Proporcionalidade e Direitos Fundamentais: O Direito Penal entre a Proibição de Excesso e de Insuficiência. In: *Anuário Iberoamericano de Justicia Constitucional*, Madrid, n. 10, 2006, p. 303-354.

SARMENTO, Daniel. *Dignidade da pessoa humana:* conteúdo, trajetórias e metodologia. Belo Horizonte: Fórum, 2016.

SEN, Amartya. D*esenvolvimento como liberdade*. Tradução: Laura Teixeira Motta. São Paulo: Companhia das Letras, 2010.

SERVO, Marina Calanca; CARDOSO, Jair Aparecido. O Trabalho em condição análoga à de escravo em tempos de direito penal mínimo. In: *Seminário Internacional de Pesquisa (Re)pensando o Trabalho Contemporâneo:* o futuro do trabalho. Franca: UNESP-FCHS, 2019. v. 3, p. 609-623.

SEVERO, Valdete Souto. Meio ambiente do trabalho: uma visão sistêmica de um Direito Humano e Fundamental. In: FELICIANO, Guilherme Guimarães [*et al.*] (Coords). *Direito ambiental do trabalho*; v.2: apontamentos para uma teoria geral. São Paulo: LTr, 2015. p. 63-79.

SOUTO MAIOR, Jorge Luiz. *A escravidão que nos habita.* set. 2020. Disponível em: https://www.jorgesoutomaior.com/blog/a-escravidao-que-nos-habita. Acesso em: 1º out. 2020.

______. *Direito do trabalho e desenvolvimento econômico.* Um Contraponto à Teoria da Flexibilização. São Paulo: 1999, p. 1-21. Disponível em: https://www.jorgesoutomaior.com/uploads/5/3/9/1/53916439/direito_do_trabalho_e_desenvolvimento_econ%C3%94mico..pdf. Acesso em: 19 maio 2020.

SHECAIRA, Sérgio Salomão. *Responsabilidade penal da pessoa jurídica.* São Paulo: Revista dos Tribunais, 1999.

SILVA, José Afonso da. *Curso de Direito Constitucional Positivo.* 37. ed., rev. e atual. São Paulo: Malheiros, 2014.

______. O Estado Democrático de Direito. *Revista Direito Administrativo*, Rio de Janeiro, jul./set. 1988, p. 15-34. Disponível em: http://bibliotecadigital.fgv.br/ojs/index.php/rda/article/%20viewFile/45920/44126%3E. Acesso em: 1º jan. 2020.

SILVA, Virgílio Afonso da. *Direitos Fundamentais:* conteúdo essencial, restrições e eficácia. 2. ed. São Paulo: Malheiros, 2014.

SILVEIRA, Renato de Mello Jorge. Dimensão Penal do Trabalho Escravo: proteção integral ou evidência de insegurança jurídica? In: SILVEIRA, Renato de Mello Jorge (Org.). *Estudos em Homenagem a Ivette Senise Ferreira.* São Paulo: LiberArs, 2015. p. 425-449.

SILVEIRA, Sebastião Sergio de; CARDOSO, Jair Aparecido; SERVO, Marina Calanca. Dinâmicas Sociais e Exegeses Jurídicas: o direito fundamental como suporte ao novo projeto jurídico. *Revista Húmus: Relações Possíveis em Perspectivas Jurídicas, Filosóficas e Literárias:* sua mente é a verdadeira 'Caixa de Pandora', v. 9. n. 27, 2019. p. 290-308.

SILVEIRA, Sebastião Sergio da; OLIVEIRA, Rafael Tomaz de. Direito Penal e Proporcionalidade: Anotações Sobre o Caráter Invasor da Constituição no Controle das Normas Penais. *Revista Magister de Direito Penal e Processo Penal/ACADEMIA.ED*, 2015, p. 01-21.

SIRVINSKAS, Luis Paulo. *Introdução ao estudo do direito penal.* São Paulo: Saraiva, 2003.

STRECK, Lenio Luiz; CONTO, Mario de. Direitos Fundamentais, Relações Privadas e Autonomia dos Associados. *Boletín de la Asociación Internacional de Derecho Cooperativo*, ISSN: 1134 – 993X, n. 47/2013, Bilbao, 2013, p. 81-93.

STRECK, Lenio Luiz. A Dupla Face do Princípio da Proporcionalidade e o Cabimento de Mandado de Segurança em Matéria Penal: superando o ideário liberal-individualista-clássico. *Revista do Ministério Público*, n. 53, [20-], p. 223-251.

SUZUKI, Natália Sayuri. Políticas públicas: a relação de representação entre o Estado e o trabalhador vítima de trabalho escravo. In: BRASIL. Ministério Público Federal. Câmara de Coordenação e Revisão, 2. *Escravidão Contemporânea.* Brasília: MPF, 2017, p. 120-137.

TANGERINO, Davi; ÁGUEDO, Patrícia; COLLOCA, Felipe Gubernati. Coronavírus e os crimes contra a organização do trabalho. *Migalhas*, 2020. Disponível em: https://www.migalhas.com.br/depeso/327297/coronavirus-e-os-crimes-contra-a-organizacao-do-trabalho. Acesso em: 10 out. 2020.

TAVARES, André Ramos. *Curso de direito constitucional.* 18. ed. São Paulo: Saraiva Educação, 2020. (Versão PDF).

TAVARES, Juarez Estevam Xavier. O consentimento do ofendido no Direito Penal. *Revista da Faculdade de Direito UFPR*, v. 12. n. 0, 1969, p. 257-270. Disponível em: http://webcache.googleusercontent.com/search?q=cache:8D3TxHJyuScJ:revistas.ufpr.br/direito/article/download/7163/5114+&cd=24&hl=pt-BR&ct=clnk&gl=br&client=firefox-b-d.

TAVARES, Juarez. Critérios de seleção de crimes e cominação de pena. In: *Revista Brasileira de Ciências Criminais.* v. 0. Jan. 1992.

TOLEDO, Francisco de Assis. 1928. *Ilicitude penal e causas de sua exclusão.* Rio de Janeiro: Forense, 1984.

______. *Princípios básicos de Direito Penal:* de acordo com a Lei n. 7.209, de 11-7-1984 e com a Constituição Federal de 1988. 5. ed. São Paulo: Saraiva, 1994.

VELA, Javier Arévalo. La Protección Penal del Trabajo. *Revista Oficial del Poder Judicial*, año 6, 7, n. 8 y n. 9, 2012-2013, p. 33-43.

VON LISZT, Franz. *Tratado de Direito Penal Allemão* (1899). Tradução José Hygino Duarte Pereira. Ed. fac-sim. Brasília: Senado Federal, Conselho Editorial: Superior Tribunal de Justiça, 2006-a. v. 1. Disponível em: http://www2.senado.leg.br/bdsf/handle/id/496219. Acesso em: 1º ago. 2020.

______. *Tratado de Direito Penal Allemão* (1899). Tradução José Hygino Duarte Pereira. Ed. fac-sim. Brasília: Senado Federal, Conselho Editorial: Superior Tribunal de Justiça, 2006-b. t. 2. Disponível em: http://www2.senado.leg.br/bdsf/handle/id/496219. Acesso em: 1º ago. 2020.

WELZEL, Hans, 1904-1977. *O novo sistema jurídico-penal:* uma introdução à doutrina da ação finalista. tradução, prefácio e notas Luis Regis Prado. São Paulo: Revista dos Tribunais, 2001.

WESSELS, Johannes. *Direito Penal (aspectos fundamentais).* Tradução do original alemão e notas por Juarez Tavares. Porto Alegre: Fabris, 1976.